図解で早わかり

改訂新版

税金の
しくみと手続きが
わかる事典

公認会計士・税理士
武田 守 ［監修］

三修社

はじめに

　令和5年度税制改正が令和5年3月28日に成立し、広範囲にわたり多くの改正が行われました。特に、ここ1～2年の間で注目されていた暦年課税に関する縛りが、令和6年1月以降の贈与より3年から7年に変更されました。具体的には、受取額が年間110万円以内の贈与であれば受取人に対して贈与税が発生しないというルールが、贈与を受けてから7年を経過しないと、一定の受取人に対して事実上無税の効果が得られずに相続税の計算の中に組み込まれることになりました。また、NISA（少額投資非課税制度）に関して、株式などの売却益の非課税措置が一定期間のみでしたが、令和6年1月以降より、その期間が撤廃されて無期限となり、かつ投資限度額が従来より拡大されました。NISAを利用するには一定のルールがあったり、株式などの投資は常に価格変動にさらされているため、単にお小遣い稼ぎというような安易な気持ちで収入増が可能というわけではありませんが、多くの税務上のメリットを受けることができる改正となりました。

　このように、税の制度を知り、またその制度の毎年の動向を知ることで、世の中の流れや、お金に関する得な情報を得ることができます。

　本書は、私たちの身の回りで触れる、あるいは知っておいたほうが望ましい税金のルールを取り扱った入門書です。個人にかかる所得税、会社などの法人にかかる法人税、個人及び法人いずれにも関わる消費税、財産を次の世代に残すあるいはそれを受け継ぐ際に発生する相続税・贈与税、またその他の周辺の各種の税金などの基本的なルールを説明しています。

　本書をご活用いただき、皆様のお役に立てていただければ監修者として幸いです。

監修者　公認会計士・税理士　武田　守

Contents

はじめに

序　章　税金の全体像

1	税金の原則	12
2	税金の種類	14
3	国税と地方税の違い	16
4	直接税と間接税	18

第 1 章　所得税の基本

1	所得と収入①	20
2	所得と収入②	22
3	所得金額の計算方法	23
4	所得税算定の流れ	24
5	総合課税と分離課税の違い	26
6	損益通算	28
7	所得控除①	30
8	所得控除②	32
9	所得控除③	34
10	税額控除	36
11	住宅ローンの税額控除	38
12	所得税の源泉徴収事務	40
13	年末調整①	42
14	年末調整②	44

15 報酬・料金の支払時の処理   46

16 確定申告と青色申告   48

17 所得税の還付   50

Column 「103万円の壁」や「150万円の壁」とは？   52

第2章　各種所得と所得税

1 利子にかかる税金   54

2 配当にかかる税金   56

3 不動産所得にかかる税金   58

4 事業所得にかかる税金   60

5 給与所得にかかる税金   62

6 退職所得にかかる税金   64

7 譲渡所得にかかる税金   66

8 土地や建物を売却したときの税金①   68

9 土地や建物を売却したときの税金②   70

10 株式や公社債の譲渡と税金   72

11 NISA①   74

12 NISA②   76

13 山林所得・一時所得や雑所得の税金   78

Column 事業所得と雑所得の区分   80

第3章　相続税・贈与税のしくみ

1 遺産と相続財産   82

2 相続財産の評価 84

3 生命保険と相続税 85

4 系譜・墳墓・祭具・遺骸・遺骨や形見と相続 86

5 弔慰金・死亡退職金と相続税 87

6 相続税・贈与税 88

7 贈与税の対象となる財産 90

8 相続税と贈与税の税率 92

9 相続時精算課税制度 94

10 相続時精算課税制度を選択するときの注意点 96

11 贈与税の計算例 97

12 配偶者控除の特例 98

13 住宅取得・教育・結婚・子育て資金の贈与 100

14 相続税額の計算 102

15 課税価格の計算方法 104

16 相続税の税額控除① 105

17 相続税の税額控除② 106

18 相続税対策① 107

19 相続税対策② 108

20 事業承継 110

21 生前贈与の活用 112

22 贈与による事業承継を行う場合の注意点 113

23 相続税の納税猶予特例 114

24 贈与税の納税猶予特例 116

25 納税資金が不足する場合の対策　　　　　　　117

26 相続税・贈与税の申告　　　　　　　　　　　118

27 相続税の延納と物納　　　　　　　　　　　　120

Column　相続財産を寄附した場合の取扱い　　　122

第4章　法人税のしくみ

1　法人税①　　　　　　　　　　　　　　　　124

2　法人税②　　　　　　　　　　　　　　　　126

3　5つの利益と儲けのしくみ　　　　　　　　128

4　法人税と会社の利益の関係　　　　　　　　130

5　税務会計と企業会計　　　　　　　　　　　132

6　税務調整　　　　　　　　　　　　　　　　134

7　益金　　　　　　　　　　　　　　　　　　136

8　損金　　　　　　　　　　　　　　　　　　138

9　経費の種類と管理の方法　　　　　　　　　140

10　リベートや交際費の取扱い　　　　　　　　142

11　寄附金の取扱い　　　　　　　　　　　　　144

12　広告宣伝や物流に関わる費用の取扱い　　　146

13　研究・開発にかかる費用の取扱い　　　　　147

14　税金や賦課金などの取扱い　　　　　　　　148

15　法人税の課税対象と税率　　　　　　　　　150

16　税額控除　　　　　　　　　　　　　　　　152

17　減価償却　　　　　　　　　　　　　　　　154

18 特別償却・特別控除　　　　　　　　　　　156

19 圧縮記帳　　　　　　　　　　　　　　　158

20 繰延資産　　　　　　　　　　　　　　　160

21 貸倒損失　　　　　　　　　　　　　　　162

22 引当金・準備金　　　　　　　　　　　　164

23 貸倒引当金　　　　　　　　　　　　　　166

24 役員報酬・賞与・退職金の処理　　　　　168

25 欠損金の繰越控除　　　　　　　　　　　170

26 同族会社　　　　　　　　　　　　　　　172

27 法人税の申告納税　　　　　　　　　　　173

28 法人税の確定申告書の作成　　　　　　　174

29 青色申告　　　　　　　　　　　　　　　175

30 青色申告をするための手続き①　　　　　176

31 青色申告をするための手続き②　　　　　177

32 推計課税の禁止・更正の理由の附記　　　178

第5章　消費税のしくみ

1 消費税とは　　　　　　　　　　　　　　180

2 インボイス制度　　　　　　　　　　　　182

3 納税事業者や課税期間①　　　　　　　　186

4 納税事業者や課税期間②　　　　　　　　188

5 消費税が課される取引　　　　　　　　　190

6 非課税取引・不課税取引　　　　　　　　192

7	消費税取引の認識のタイミング	193
8	輸出や輸入取引の場合の取扱い	194
9	消費税額の算定①	196
10	消費税額の算定②	198
11	消費税額の調整や端数処理	200
12	簡易課税制度①	202
13	簡易課税制度②	203
14	消費税法上の特例	204
15	特定収入に対する仕入税額控除の特例①	205
16	特定収入に対する仕入税額控除の特例②	206
17	税込経理方式と税抜経理方式①	208
18	税込経理方式と税抜経理方式②	209
19	消費税の申告・納付①	210
20	消費税の申告・納付②	211
Column	消費税取引の基準	212

第6章　その他の税金のしくみ

1	個人住民税	214
2	ふるさと納税	216
3	法人住民税	218
4	法人事業税	220
5	固定資産税・都市計画税	222
6	自動車にかかる税金	224

7	登録免許税	226
8	不動産取得税	227
9	印紙税	228
10	その他の税金	230
11	関税	232

第7章　税務調査のしくみ

1	税務調査の目的	234
2	税務調査の手法	236
3	税務調査の時期・調査内容	238
4	調査対象の選定	240
5	調査方法	242
6	修正申告①	244
7	修正申告②	246
8	更正手続き	247
9	追徴や加算税制度	248
10	税金に不満があるとき	250

| 巻末特集　令和5年度の税制改正 | 252 |
| 索　　引 | 256 |

序 章

税金の全体像

1 税金の原則

公共サービスを提供するための財源である

● 課税は法律や条例に基づいている

国や地方自治体の財政は、私たちが納めている税金によって成り立っています。税金は、国や地方自治体が公共サービスを提供するのに必要な経費について、国民や住民にその負担を求めるもの（お金）だといえます。

国や地方自治体が税金を徴収できる根拠は、日本国憲法30条にあります。ここには、「国民は、法律の定めるところにより、納税の義務を負ふ」と規定されています。

また、憲法84条では「あらたに租税を課し、又は現行の租税を変更するには、法律又は法律の定める条件によることを必要とする」としています。これは、その課税対象、納税義務者、課税標準、税率といった課税要件などは、法律によって定めなければならないということです。

このように、国や地方自治体が税金を課する場合には、法律や条例に基づかなければなりません。この考え方を租税法律主義といいます。

● 能力に応じて平等に負担

日本国憲法14条は税制の基本である租税平等主義についても保障しています。国民は負担できる能力（担税力と

いいます）に応じて税金を納め、各種の租税法律関係において平等に扱われることになっています。租税平等主義は以下の3原則によって構成されています。

① 公平の原則

国民のすべてが平等に課税されるという原則です。担税力が高い人には税の負担も相応にし、また、担税力が同じであれば税の負担を等しくする、というのが原則です。

② 中立の原則

民間の経済活動において税制が影響を与えることがないように種々の措置をとるという原則です。

③ 簡素の原則

納税手続がわかりやすく、費用がかからない方法で徴収できるようにするという原則です。

● 能力に応じた徴税

税金の支払能力から見れば、所得や所有資産などの能力に応じた税負担が必要です。つまり負担能力の高い人には多く税金を負担してもらい、負担能力の低い人には税金を少なくし、富の格差を縮め、社会の安定化を図るという役割です。

具体的には、所得税、贈与税や相続

税などの税金は、所得などが増えれば増えるほど税率が高くなるという累進課税を採用しています。

また、贈与、相続による不労所得に課税して公平性を保とうという考えから贈与税や相続税があります。個人から不動産などの財産をタダでもらったりしたときにかかるのが贈与税で、相続税とは、亡くなった人が残した財産に対してかかる税金のことです。

このように能力に応じた税負担にすることで経済的に豊かな人から多くの税金を徴収し、豊かでない人に公共サービスとして給付する、というのが再配分の役割です。

● 好況・不況による増減税

好況期には所得が増えることで税負担が増し、逆に不況期には所得が減ることで税負担が減少します。税金には、自動的に景気の変動を緩やかにするはたらきがあります。また、景気後退時に減税、景気過熱時には増税を行うこ

とで、景気を調整する役割があります。

● 租税特別措置法による経済政策

国が、経済政策などを推し進める上で、期限を限って法制化しているものに租税特別措置法があります。この法律の趣旨は、各種税法を適用する上で、「令和○年○月○日まで…○○の規定にかかわらず…」といった言い回しで各種の例外規定を定めています。

たとえば、税負担を軽くするための措置として特別償却があります。特別償却とは、通常の減価償却の他に取得価額の一定の割合（30%等）の特別償却を実施することで早期の償却を促し、税負担の軽減を図ります。それにより企業に節税効果がある制度であることを知らしめ、設備投資を促しながら経済の活性化を図ろうとする経済政策のひとつです。また、算出された税額から一定の税額を控除して納税額を減額する税額控除なども租税特別措置法の中で適用期限を切って定めています。

課税の原則

| 租税法律主義 | ➡ | 税金は法律で定めなければ徴収することができない |
| 租税平等主義 | ➡ | すべての国民は平等に課税されなければならない |

公 平 の 原 則

中 立 の 原 則

簡 素 の 原 則

13

税金の種類

納める先による分類、納め方による分類などがある

◉様々な分類の全体像をつかむ

税金は、どこに納めるのか、どのような形で納めるのか、何に対してかかるのかなどによって、以下のように分類できます。

・国税と地方税

国税とは、国に納める税金で、地方税は都道府県や市区町村に納める税金です。地方税はさらに、道府県税（道府県民税、事業税、不動産取得税など）と、市町村税（市町村民税、固定資産税、軽自動車税など）に分類されます。税務署は国税だけを取り扱う機関であり、地方税は都道府県税事務所や市区町村の税務担当課が取り扱います。

・内国税と関税

国税は、関税と内国税に分けられます。関税は、原材料や製品などを輸入するときに課税される税金で、目的は国内産業の保護と財政の収入確保です。これに対して、私たちが一般に関係する内国税には、収入、財産、消費、流通にかかる税金があります。

・直接税と間接税

直接税とは、税金を納める人と負担する人が同じ税金で、所得税、法人税などがあります。会社員であれば、所得税や住民税は給料から天引きされ、会社は納税を代行するだけで、直接税

になります。自分で事業を営んでいる場合は、1年間で納めるべき税金を計算した確定申告書を提出し、自ら所得税や住民税を納めることになります。

一方、間接税は、税金を納める人と負担する人が異なる税金で、代表的なものは消費税です。たとえば、スーパーで商品を買った時、その商品購入にかかる消費税は購入者が負担します。そして、スーパー側では商品の代金を受け取ると共に消費税を預かり、購入者に代わって税務署に納めることになります。その他、間接税にはたばこ税、酒税や印紙税などがあります。

税収は景気に左右されますが、特に、直接税には顕著に表れます。所得税や法人税は個人や法人の所得に税率を掛けて計算されますので、個人や企業の収入の変動の波をかぶることになります。景気が良ければ個人も企業も収入が増え、同時に税収が増えます。間接税も好景気で消費が活発になれば税収は増えますが、直接税ほど影響は受けないので、安定した税収源といえます。

・収得税・財産税・消費税・流通税

課税物件（何に対してかかるのか）によって、収得税、財産税、（広義の）消費税、流通税に区分されます。

収得税は、収入に対して課税される

税金で、所得税や法人税などです。

　財産税は、所有している財産に対して課税される税金で、相続税や贈与税が代表的です。対象となる財産の価額を基準にして税率を掛け、計算します。そのため、財産の価額が高いほど、税額も高くなっていきます。

　（広義の）消費税は、物やサービスを購入したときに課税される税金です。消費税は生産や流通の段階ごとにかかってきます。製造者が材料を購入する時、小売業者が製造者から商品を仕入れる時などのように販売があるたび、消費税は販売価格に上乗せされますが、

最終的にその商品の消費税を負担するのは消費者です。消費税の他、酒税、たばこ税、揮発油税などがあります。

　流通税は、財産が移転したときに課税され、自動車税（環境性能割）や印紙税などが代表的なものです。

・普通税と目的税

　普通税は、税収の使い途が特に限定されておらず、国や地方公共団体の一般経費に充てられる税金です。

　目的税は、使い途が限定されている税金です。たとえば、自動車税や軽油取引税などは道路関連の支出に充てられることが決まっています。

税金の種類

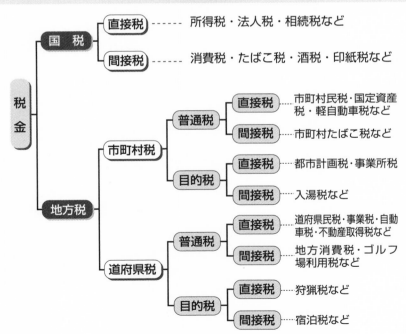

税金
- 国税
  - 直接税 ------ 所得税・法人税・相続税など
  - 間接税 ------ 消費税・たばこ税・酒税・印紙税など
- 地方税
  - 市町村税
    - 普通税
      - 直接税 …… 市町村民税・国定資産税・軽自動車税など
      - 間接税 …… 市町村たばこ税など
    - 目的税
      - 直接税 …… 都市計画税・事業所税
      - 間接税 …… 入湯税など
  - 道府県税
    - 普通税
      - 直接税 …… 道府県民税・事業税・自動車税・不動産取得税など
      - 間接税 …… 地方消費税・ゴルフ場利用税など
    - 目的税
      - 直接税 …… 狩猟税など
      - 間接税 …… 宿泊税など

3 国税と地方税の違い
地方税は都道府県税と市町村税に分けられる

● 国税は関税と内国税に分類される

国に納める税金を国税といいます。課税権が国にある税金です。国税は、国の歳入となる税金で、この国税によって国は様々な活動ができるわけです。国税は、関税と内国税に分けられます。

① 関税

外国から原材料や製品などを購入するときに課税される税金です。関税の目的は国内産業の保護と財政の収入確保です。安い外国製品が国内に流入すると、国内製品の競争力が損なわれる可能性があります。そこで、外国から購入する製品に関税をかけることで、国内の産業を守ろうとしているのです。一方で、国内産業を保護するため関税を高くしすぎてしまうと、外国との摩擦を生じさせる結果となります。

② 内国税

あまり聞き覚えのない言葉ですが、具体的な税金の種類を聞けば私たちに最も身近な税金だということがわかります。この内国税は、収得税、財産税、（広義の）消費税、流通税の４つに分類できます。

・収得税

収入に対して課税される税金で、所得税や法人税が代表的なものです。個人の所得に対して国がかける税金が所得税で、会社などの法人の所得に対して国がかける税金が法人税です。個人や法人の収入の多寡に大きく影響を受ける税金です。

・財産税

所有している財産に対して課税される税金で、相続税や贈与税が代表的なものです。相続税とは、親などが死亡し、その財産を相続した場合にかかる税金です。財産を受ける人のことを相続人といい、財産を残して亡くなった人のことを被相続人といいます。

また、人から財産をもらったときにかかる税金が贈与税です。財産をあげた人でなく、財産をもらった人が税金を納めなければなりません。生命保険を受け取ったときや債務を免除してもらったときも、贈与を受けたとみなされ贈与税を納めることになります。

・（広義の）消費税

物を購入したときに課税される税金で、消費税、酒税、たばこ税、揮発油税などがあります。消費税は、物の消費という行為に対して、広く公平に課される税金です。導入以降、段階的に税率が引き上げられてきました。

・流通税

財産が移転したときに課税される税

金です。自動車税（環境性能割）や印紙税などが代表的なものです。

地方税は道府県税と市町村税に分類される

地方税は都道府県と市町村に納める税金です。課税権が地方自治体にある税金です。地方税は道府県税と市町村税に分けられます。

道府県税には、道府県民税、事業税、不動産取得税、自動車税（種別割、環境性能割）、軽油引取税などがあります。市町村税には、市町村民税、固定資産税、軽自動車税、事業所税、都市計画税、入湯税などがあります。

都の特例区の存する区域では法人の市町村民税は、固定資産税や事業所税、都市計画税と共に都税とされています。

地方交付税も一種の地方税である

地方交付税は、所得税や法人税などの国税の一定割合を地方自治体の一般財源として配分する税金です。本来、地方自治体の行うサービスに必要な財源は、それぞれの地方で負担できれば望ましいことです。ただ、地域によって財源の多い少ないの格差があります。このため、国税の一定割合を地方の財政格差の調整として配分しています。地方交付税は各自治体の財源不足を補てんする形で配分されていますので、財政に余裕があるなどで交付されていない自治体もあります。

地方自治体の自主性を高めようという見地から平成19年に税源移譲が行われました。これは、納税者の負担が変わらない中で所得税（国税）を減らし、地方税を増やすというものでした。

国税と地方税の種類

国税の種類　国税 ─ 関税
　　　　　　　　　└ 内国税 ┬ 収得税 ─ 所得税／法人税など
　　　　　　　　　　　　　　├ 財産税 ─ 相続税／贈与税など
　　　　　　　　　　　　　　├ 消費税 ─ 消費税／酒税など
　　　　　　　　　　　　　　└ 流通税 ─ 自動車税／印紙税など

地方税の種類　地方税 ┬ 道府県税 ─ 道府県民税（東京都の場合は都民税）／事業税／不動産取得税など
　　　　　　　　　　　└ 市町村税 ─ 市町村民税※／固定資産税／軽自動車税など

※東京23区内の法人は、特例として市町村民税分を合わせて都民税として納付

4 直接税と間接税

税金の納め方によって分類する

● 納税義務者と担税者が同一か

直接税とは、税金を負担する人がその税金を納めるもので、間接税とは、税金を負担する人と税金を納める人が異なるものをいいます。別の言い方をすれば、直接税は納税義務者と担税者が同一の税金で、間接税は、納税義務者と担税者が異なる税金です。直接税の代表的なものは、所得税と法人税ですが、他にも相続税、贈与税、住民税、固定資産税などがあります。

会社員の場合、所得税や住民税は給料から天引きされていますので、自分で直接納めていないように思われますが、単に会社が源泉徴収義務者となって納付を代行しているだけですので、間接的な納付方法ですが直接税です。

間接税の代表的なものは消費税です。物を購入したときに10％の消費税（軽減税率適用の場合は８％）がかかり、一般消費者がそれを負担するわけですが、納税するのはそのお店の人です。納税義務者はお店の人で、担税者は一般消費者になります。

その他、間接税には酒税、たばこ税、揮発油税などがあります。

直接税と間接税

直接税の例
- 所得税　・道府県民税
- 法人税　・市町村民税
- 相続税　・自動車税
- 贈与税　・固定資産税

⟷

間接税の例
- 消費税　・ゴルフ場利用税
- 酒税
- たばこ税
- 揮発油税

税金を納める方法による分類

直接税 → 担税者 ＝ 納税義務者
- 累進課税などにより高所得者ほど多くの税金を負担させることができる
- 直接税の割合を増やすと勤労意欲を損なう

間接税 → 担税者 ＋ 納税義務者
- 消費の額が同じであれば所得の大きさに関係なく同じ負担を負う
- 低所得者ほど税負担が重くなる傾向がある

第 1 章

所得税の基本

1 所得と収入①

収入金額から必要経費を差し引いて算出する

● 所得と収入は意味が違う

一般に「所得」とは、収入から必要経費を引いたもののことです。所得税は、あくまでも収入ではなく「所得」に対して課税されます。通常、所得と収入は同じ意味のように考えられていますが、所得と収入は異なります。たとえば、会社員の場合、会社からもらう「給与所得の源泉徴収票」の「支払金額」が収入金額です。そして、「給与所得控除後の金額」が所得金額です。給料の場合は、必要経費とは呼ばずに給与所得控除額と呼んでいます。このように収入と所得は税金上では、意味が違うことを知っておきましょう。

所得税法では、10種類の所得について、具体的にその所得の金額の計算方法を定めています。所得を10種類に分類した理由は、所得の性質によって税金を負担することができる能力（担税力）が異なるからです。たとえば老後の資金となる退職所得は、担税力を考慮して原則として所得の2分の1を課税対象とし、他の所得とは合算しないようにしています。一方、事業所得や不動産所得などは、これらの所得の合計金額を対象として税率を掛けます。事業所得など一部の所得に生じた損失は、他の所得から控除できます。

● 必要経費の意味

所得の金額は、原則として、収入金

所得の種類

利 子 所 得	預貯金・公社債などの利子
配 当 所 得	株式の配当・剰余金の分配など
不 動 産 所 得	土地・建物などの貸付による所得
事 業 所 得	事業による所得（不動産賃貸所得は不動産所得）
給 与 所 得	給料・賞与など
退 職 所 得	退職金・一時恩給など
山 林 所 得	山林・立木の売却による所得
譲 渡 所 得	土地・建物・株式・ゴルフ会員権などの売却による所得
一 時 所 得	懸賞の賞金・生命保険の満期保険金など一時的な所得
雑　　所　　得	公的年金、事業とはいえないほどの原稿料、講演料、その他業務に関する収入、暗号資産の譲渡など上記にあてはまらない所得

額から必要経費を差し引いて算出します。所得の種類によっては、「必要経費」と言わず、別の言い方をしていることがありますが、内容的には必要経費と同じです。たとえば、給与所得では「給与所得控除額」といいます。給与所得控除額とは、会社員の必要経費と考えられているもので、年間の給与等の収入金額に応じて控除額が決まっています。

退職所得では「退職所得控除額」といいます。退職所得控除額は、勤続年数に応じて控除額が決まっています。退職所得は老後の資金という性格をもっていますから、この退職所得控除額は大きくなっています。

● 所得税の納付

所得税とは、個人の所得に対して課税される国税です。これに対し、法人に課税されるものを法人税といいます。

所得税が課税されるのは基本的に個人ですが、法人に利子や配当などの支払いがなされる際に所得税を源泉徴収するケースなど、例外的に法人（会社など）にも所得税が課税されることもあります。

所得税の計算対象期間は、1月1日から12月31日までの一暦年です。これは、会社員でも個人事業主でも同じで、その一暦年の所得金額と所得税の額を納税者自らが計算し、その年の翌年2月16日から3月15日までの間に確定申告書を提出し、所得税を納付することになっています。ただし、会社員の場合は、源泉徴収制度により会社が納税を行います。年末に会社は年末調整といって、天引きし、納税した税金の過不足を精算するため、会社員は確定申告をする必要はありません。

主な非課税所得の例

- ・給与所得者の通勤手当
- ・給与所得者の出張旅費
- ・国外勤務者の在外手当
- ・生活用動産の譲渡による所得
- ・身体の傷害や心身に加えられた損害に基因する損害保険金や損害賠償金
- ・葬祭料、香典
- ・労働基準法による遺族補償
- ・健康保険や国民健康保険の保険給付
- ・雇用保険の失業給付
- ・労災保険の保険給付
- ・生活保護のための給付
- ・負傷疾病に伴う休業補償
- ・死亡者の勤務に基因して受ける遺族恩給および年金
- ・国等に財産を寄附した際の譲渡所得
- ・納税準備預金の利子
- ・財形貯蓄の利子
- ・障害者の少額預金の利子
- ・宝くじ当選金

2 所得と収入②

所得は10種類に分類されている

● 10種類に分類された所得

　所得税では、所得を10種類に分類して、それぞれの所得ごとに所得の金額の計算方法を定めています。

　所得といっても、勤労から得た所得や、財産の売却から得た所得や資産の運用から得た所得など様々なものがあります。毎月支給される給与所得と退職後の生活を支える退職所得の性格が違うように、所得の性質によって税金を負担することができる能力は異なるので、全所得を同じものとして税金をかけるのは不公平です。そのため、所得を10種類に分けて、それぞれの特性に応じた計算方法を定めています。

　所得には、給与所得、退職所得、譲渡所得など様々な性質のものがありますが、所得税は、これらの所得にすぐ税率を掛けて求めるわけではなく、これらの所得から扶養控除、配偶者控除、基礎控除など所定の「所得控除」を差し引いて「課税所得金額」を計算し、この課税所得金額に税率（超過累進税率）を掛けて求めます。さらに所得税額から、配当控除、住宅ローン控除、外国税額控除などの「税額控除」を差し引いて実際に納付する所得税額を求めます。

　このように所得税での控除方式は2段階になっており、税額算定前の課税標準の算定過程において控除するのが所得控除、その後、課税標準に税率を掛けて算出した税額から直接控除するのが税額控除です。納税者の担税力の違いに着目した控除が所得控除で、特定の政策目的に基づいた控除が税額控除だといえます。

● 非課税所得や免税所得の具体例

　本来は所得だが、国民感情や所得の性質などから所得税の課税対象としていないものを非課税所得といいます。主な非課税所得としては、図（前ページ）に挙げるものがあります。

　この他、オリンピック優秀選手に贈られる金品やノーベル賞（経済学賞を除く）の賞金も非課税となっています。

　一方、免税所得とは、本来課税されるべきものであっても、国の政策を推進するための特別の取扱いとして特に所得税が免除されているものです。たとえば肉用牛の売却による農業所得は免税所得の例ですが、免税所得は非課税所得と異なり免税の適用を受けるための手続きが必要です。

3 所得金額の計算方法

各種所得ごとに所得金額の計算方法が定められている

● 所得金額の計算方法

所得税では、所得を次の10種類に区分して、それぞれの所得ごとに計算方法を定めています。

① 利子所得の金額

預貯金や公社債などからの利子の収入金額が利子所得の金額です。

② 配当所得の金額

株式や出資金の配当等が配当所得です。そこから株式等の取得に要した借入金の利子を控除した金額が配当所得の金額です。

③ 不動産所得の金額

土地建物などの貸付の対価である地代や家賃、その他不動産に関する権利に付随する収入は不動産所得です。これらの収入金額から必要経費を控除した金額が不動産所得の金額です。

④ 事業所得の金額

製造業、小売業、サービス業などの事業から生じた所得は事業所得です。その事業による収入金額から必要経費を控除した金額が事業所得の金額です。

⑤ 給与所得の金額

給料や賞与は給与所得です。その収入金額から給与所得控除額を控除した金額が給与所得の金額です。

⑥ 退職所得の金額

退職金などは退職所得です。その金額から原則として退職所得控除額を控除した金額の2分の1が退職所得の金額です。

⑦ 山林所得の金額

山林の伐採や譲渡による所得は山林所得です。その収入金額から必要経費と特別控除額を控除した金額が山林所得の金額です。

⑧ 譲渡所得の金額

資産を譲渡したことによる所得は譲渡所得です。収入金額から資産の取得費と譲渡に関連して発生した費用を控除し、さらに特別控除額を控除した金額が譲渡所得の金額です。

⑨ 一時所得の金額

賞金、生命保険契約などに基づく一時金は一時所得です。その収入金額から収入を得るために支出した金額を控除し、さらに特別控除額を控除した金額が一時所得の金額です。

⑩ 雑所得の金額

雑所得は公的年金等と、業務に関するものおよびそれ以外で計算が違います。公的年金等では公的年金等の収入金額から公的年金等控除額を控除した金額が雑所得の金額です。業務に関するものおよびそれ以外のものについては、総収入金額から必要経費を控除した金額が雑所得の金額です。

4 所得税算定の流れ

課税所得金額に税率を乗じて税額を計算する

● 所得税の具体的な計算方法

　以下に、6段階に分かれる所得税の計算について順を追って説明します。

① 総所得金額を求める

　所得の種類は、利子所得・配当所得・事業所得・不動産所得・給与所得・退職所得・譲渡所得・山林所得・一時所得・雑所得の10種類に分類されます。その10種類に分類された所得は、それぞれの所得について、収入金額から差し引く必要経費の範囲や特別控除などが決められていますので、それに従ってそれぞれの所得金額を計算します。

② 所得控除額を計算する

　各人の個人的事情などを考慮して設けられている所得控除額を計算します。災害により資産に損害を受けた場合

の「雑損控除」、多額の医療費の支出があった場合の「医療費控除」、配偶者や扶養親族がいる場合の「配偶者控除」や「扶養控除」、所得金額が一定額以下の人に認められている「基礎控除」など、10種類以上の所得控除が設けられています。

　なお、「ふるさと納税」をして確定申告で控除を受けたい場合には、この所得控除の区分で「寄附金控除」として記載することになります。

③ 課税所得金額を求める

　所得金額から所得控除額を差し引いて課税所得金額（1,000円未満切捨）を求めます。

④ 所得税額を算出する

　課税所得金額に税率を掛けて所得税

所得税の速算表

課税される所得金額	税率	控除額
① 195万円以下	5%	0円
② 195万円を超え　330万円以下	10%	97,500円
③ 330万円を超え　695万円以下	20%	427,500円
④ 695万円を超え　900万円以下	23%	636,000円
⑤ 900万円を超え　1,800万円以下	33%	1,536,000円
⑥ 1,800万円超え　4,000万円以下	40%	2,796,000円
⑦ 4,000万円超	45%	4,796,000円

（注）たとえば「課税される所得金額」が700万円の場合には、求める税額は次のようになります。

　700万円×0.23−63万6,000円＝97万4,000円

額を計算します。税率は、課税所得金額に応じて 5 ％から45％の 7 段階に分かれています。

⑤ **所得税額から税額控除額を差し引く**

税額控除には、配当控除や住宅ローン控除などがあります。配当控除とは、配当を受け取った場合や収益を分配された場合に一定の方法により計算した金額を控除するものです。また、ローンを組んで住宅を購入した場合には、ローン残高に応じて一定の金額が控除できます。

⑥ **源泉徴収税額や予定納税額を差し引く**

税額控除後の所得税額（年税額）から源泉徴収された税額や前もって納付している予定納税額があるときは差し引いて精算します。これで最終的に納める所得税額（100円未満切捨）または還付される所得税額が算出されます。

●所得税の税率

所得税は 5 ％～45％までの 7 段階の超過累進税率を適用して計算します。具体的には、下図の速算表で計算します。なお、平成25年 1 月からの所得については、東日本大震災からの復興の施策を実施するために必要な財源の確保を目的として、復興特別所得税が課されることになっており、通常の所得税額の2.1％相当額が一律に加算されています。

所得金額の計算方法

利 子 所 得	収入金額＝所得金額
配 当 所 得	収入金額－元本取得に要した負債の利子
不 動 産 所 得	収入金額－必要経費
事 業 所 得	収入金額－必要経費
給 与 所 得	収入金額－給与所得控除額－ 特定支出[1]のうち給与所得控除額の 2 分の 1 を超える金額
退 職 所 得	（収入金額－退職所得控除額）× $\frac{1}{2}$ [2]
山 林 所 得	収入金額－必要経費－特別控除額（50万円）
譲 渡 所 得	収入金額－（資産の取得費＋譲渡費用）－特別控除額
一 時 所 得	収入金額－その収入を得るために支出した金額－特別控除額(50万円)
雑 所 得	公的年金等…収入金額－公的年金等控除額 業務に関するものおよびそれ以外…収入金額－必要経費

※ 1 「特定支出」とは、会社員が職務を遂行する上で必要と認められた一定の支出のこと（63ページ）。
※ 2 特定役員などの一定の場合の退職所得は、「退職所得＝退職金－退職所得控除額」となり 1/2 を掛ける必要がない（64ページ）。

5 総合課税と分離課税の違い

所得税の課税方法は総合課税が原則である

● 総合課税とは

　所得税の課税制度は、総合課税と申告分離課税と源泉分離課税という方法があり、その課税方法も異なります。

　そのうちのひとつである総合課税の対象となる所得は、10種類に分類した所得のうち、配当所得、不動産所得、事業所得、給与所得、土地建物・株式等以外の譲渡所得、一時所得、雑所得です。総合課税とは、これらの所得を合計し、この合計所得に対応する税率を乗じて税額を算出する方法です。

　日本は超過累進課税方式をとっていますから、所得が多くなればなるほど税額も大きくなるようになっています。所得金額に応じて、7段階の税率が設定されているのです。たとえば、所得金額が195万円以下であれば税率は5％ですが、所得金額が4,000万円を超えると税率は45％にまで跳ね上がります。所得税は、この総合課税が原則です。応能負担の実現のため、総合した所得に超過累進率を適用して所得税を課税します。

● 分離課税とは

　分離課税とは、他の各種所得とは合算せずに他の所得と分離して課税する方式です。分離課税制度が設けられた

のは、不動産を売った場合など、一時的に得た所得が大きい場合、総合課税、つまり所得が他の所得と合算されると、超過累進税率により、その年だけ非常に大きな税額がかかるからです。

　分離課税される所得には、利子所得、山林所得、退職所得、土地建物・株式等の譲渡による譲渡所得があり、課税の方法としては源泉分離課税と申告分離課税の2種類があります。源泉分離課税とは、他の所得とは完全に分けて、支払を受ける際に源泉徴収され、それだけで納税が完了する制度です。そこで、源泉分離課税となる所得は、確定申告の必要はありません。

　利子所得や一定の要件を満たす退職所得が源泉分離課税に該当します。一定の要件とは、退職金を受け取るときまでに「退職所得の受給に関する申告書」を会社に提出し、勤続年数に応じた退職所得控除額を算出し、源泉徴収されている退職所得です。

　総合課税の場合のように超過累進税率は適用されず、たとえば利子所得であれば収入金額の20.315％（所得税15％、復興特別所得税0.315％、住民税5％）が源泉徴収されます。

　申告分離課税とは、確定申告が必要で、その税額を計算する際に、他の所

得と分けて一定の税率により計算する方法です。

申告分離課税が適用される所得は、「退職所得の受給に関する申告書」が提出されない退職所得・山林所得、土地建物の譲渡による譲渡所得、株式等の譲渡による譲渡所得です。

株式等の譲渡による譲渡所得の場合、株式等を譲渡することで得られた収入金額からその株式の取得費や売却手数料を差し引いた金額が譲渡所得です。この譲渡所得に対して、20％（所得税15％、住民税5％）の税率に、復興特別所得税（令和19年まで）として所得税の2.1％分を加えた合計20.315％を乗じ、税額を計算します。

退職所得の場合、原則として収入金額から勤続年数に基づいた退職所得控除額を差し引いた残額の2分の1に対して税率を掛けます。

なお、「退職所得の受給に関する申告書」を提出している場合、退職手当等の支払者が計算した税額が退職手当の支払時に源泉徴収されます。そのため、改めて確定申告を行う必要はありません。一方、「退職所得の受給に関する申告書」が提出されない退職所得は退職手当の支払金額に対して一律20.42％の税率が源泉徴収されますので、確定申告で申告分離課税の所得として税額を計算することになります。

総合課税の所得と分離課税の所得

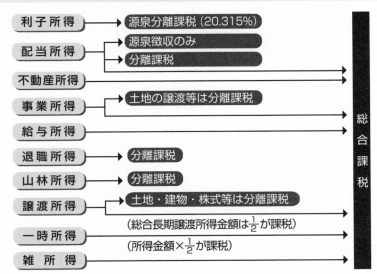

6 損益通算

損益通算できるのは４つの所得である

損益通算とは

損益通算とは、２種類以上の所得があり、たとえば１つの所得が黒字、他の所得が赤字（損失）といった場合に、その所得の黒字と他の所得の赤字とを、一定の順序に従って、差引計算を行うことです。

ただし、すべての所得の赤字（損失）が他の黒字の所得と損益通算できるものではありません。所得税では、不動産所得、事業所得、山林所得および譲渡所得の金額の計算上生じた損失の金額があるときに限り、損益通算をすることができます。

損益通算の対象とならない損失

次に掲げる損失の金額は損益通算の対象とはなりません。

① 配当所得、給与所得、一時所得、雑所得の各種所得の金額の計算上生じた損失の金額

② 不動産所得の金額の赤字のうち土地等を取得するために要した借入金の利子に対応する部分の金額

③ 「生活に通常必要ではない資産（別荘など）」から生じた損失の金額

④ 土地、建物の譲渡所得（一部を除く）、株式等の譲渡所得

損益通算の順序

損失の金額は、次の順序により控除を行います。

① 不動産所得の金額または事業所得の金額の計算上生じた損失の金額は、利子所得、配当所得、不動産所得、事業所得、給与所得、雑所得（これらの所得を合わせて経常所得といいます）の金額から控除します。

② 譲渡所得の金額の計算上生じた損失の金額は、一時所得の金額から控除します。

③ ①で控除しきれないときは、譲渡所得の金額、次いで一時所得の金額（②の控除後）から控除します。

④ ②で控除しきれないときは、これを経常所得の金額（①の控除後の金額）から控除します。

⑤ ③、④の控除をしても控除しきれないときは、まず山林所得の金額から控除し、次に退職所得の金額から控除します。

⑥ 山林所得の金額の計算上生じた損失の金額は、経常所得（①または④の控除後）、次に譲渡所得、一時所得の金額（②または③の控除後）、さらに退職所得の金額（⑤の控除後）の順で控除を行います。

損益通算がこのような順序になって

いるのは、所得の性質を考慮しているためです。まずは同じ性質の所得と通算し、次に性質の違う所得と通算します。

なお、上場株式等に対する譲渡損失については特例が設けられています。金融商品取引業者等を通じて売却した上場株式等に譲渡損失が発生した場合、その年分の上場株式等の配当所得の金額と損益通算を行うことができます。それでも譲渡損失を控除しきれない場合は、さらに翌年以降3年間にわたって損失を繰り越し、上場株式等の譲渡所得、配当所得の金額から控除することができます。控除する際は、譲渡所得、配当所得の順に控除していきますが、一般株式等の譲渡所得等の金額からは控除できないことに注意が必要です。

この特例を受けるためには、上場株式等の譲渡損失が生じた年から繰越控除をする期間にわたって、連続して確定申告を行う必要があります。その間、上場株式等の譲渡がない年があったとしても、譲渡損失を繰り越すために確定申告書は提出しなければなりません。

また、上場株式等に対する譲渡損失と上場株式等に対する配当所得の損益通算を行う年の確定申告書には、この特例を受ける旨を記載すると共に、「所得税及び復興特別所得税の確定申告書付表」及び「株式等に係る譲渡所得等の金額の計算明細書」を添付して提出します。譲渡損失を繰越控除する場合は、譲渡損失発生後においても連続して「所得税及び復興特別所得税の確定申告書付表」を添付した確定申告書を提出します。

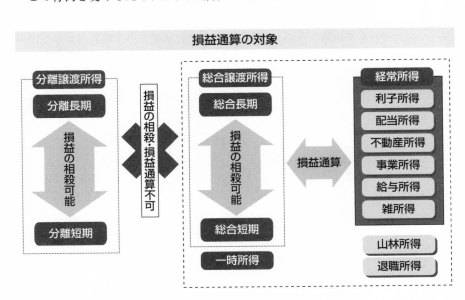

損益通算の対象

7 所得控除①

所得控除には納税者の個々の事情を反映させる役割がある

● 所得控除とは

　所得税では、労働者保護のための社会政策などを考慮して、各種の所得控除が設けられています。

　所得控除には、①雑損控除、②医療費控除、③社会保険料控除、④小規模企業共済等掛金控除、⑤生命保険料控除、⑥地震保険料控除、⑦寄附金控除、⑧障害者控除、⑨寡婦・ひとり親控除、⑩勤労学生控除、⑪配偶者控除、⑫配偶者特別控除、⑬扶養控除、⑭基礎控除、の14種類があります。

　所得控除の適用は基本的には本人の所得について判断しますが、障害者控除や扶養控除、配偶者控除のように、配偶者や扶養親族を対象とするものもあります。

　控除の対象となる配偶者に該当するか、または、扶養親族に該当するかは、その年の12月31日の状況により判断します。

● 雑損控除とは

　災害や盗難、横領などによって、資産について損害を受けた場合に受けることができる一定金額の所得控除です。控除の対象となるための要件としては、申告者または申告者と生計を一にする親族（家族など）で、総所得金額等が48万円以下である人が、災害・盗難・横領により、生活に通常必要な住宅、家具、衣類などの資産について損失を受けたことが挙げられます。

　控除額は、次の@と⑥のうち、多い金額が控除額となります。

@　差引損失額 − 総所得金額等 × 10%
⑥　差引損失額のうち災害関連支出の
　　金額 − 5万円

● 医療費控除とは

　自分自身や家族のために医療費を支払った場合、一定の金額の所得控除を受けることができます（上限は200万円）。これを医療費控除といいます。医療費控除の対象となる医療費は、納税者が、自分自身または自分と生計を一にする家族のために支払った医療費でなければなりません。また、その年の12月31日までに実際に支払った医療費であることが条件です。対象となる医療費は、以下の通りです。

①　医師、歯科医師に支払った診療代
②　治療、療養のために薬局で買った
　　医薬品代
③　病院等に支払った入院費
④　治療のためのあんま、はり、きゅう、整体などの施術費

　このような費用につき、年間に支払った医療費の総額（保険金等で補て

んされる金額を除きます）から10万円
（総所得金額等が200万円未満の人は総
所得金額等の５％）を差し引いた金額
が医療費控除額になります。

　たとえば、１年間にかかった医療費
が９万円（生命保険からの補てんな
し）、年収250万円のBさんの場合、ま
ず、給与所得控除を差し引き、年間所
得を求めます。

　250万円－（250万円×30％＋８万
円）＝167万円

　167万円＜200万円ですから、Ｂさ
んの場合、８万3,500円（＝167万円×
５％）を超える部分の金額について、
医療費控除の対象となります。医療費
控除の計算式にあてはめると、Ｂさん
は、6,500円の医療費控除を受けるこ
とができます。

　９万円－８万3,500円＝6,500円

・セルフメディケーション税制

　セルフメディケーション税制は、上

記の医療費控除との選択適用により、
年間12,000円を超える医師より処方さ
れる医薬品やスイッチOTC医薬品（ド
ラッグストアなどの市販薬）の購入金
額を所得から控除（８万8,000円を限
度）できる制度です。

●社会保険料控除とは

　納税者が、自分自身や納税者と生計を
一にする配偶者やその他の親族の社会
保険料を支払った場合や給与から天引
きされた場合に適用される所得控除です。

　社会保険料とは、健康保険・船員保
険・後期高齢者医療保険・介護保険の
保険料、国民健康保険（税）、国民年
金・厚生年金の保険料、国民年金基
金・厚生年金基金の掛金などのことで
す。その年において支払った社会保険
料の額と給与などから天引きされた社
会保険料の額の全額が控除されます。

所得控除の適用関係

	本　人	配偶者	扶養親族
障害者控除	○	○	○
ひとり親控除・寡婦控除	○		
勤労学生控除	○		
配偶者控除		○	
配偶者特別控除		○	
扶養控除			○
基礎控除	○		

※ ○印がついた人について、該当する事情がある場合にその所得控除が適用される。たとえば、ひとり
　親控除・寡婦控除や勤労学生控除は納税者本人が、寡婦・ひとり親や勤労学生であることが必要である。
　一方、障害者控除については、納税者自身だけでなく、納税者の配偶者や扶養親族が所得税法上の障
　害者にあてはまる場合にも、障害者控除を受けることができる。

所得控除②

生命保険、地震保険などの保険料については一定の金額の控除を受けることができる

●小規模企業共済等掛金控除とは

小規模企業共済法が定めている共済契約の掛金や、確定拠出年金法で定められている個人型年金の掛金、心身障害者扶養共済制度の掛金を支払った場合に適用を受けることができます。なお、このうち個人型確定拠出年金はiDeCoとも呼ばれています。

控除される金額は、納税者がその年に支払った掛金の全額となっています。この控除が適用されるのは、納税者がその年において、次の掛金を支払った場合です。

ⓐ 小規模企業共済法の共済契約に基づく掛金

ⓑ 確定拠出年金法の個人型年金（通称iDeCo）加入者掛金

ⓒ 条例の規定により地方公共団体が実施する心身障害者扶養共済制度に関する契約に基づく掛金

●生命保険料控除とは

生命保険料、介護医療保険料、個人年金保険料を支払った場合に、一定の金額の所得控除を受けることができますが、これを生命保険料控除といいます。控除の対象となる生命保険料とは、保険金などの受取人のすべてを自分または自分の配偶者やその他の親族とし

ている生命保険契約の保険料や掛金です。一方、個人年金保険料の場合は、個人年金保険契約の保険料や掛金が対象となります。

生命保険料控除額の金額は、平成24年1月1日以後に締結した保険契約等に関する控除（新契約）と平成23年12月31日以前に締結した保険契約等に関する控除（旧契約）では計算の取扱いが異なります。たとえば、50,000円の生命保険料を支払った場合の控除額は、新契約であれば32,500円ですが、旧契約であれば37,500円です。また、新契約と旧契約の双方に加入している場合は、①新契約のみ生命保険料控除を適用、②旧契約のみ生命保険料控除を適用、③双方の契約について生命保険料控除を適用のいずれかを選択することができます。生命保険料控除の限度額は、ⓐ平成24年1月1日以後に締結した保険契約等に関する控除（新契約）、ⓑ平成23年以前に締結した保険契約等に関する控除（旧契約）、ⓒ新契約と旧契約の双方について控除の適用を受ける場合の控除を合わせて最高12万円です。

●地震保険料控除とは

地震保険料控除は、居住用の家屋や生活用の動産について地震が原因で

被った損害に備えて支払った保険料や掛金が対象になります。控除額は地震保険料について支払った金額すべてとなっていますが、上限は50,000円です。

また、以前、火災保険料の支払いによって損害保険料控除を受けていた人への経過措置として、長期損害保険（保険期間が10年以上でかつ満期時に満期返戻金が支払われる保険のこと）については、以前と同じように15,000円を上限とする損害保険料控除が認められています。ただ、地震保険料と長期損害保険についての損害保険料控除を併せたとしても、控除額の上限は50,000円となっています。

● 寄附金控除とは

国や地方公共団体、特定公益増進法人などに対し、特定寄附金を支出した場合に、受けることができる所得控除をいいます。その年中に支出した特定寄附金の額が2,000円を超えた場合に寄附金控除の対象となります。

寄附金控除を受ける場合、寄附した団体などから交付を受けた受領書などによって寄附したことを証明する必要があります。控除額の金額は、次のⓐ、ⓑいずれか少ない方の金額から2,000円を差し引いた額が寄附金控除額になります。

ⓐ　その年に支払った特定寄附金の合計額
ⓑ　その年の総所得金額等の40%相当額

生命保険料控除の金額

● 平成23年12月31日以前に締結した保険契約（旧契約）

	支払保険料等	控除される額
旧生命保険料・旧個人年金保険料の金額	25,000円以下の場合	支払保険料等の全額
	25,000円を超え50,000円以下の場合	（年間支払保険料×1／2）＋12,500円
	50,000円を超え100,000円以下の場合	（年間支払保険料×1／4）＋25,000円
	100,000円を超える場合	一律50,000円

● 平成24年1月1日以後に締結した保険契約（新契約）

	支払保険料等	控除される額
一般の生命保険料・介護医療保険料・個人年金保険料の金額	20,000円以下	支払保険料等の全額
	20,000円を超え40,000円以下の場合	（支払保険料等×1／2）＋10,000円
	40,000円を超え80,000円以下の場合	（支払保険料等×1／4）＋20,000円
	80,000円を超える場合	一律40,000円

所得控除③

基礎控除は所得金額が2,500万円以下の人に適用される

●障害者控除とは

　納税者本人、または控除の対象となる配偶者や扶養親族が所得税法上の障害者（精神障害者保健福祉手帳の交付を受けている人など）に当てはまる場合に受けることのできる所得控除です。控除できる金額は障害者1人について27万円です。また、特別障害者に該当する場合は40万円になります。特別障害者とは、身体障害者手帳に1級または2級と記載されているなど、重度の障害のある人のことです。

　なお、扶養親族または控除対象配偶者が同居の特別障害者である場合には、特別障害者に関する障害者控除の額は75万円になります。

●寡婦控除・ひとり親控除とは

　申告者本人が、合計所得金額が500万円以下の寡婦あるいはひとり親である場合に適用され、次の@またはⓑの金額が控除額になります。

@　ひとり親控除（男女問わず未婚のひとり親で、生計を一にする子がいる場合）：35万円

ⓑ　寡婦控除（@以外の女性で、夫と離婚後未婚で扶養親族がいる、または死別後未婚である場合）：27万円

●勤労学生控除とは

　所得税法上の勤労学生に当てはまる場合に受けられる所得控除のことで、一律27万円です。申告者本人が勤労学生であるときに適用されます。勤労学生とは、学生・生徒・児童などの特定の学校（学校教育法に規定する小学校、中学校、高等学校、大学、高等専門学校など）の学生・生徒であって、自分の勤労（労働など）によって得た給与所得等があり、合計所得金額が75万円以下で、かつ、給与所得以外の所得が10万円以下である者のことをいいます。

●配偶者控除・配偶者特別控除とは

　納税者に控除対象配偶者がいる場合には、一定の金額の所得控除が受けられます。これを配偶者控除といいます。

　控除対象配偶者とは、納税者の配偶者でその納税者と生計を一にする者のうち、年間の合計所得金額が48万円（給与収入では103万円）以下である人のことです。配偶者控除額は、納税者の合計所得金額が900万円以下であれば38万円、900万円超950万円以下であれば26万円、950万円超1,000万円以下であれば13万円の3段階です（控除対象配偶者が70歳以上の場合にはそれぞれ48万円、32万円、16万円の3段階）。

また、配偶者の年間合計所得金額が48万円（給与収入では103万円）を上回ると、配偶者控除を受けることはできませんが、配偶者特別控除という制度が設けられています。配偶者特別控除を受けるためには、配偶者の合計所得金額が48万円超133万円以下（給与収入では103万円超201万円以下）であることが必要です。納税者の所得（配偶者控除と同様に所得が1,000万円以下の人が対象）と配偶者の収入に応じて段階的に控除額が引き下げられます（控除額は1万円から38万円）。

●扶養控除とは

納税者に扶養親族がいる場合には、一定の金額の所得控除が受けられます。これを扶養控除といいます。扶養親族とは、納税者と生計を一にする配偶者以外の親族、養育を委託された児童、養護を委託された老人で所得金額の合計が48万円以下である者のことです。

「生計を一にする」とは、必ずしも同一の家屋で起居していることを要件とするものではありませんから、たとえば、勤務、修学、療養等の都合上別居している場合であっても、余暇には起居を共にすることを常例としている場合（休暇の時には一緒に生活している場合など）や、常に生活費、学資金、医療費等を送金している場合には、「生計を一にする」ものとして取り扱われます。扶養控除の金額については下図の通りです。

●基礎控除とは

基礎控除では、所得金額が2,400万円以下の場合には48万円、2,400万円超2,450万円以下の場合には32万円、2,450万円超2,500万円以下の場合には16万円を所得から控除することができます。所得金額が2,500万円超の場合には適用されません。

扶養控除の額

区　　分 (注1)		控除額
扶 養 控 除	16歳以上19歳未満	38万円
	19歳以上23歳未満（特定扶養親族）	63万円
	23歳以上70歳未満	38万円
	70歳以上　　　　　　（老人扶養親族）	48万円
	同居老人扶養親族 (注2)　の加算	58万円

（注）1　区分の欄に記載している年齢はその年の12月31日現在による。
　　　2　同居老人扶養親族とは、老人扶養親族のうち納税者またはその配偶者の直系尊属で、納税者またはその配偶者と常に同居している同居親族をいう。

10 税額控除
所得税額から一定金額を直接控除できる制度

● 税額控除とは

　税額控除とは、所得税額から直接控除できるとても有利な制度です。同じ控除という名前がつく所得控除は、所得に税率を乗じる前の段階で控除するので、税額に与えるインパクトは、「所得控除額×税率」にとどまります。たとえば、医療費控除は所得控除ですが、支払った医療費全額が還付されるわけではありません。通常は医療費から10万円を引いて税率を乗じた金額になります。一方、税額控除は、所得に税率を乗じた後の所得税額から直接控除することができますので、税額に与えるインパクトはダイレクトに税額控除額そのものになります。

　税額控除には図（次ページ）のように様々な種類がありますが、代表的なものとしては、以下の配当控除・外国税額控除・住宅借入金等特別控除があります。

① 配当控除

　個人が株式の配当金等を受け取った場合において、一定の方法により計算した金額を、その個人の所得税額から控除するものです。

　配当控除の金額は、その年の課税総所得金額等の金額が以下の①～㊁のいずれに該当するかによって計算方法が異なります。

　①　その年の課税総所得金額等が1,000万円以下

　㊑　その年の課税総所得金額等が1,000万円を超え、かつ、課税総所得金額等から証券投資信託の収益の分配による配当所得の金額を差し引いた金額が1,000万円以下

　㊁　課税総所得金額等から証券投資信託の収益の分配による配当所得の金額を差し引いた金額が1,000万円を超える

　㊁　課税総所得金額等から剰余金の配当等による配当所得の金額と証券投資信託の収益の分配による配当所得の金額の合計額を差し引いた金額が1,000万円を超える

　たとえば①に該当する場合は、剰余金の配当等による配当所得に10％を掛けた金額と、証券投資信託の収益の分配金による配当所得に5％を掛けた金額の合計が配当控除の金額になります。

② 外国税額控除

　個人が外国から得た所得（配当金など）には、すでに現地国の所得税などが課税（源泉徴収）されている場合があります。この所得につき、さらに日本で課税すると、外国税と所得税が重複して課税されることになります。そ

こで、外国税額控除を設けることによって、外国税と所得税の二重課税を排除するしくみになっています。

外国税額控除の金額は、外国所得税の金額が所得税の控除限度額（所得税の金額×（国外所得金額÷所得総額）を超えるかどうかによって計算方法が変わります。外国所得税の金額が所得税の控除限度額を超えない場合は、外国所得税全額が外国税額控除の金額となります。

③ **住宅借入金等特別控除（住宅ローン控除）**

個人が住宅を購入したとき（中古住宅を含む）などに金融機関で住宅ローンを組んだ場合に受けられる控除です。居住した年から一定期間、住宅ローンの残高に応じて控除を受けることができます（38ページ）。

これらの他にも、認定長期優良住宅と呼ばれる一定の住宅を新築等した場合の税額控除、省エネや耐震に効果のある改修を行った場合の税額控除、政党等寄附金特別控除、公益法人等に寄附をした場合の税額控除などがあります。特に平成23年に発生した東日本大震災以降、耐震改修工事を検討するケースが多くなりましたが、このような税額控除制度も含め検討するのがよいでしょう。

なお、これらの税額控除制度の適用を受けるには、確定申告書の提出だけではなく、それぞれの控除制度ごとに定められた書類の添付も必要になってきます。

いずれにしても確定申告の際には、該当するものがないか確認しておく必要があります。

主な税額控除の種類

主な税額控除
- 配当控除
- 中小事業者が機械等を取得した場合の所得税額の特別控除
- 住宅借入金等の特別控除
- 政党等寄附金の特別控除
- 既存住宅の耐震改修をした場合の所得税額の特別控除
- 既存住宅に係る特定の改修工事をした場合の所得税額の特別控除
- 認定長期優良住宅の新築等をした場合の所得税額の特別控除
- 外国税額控除

11 住宅ローンの税額控除

マイホーム取得者を優遇する制度である

●住宅ローン控除とは

住宅ローン控除とは、住宅ローンの残額に応じて、所得税、住民税を控除する制度で、住宅取得を促進するための制度です。具体的には、令和4年度税制改正により、令和4年1月から令和7年12月までに入居した場合に、新築住宅（買取再販を含む）は13年間、中古住宅は10年間、住宅ローンの年末の残額の0.7％が所得税額から控除されます。なお、控除できる住宅ローンの年末の残高には限度額があり、住宅の内容により次の通りになっています（次ページ図）。

（新築住宅）

・長期優良住宅・低炭素住宅：4,500万円または5,000万円

・ZEH水準省エネ住宅：3,500万円または4,500万円（ZEHとは、ネット・ゼロ・エネルギー・ハウスの略で省エネ基準の一つ）

・省エネ基準適合住宅：3,000万円または4,000万円

・その他の住宅：2,000万円または3,000万円

（中古住宅）

・長期優良住宅・低炭素住宅、ZEH水準省エネ住宅、省エネ基準適合住宅：3,000万円

・その他の住宅：2,000万円

たとえば、令和5年に新築の長期優良住宅に入居した人のケースでは、最大で13年にわたって毎年35万円の住宅ローン控除を利用することができます。つまり、仮に適用期間である13年間にわたり、年末のローン残高が5,000万円以上あったとすると、合計で455万円（35万円×13年）の税額控除を受けることができます。

さらに、この制度は住宅のリフォームなどにも利用することができます。控除を受けるには、住宅、年収、ローンについて様々な条件を満たす必要があります。

住宅については、①床面積が50㎡以上であること、②中古住宅は築後20年以内（マンションなどの場合は25年以内）であること、または一定の要件を満たした耐震住宅であること、③増改築した場合には工事費用が100万円を超えており、その半分以上が居住用部分の工事であること、④店舗併用住宅の場合には床面積の半分以上が居住用になっていること、⑤住宅の取得のために、10年以上にわたり分割して返済する借入金があること、⑥住宅ローン控除を受ける年の合計所得金額が3,000万円以下であることなどが条件

となっています。

　もし、所得税から控除しきれない金額がある場合は、翌年分の個人住民税額から税額控除できます。

　なお、贈与された住宅や、生計を一にする親族から取得した住宅等については、住宅ローン控除を適用することができません。

　住宅ローン控除を受けるにあたり、控除を適用する最初の年と２年目以降では手続きが変わります。住宅ローン控除を受ける最初の年は、確定申告書に（特定増改築等）住宅借入金等特別控除額の計算明細書、売買契約書の写し、住民票の写し、家屋の登記事項証明書、借入金の年末残高等証明書などの多くの書類を添付する必要があります。

　適用２年目以降は、確定申告書に（特定増改築等）住宅借入金等特別控除額の計算明細書と借入金の年末残高等証明書を添付するのみとなります（e-Taxで確定申告をする場合には、借入金の年末残高等証明書の添付は省略）。

　なお、適用２年目以降の給与所得者は、年末調整のための（特定増改築等）住宅借入金等特別控除証明書、給与所得者の（特定増改築等）住宅借入金等特別控除申告書、借入金の年末残高等証明書を勤務先に提出すれば、年末調整によって住宅ローン控除を受けることができます。

住宅ローン減税制度の概要

新築／中古	区分	令和４年	令和５年	令和６年	令和７年
新築【控除期間13年】※2	長期優良住宅・低炭素住宅	5,000万円		4,500万円	
	ZEH水準省エネ住宅	4,500万円		3,500万円	
	省エネ基準適合住宅	4,000万円		3,000万円	
	その他の住宅	3,000万円		2,000万円※3	
中古【控除期間10年】	長期優良住宅・低炭素住宅 ZEH水準省エネ住宅 省エネ基準適合住宅	3,000万円			
	その他の住宅	2,000万円			

※1　金額は借入限度額で、控除率は一律0.7%
※2　その他の住宅は令和６年以降の入居の場合、控除期間10年
※3　令和５年までに建築確認が必要

12 所得税の源泉徴収事務

給与や賞与の支払いごとに所得税を差し引くことになる

所得税の源泉徴収とは何か

　労働者が会社などで働いて得たお金（給与所得）には税金が課されます。この税金が所得税です。

　給与所得については会社などの事業所が労働者に給与や賞与を支払うごとに所得税を徴収し、国に納付します（源泉徴収制度）。ただ、所得税は1年間（暦年、1月1日〜12月31日）に得た所得に対して課される税金ですから、給与や賞与の支払いのつど源泉徴収した所得税は、あくまでも概算にすぎません。そこで、概算で徴収した所得税について、1年が終わってその年の給与所得が確定した時点で精算する必要があります。この精算手続きのことを年末調整といいます。年末調整により、1年間の納税額の不足が判明した場合は、その不足額が追加で徴収されます。逆に、過大に徴収していた場合は、過納額が還付されます。

　年末調整では、給与や賞与の支払われたときには考慮されなかった個人的事情などについても反映し、その人が1年間に納めるべき正確な所得税を計算することになります。

源泉徴収した所得税の納付

　所得税の源泉徴収税額（源泉所得税）は、原則として給与を支給した日（源泉徴収をした日）の翌月10日までに納めます。納付は税務署などで行います。

　納付期限には特例があり、この場合は1月分から6月分を7月10日まで、7月分から12月分を翌年の1月20日までに納付することになります。この特例は、給与の支給人員が常時10人未満である事業所が受けることができます。この特例を受けるには、「源泉所得税の納期の特例の承認に関する申請書」を給与等の支払いを行う事務所の所在地を所轄する税務署長に提出する必要があります。また、この特例を適用していた事業所の給与の支給人員が常時10人以上になった際には、「源泉所得税の納期の特例の要件に該当しなくなったことの届出書」を提出しなければなりません。提出された年から特例が適用されなくなります。

　源泉徴収税額は以下の式によって算出します。

給与総額−非課税額−社会保険料等＝課税対象額

　「非課税額」とは、たとえば通勤手当などのように所得税が非課税となる支給額のことです。

　社会保険料等を算出するためには予

め「給与所得者の扶養控除等（異動）申告書」を社員に提出してもらい、扶養親族控除や配偶者控除、障害者控除等の有無などを確認しなければなりません。課税対象額が算出された後に「給与所得の源泉徴収税額表」に照らし合わせて源泉徴収税額を出します。

なお、年の途中で会社（扶養控除等申告書を提出している会社）を退社して、その後別の会社に入社した場合、後で入社した会社に新たに申告書を提出することになります。

●徴収した住民税の納付

住民税も所得税と同様で、企業に勤めている会社員の場合は会社が給与を支払う時点で徴収することが定められています。会社員などの給与所得者の場合、一般的に特別徴収によって住民税が徴収されることになります。特別

徴収とは、市区町村に代わって会社などの事業所が労働者から住民税を徴収し、市区町村に納入する方法のことです。

住民税は、原則として給与を支給した日（特別徴収をした日）の翌月10日までに納入します。納期の特例を受けている場合は、6月分から11月分を12月10日までに、また、12月分から翌年の5月分を翌年6月10日までに納めることになります。

労働者が退職をした場合は、本人から申し出があれば、最後の給与や退職金から残りの期間分の住民税を一括徴収することもできます。一括徴収したときは、その月の翌月10日までに住民税を納入します。退職日が1月1日から4月30日までの場合、本人からの申し出の有無にかかわらず、残りの期間分の住民税を一括徴収・納入することになります。

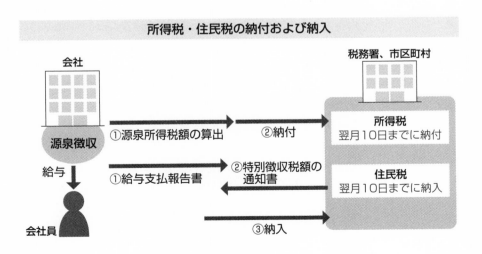

所得税・住民税の納付および納入

会社

税務署、市区町村

源泉徴収

①源泉所得税額の算出 → ②納付

所得税
翌月10日までに納付

給与

①給与支払報告書 → ②特別徴収税額の通知書

住民税
翌月10日までに納入

会社員

③納入

13 年末調整①

1年間に納めるべき所得税額を計算する

● 給与と賞与にかかる税額を精算する

10月～12月の時期に事務担当者が行うべきことで、もっとも大変な仕事は年末調整です。年末調整は、役員や労働者に対する毎月の給与や賞与から源泉徴収をした所得税の合計額と、その人が1年間に納めるべき所得税額との差額を調整するための手続きです。

会社などの事業所では、役員や労働者に対して報酬や給与（賞与を含む）を支払う際に所得税の源泉徴収を行っています。しかし、その年1年間に給与などから源泉徴収した所得税の合計額は、労働者などが1年間に納めるべき税額と必ずしも一致するわけではありません。そこで、1年間に源泉徴収した所得税の合計額と、本来役員や労働者が1年間に納めるべき所得税額とを一致させる必要があります。

つまり、年末調整において計算された1年間に納めるべき所得税額が源泉徴収した所得税の合計額よりも多い場合は差額分だけ給与等から追加の徴収を、少ない場合は差額分だけ還付を行うのです。この1年間に納めるべき所得税額と1年間に源泉徴収した所得税の合計額を一致させるための手続きが年末調整ということになります。

年末調整は文字通り年末に行います。正確に言うと、1年の最後の給与が支給されるときに行います。給与が支給された後に賞与が支給されることになっている場合は、賞与の支給後に年末調整を行います。

賞与を支給した後に給与を支給することにしている場合、後に支払う給与の額を加えた額で年末調整を行うことができます。しかし、見込んでいた給与額と異なる額を支給することになった場合、年末調整をやり直さなければならないという点に注意が必要です。

● 年末調整の手順を確認する

年末調整は、労働者に1年間に支払う給与（賞与を含む）の額を合計して、次のような手順で計算を行います。

① **給与所得控除後の給与の額を求める**

1年間に支払う給与の合計額から給与所得控除後の給与の額を求めます。給与所得控除後の給与の額は、「年末調整等のための給与所得控除後の給与等の金額の表」で求めます。

② **所得控除を差し引く**

給与所得控除後の給与の額から扶養控除や生命保険料控除などの所得控除を差し引きます。

③ **税額を求める**

②の所得控除を差し引いた金額に所

得税の税率をあてはめて税額を求めます。

④ **税額控除をする**

　年末調整で住宅借入金等特別控除などの税額控除を行う場合には、求めた税額から控除額を差し引きます。差引後の税額が、その労働者が1年間に納めるべき所得税額になります。

⑤ **還付または徴収をする**

　最後に、源泉徴収をした所得税の合計額が1年間に納めるべき所得税額より多い場合には、その差額をそれぞれの労働者に還付します。逆に、源泉徴収をした所得税の合計額が1年間に納めるべき所得税額より少ない場合には、その差額を労働者に支払うべき給与（または賞与）から徴収します。

　年末調整の②の手順で出てくる扶養控除や配偶者控除の金額は、扶養人数によって変わってきます。1年間の所得税額を計算するときは、その年の12月31日現在の状況によって扶養親族等の数を判断します。

　しかし、年末調整が12月31日より前の日程で行われると、年末調整終了後から12月31日までに扶養人数が変わる可能性があります。この場合、本来の1年間に納めるべき所得税額と年末調整によって計算された所得税額が一致しません。扶養人数が減った場合は、対象者から「給与所得者の扶養控除等（異動）申告書」を再度提出してもらった上で、年末調整をやり直し、不足分の所得税を徴収しなければなりません。

　一方、結婚するなどして扶養人数が増えた場合は、源泉徴収票を作成、交付するまでに、対象者から「給与所得者の扶養控除等（異動）申告書」の提出を受け、年末調整をやり直すことができます。年末調整をやり直さない場合であっても、対象者が確定申告をすることで所得税の還付を受けることができます。

年末調整を行う時期

ケース	年末調整を行う時期
①年の途中で死亡したとき	退職時
②著しい身体障害により年の途中で退職し、その年中に新たな職に就いて給与を得ることができないとき	
③12月中に支払期の到来する給与が支給された後に退職したとき	
④年の途中で海外勤務になったなどの理由で、非居住者^(※)となったとき	非居住者となった時

（※）国内に住所や居所をもたないことになった者

43

14 年末調整②

対象となる人や給与を特定する

● 年末調整の対象となる人

　給与所得者であっても、年末調整の対象にならない人もいます。

　年末調整の対象となる人は、年末調整を行う日までに「給与所得者の扶養控除等（異動）申告書」を提出している一定の人です。「給与所得者の扶養控除等（異動）申告書」とは、給与所得者が、給与について配偶者控除や扶養控除、障害者控除などの控除を受けるために行う手続きにおいて必要事項を記載する書面のことです。

　年末調整の対象となる人は、12月に年末調整を行う場合と、年の途中で行う場合とで異なります。

　まず、12月に行う年末調整の対象となる人は、会社などの事業所に12月の末日まで勤務している人です。

　1年間勤務している人だけでなく、年の途中で就職した人や青色事業専従者（個人事業者の配偶者などで事業を手伝い、給与をもらっている者）も年末調整の対象になります。ただ、①1年間に受け取る給与の総額が2,000万円を超える人、②災害減免法の規定により、その年の給与に対する所得税及び復興特別所得税の源泉徴収について徴収猶予や還付を受けた人など、一定の場合には、年末調整の対象にはなりません。

　次に、年の途中で行う年末調整の対象となる人は、次の5つのいずれかにあてはまる人です。

ⓐ　1年以上の予定で海外の支店などに転勤した人

ⓑ　死亡によって退職した人

ⓒ　著しい心身の障害のために退職した人（退職した後に給与を受け取る見込みのある人は除く）

ⓓ　12月に支給されるべき給与などの支払いを受けた後に退職した人

ⓔ　パートタイマーとして働いている人などが退職した場合で、本年中に支払いを受ける給与の総額が103万円以下である人（退職した後に給与を受け取る見込みのある人は除く）

● 年末調整の対象となる給与

　年末調整の対象となる給与は、その年の1月1日から12月31日まで（年の途中で退職した人などについては、退職時まで）の間に支払うことが確定した給与です。実際に支払ったかどうかに関係なく未払いの給与も年末調整の対象になります。逆に、前年に未払いになっていた給与を今年になって支払った場合、原則としてその分は含まれません。

　また、通勤費、旅費、食事代など

の特殊な給与で非課税扱いとならない部分についても年末調整の対象になります。通勤手当のうち非課税となるものとは、電車バスなどの交通機関を利用して通勤している場合は、1か月当たり15万円までの金額をいいます。マイカーや自転車などを使って通勤している場合、「2km以上10km未満の場合4,200円」など、片道の通勤距離に応じて、非課税限度額が定められています。

年末調整の対象となる給与は年末調整をする会社などの事業所が支払う給与だけではありません。たとえば、年の途中で就職した人が就職前に他の会社などで給与を受け取っていたケースが

あります。このような場合は、前の会社などで「給与所得者の扶養控除等（異動）申告書」を提出していれば、前の会社などの給与を含めて年末調整をすることになります。前の会社などが支払った給与の支給金額や源泉徴収税額や社会保険料の額は、前の会社などが発行した源泉徴収票によって確認します。源泉徴収票の提出がない場合には、年末調整ができません。

なお、年末調整の中で給与所得から差し引く所得控除については、年の途中で就職した人であってもその全額の控除が認められます。

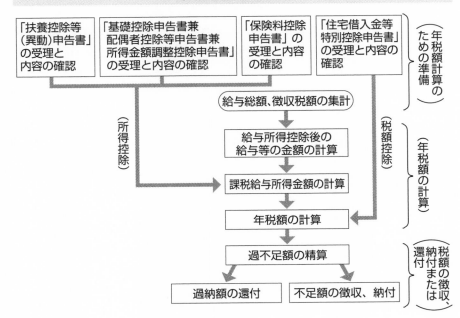

年末調整の事務手順

15 報酬・料金の支払時の処理

支払の都度所得税を源泉徴収する

● 報酬・料金などの支払と源泉徴収

　会社員の給与が源泉徴収されるのと同様に、個人に対して報酬・料金などを支払う法人や個人は、その支払いの都度所得税を源泉徴収しなければなりません。源泉徴収が必要な報酬・料金に該当するものが何であるかは、所得税法204条に具体的に限定列挙されています。一例としては、弁護士、税理士、公認会計士など特定の資格を持つ個人への報酬であったり、個人に対しての原稿料などです。また、この報酬・料金は、たとえ謝礼、取材費、車賃、記念品代等の名目で支払われていても、それぞれの報酬・料金として源泉徴収する義務があります。

　なお、ここで注意しなければならないのは、所得税法204条による源泉徴収は、その支払いを受ける者が個人の場合にだけ適用され、法人の場合には適用されないという点です。たとえば、毎月の顧問料を税理士個人に支払う場合には源泉徴収が必要ですが、税理士法人に支払う場合には源泉徴収が不要となります。

　また、報酬や料金として支払ったものであっても、給与所得や退職所得に該当するものについては、それぞれ給与所得又は退職所得としての源泉徴収を行います。

● 源泉徴収のしくみ

　源泉徴収すべき税率は、報酬・料金の所得の種類により決められています。支払金額の10.21％、支払金額が100万円を超える場合には、その超える部分の金額について20.42％というのが一般的です。たとえば150万円の報酬の場合、まず100万円に対して10.21％の税率を掛けて102,100円と計算します。100万円を超えた50万円分については、20.42％の税率であるため、税額は102,100円です。これらを合算して204,200円が報酬に対する源泉徴収税額となります。ただし、司法書士と土地家屋調査士に対する報酬・料金については変則的な計算方法となっており、支払金額から1万円を差し引いた金額の10.21％です。たとえば報酬が5万円である場合、1万円差引後の4万円に10.21％の税率を乗じて4,084円が源泉徴収税額となるわけです。

　また、懸賞の賞金など、広告宣伝のために支払う賞金を支払う場合、賞金等の額から50万円を差し引いた残額に、所得税と復興特別所得税を合わせた10.21％の税率を乗じた金額を源泉徴収します。たとえば、懸賞について100

万円の賞金を支払う場合、51,050円を源泉徴収することになるため、受取人には948,950円を支払うことになります。

● 復興税の徴収

従来、源泉徴収する税率は10％や20％など、小数点以下はありませんでした。しかし、東日本大震災からの復興のための財源確保を目的として、平成25年1月より復興財源確保法が施行され、復興特別所得税が制定されています。源泉徴収する際には、従来の所得税と併せて復興特別所得税も源泉徴収することが定められています。従来の税率に対して2.1％に相当する金額を復興特別所得税として課税することになったため、現在のような小数点以下がある税率となっています。なお、源泉徴収税額の計算上生じた端数は切り捨てです。

● 源泉徴収対象額と消費税

源泉徴収をする対象となる報酬・料金の金額は、原則として消費税込の金額です。たとえば95万円の報酬・料金は、消費税込では1,045,000円です。この場合の源泉徴収税額は、100万円部分に対する源泉税額102,100円と、100万円を超えた45,000円部分に対する源泉税額9,189円の合計額です。ただし、請求書等で報酬・料金の金額と消費税額が明確に区別されている場合は、その報酬・料金の金額のみを源泉徴収する対象額としても差し支えありません。

● 納付の時期

所得税の源泉徴収税額（源泉所得税とも呼ばれます）は、原則として給与を支給した日（源泉徴収をした日）の翌月10日までに納めます。ただし、給与の支給人員が常時10人未満である事業所の場合、納付時期を7月と翌年の1月の年2回にまとめることができる特例を利用することができます。

報酬・料金の取扱いと源泉徴収の方法

報酬・料金の種類	源泉徴収税額の計算方法
原稿料や講演料 弁護士や税理士などに支払う報酬・料金 専属契約等で支払う契約金	●1回の支払金額が100万円以下の場合 　支払金額×10.21％ ●1回の支払金額が100万円超の場合 　（支払金額－100万円）×20.42％＋10万2,100円
司法書士・土地家屋調査士に対する報酬・料金	（支払金額－1万円）×10.21％
外交員に支払う報酬・料金	｛支払金額－（12万円－給与支給額）｝×10.21％
ホステス等に支払う報酬・料金	（支払金額－5,000円×日数）×10.21％
広告宣伝のために支払う賞金	（賞金等の額－50万円）×10.21％

16 確定申告と青色申告
毎年2月16日から3月15日までに行う

● 確定申告とは

　確定申告とは、所得税などを納税者が自ら計算して税額を確定し、税務署に申告することです。確定申告は、原則として毎年2月16日から3月15日の1か月間に所轄の税務署に対して行います。対象となるのは、前年の1月1日から12月31日までの1年間のすべての所得です。納税となる場合の納付期限も確定申告期限の3月15日です。

　この期限までに申告・納付をしないときは、無申告加算税や延滞税といった罰金的な税金が課されます。

● 会社員の確定申告

　会社員の場合は、通常は年末調整を行えば所得税は精算されますので確定申告は不要です。ただし、会社員でも年間の給与等が2,000万円を超える人や1か所から給与等の支払いを受けている人で、給与所得および退職所得以外の所得金額が20万円を超える人、2か所以上から給与の支払いを受けている人で主たる給与ではない給与が20万円を超える人などは確定申告をしなければなりません。同族会社の役員、親族等で、給料の他にその同族会社から貸付金利息や家賃等の支払いを受けている人は、給与所得および退職所得以外の所得金額が20万円以下でも確定申告が必要になります。また、その年に生じた純損失（マイナスの所得）につき、翌年以後に繰り越して控除を受けるためには損失申告用の確定申告書を提出することが必要です。

● 青色申告には税務上の特典がある

　確定申告には、青色申告と白色申告があります。青色申告を選択できる人は、①不動産所得、②事業所得、③山林所得のいずれかの所得を得ている納税者に限られています。青色申告には節税効果のある様々な特典があります。しかし、青色申告では決められた帳簿書類を備えつけて、毎日の取引を正確に記帳し、帳簿に基づいて確定申告をする必要があります。

● 税務署の承認と開業時期

　青色申告で確定申告をしようとする場合には、「所得税の青色申告承認申請書」を所轄の税務署に提出して承認を受けなければなりません。いままで白色申告していた人が青色申告をしようとする場合は、青色申告しようとするその年の3月15日までに、申請書を提出しなければなりません。遅れると青色申告できる年が1年延びてしまい

ますので注意が必要です。同様に、新規に開業する人は、1月15日以前に開業したときはその年の3月15日までに、1月16日以降の場合は開業の日から2か月以内に提出する必要があります。

●青色申告の主な特典について

代表的な特典は次の通りです。

① **青色事業専従者の給与を必要経費に算入できる**

原則として、家族に支払う給与は必要経費にはできませんが、届出によって事業に従事する家族の給与（合理的な金額の範囲内）を必要経費とすることができます。この場合にも、その年の3月15日までに「青色事業専従者給与に関する届出書」を提出する必要があります。

② **青色申告特別控除が受けられる**

最高65万円の青色申告特別控除を所得金額から差し引くことができます。

③ **赤字の繰越控除、繰戻還付などが受けられる**

過去3年間の赤字金額をその年の黒字の所得金額から控除したり、その年に生じた赤字金額に相当する前年分の税金の還付を受けることができます。

④ **租税特別措置法の適用を受けられる**

租税特別措置法による特別償却制度や税額控除制度の適用が受けられます。

これら4つの特典の他にも、青色申告の特典は細かいものも含めると40種類以上あります。記帳等にかかる手間以上のメリットが青色申告にはあるといってよいでしょう。

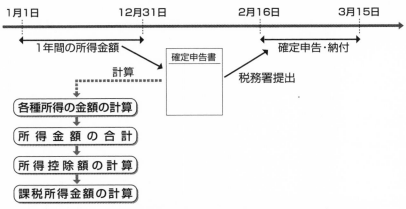

確定申告の流れ

（課税所得金額 × 税率）−税額控除額−（源泉徴収税額・予定納税額）
＝納付税額または還付税額

●還付申告とは

　還付申告とは、いままでに支払った税金（源泉徴収税額など）を税務署から還してもらうための申告です。所得税では、確定申告書を提出する義務はなくても、法律の規定に従って税額の計算をすると源泉徴収税額などが納めすぎになっている場合には、確定申告書を提出すれば税金の還付が受けられることになっています。この手続きが還付申告です。

　還付申告をすることで税金つまり所得税が還付されますが、還付申告するメリットはこれだけではありません。還付申告をすると、翌年度の住民税の計算にも影響してくるのです。また、通常、確定申告の申告期間は2月16日から3月15日までですが、還付申告は2月16日からではなく1月1日から行うことができるため、混雑を避けて申告の相談や申告自体もすることが可能になります。

・会社員の還付申告

　会社員が還付申告によって税金が還付されるケースとしては、次の場合が考えられます。

① 年の中途で退職して年末調整を受けず、その後その年に他の所得がないため源泉徴収税額が過納となって

いる場合

② 災害などにより住宅、家財に損害を受け、雑損控除の適用を受けることができる場合

③ 一定額以上の医療費を支払ったため医療費控除の適用を受けることができる場合

④ 配当控除や住宅ローン控除の適用を受けることができる場合

⑤ 退職金の支払いを受ける際、「退職所得の受給に関する申告書」を提出しなかったため、20.42％の税率で源泉徴収された場合

⑥ 特定の寄附金を支出したため、寄附金控除の適用を受けることができる場合

・個人事業主の還付申告

　個人事業主が還付申告によって税金が還付されるケースとしては、次の場合が考えられます。

① 原稿料などから源泉徴収された税額が、計算した申告納税額より多い場合

② 予定納税を行っていて、その納税額が計算した申告納税額より多い場合

・還付申告できない場合

　源泉徴収された所得税であっても、以下の4つについては、源泉分離課税となっているため、確定申告によって

も還付を受けることはできません。

ⓐ 銀行預金などの利子所得

ⓑ 特定の金融類似商品から生ずる所得

ⓒ 特定の割引債の償還差益

ⓓ 一時払養老保険の差益

・還付請求できる期間

　還付金は、請求できる日を含む年を経過しても、さかのぼって請求することができます。所得税の税率や特例などは年によって変わることがありますが、ある年の還付請求を3年後にした場合、その税額はあくまでも対象年の税率や特例を基に計算されます。

　還付請求は、請求できる日から5年間の間に行わないと時効により消滅しますので注意が必要です。

●更正の請求とは

　すでに確定申告をしている人が、その確定申告した年分の所得税につき、税法の規定に従っていなかったり、計算に誤りがあり、納付額の過大や還付額の不足があったことに気づいた場合には、還付申告ではなく、「更正の請求」という手続きをすることができます。たとえ、計算に誤りがあったために税金を多く払いすぎていたとしても、確定申告をした人から請求をしない限り、納めすぎた金額を税務署の方から還付してくれるわけではないのです。

　この手続きは、誤り等の内容を記載した「所得税の更正の請求書」という書類を税務署に提出することにより行います。更正の請求ができる期間は、原則として確定申告書の提出期限から5年です。

還付申告・更正の請求

還付申告とは ➡ 請求できる日から5年以内に行うこと!!

⬇

> 税務署から還付申告を促す旨の通知はないので、納税者自らが還付申告をしないと、税金を取り戻すことはできない

※（還付申告をしなくても税務署の処分はないが、確定申告をすべき人が確定申告をしないと税務署の処分（決定）がある）

更正の請求は ➡ 確定申告書の提出期限から5年以内に行うこと!!

⬇

> 更正の請求とは確定申告書を提出した人が申告書に記載した税額などが多すぎたと気付いたときにその減額を税務署に請求できる手続のこと

Column

「103万円の壁」や「150万円の壁」とは？

　納税者が正社員で通常の給与をもらい、その配偶者がパート収入で生計を立てている場合に、納税者の所得税計算で38万円の配偶者控除が減少してしまわないように配偶者のパート収入（給与収入）を年間103万円までに抑えるということがあります。これを「103万円の壁」と呼んでいます。しかし、配偶者の給与収入が103万円を超えたとしても、150万円まで（「150万円の壁」）であれば、配偶者控除が使えない代わりに配偶者特別控除として38万円の控除ができます。

　ただし、38万円の配偶者控除または配偶者特別控除（両者の併用はできません）を適用するには、納税者の合計所得金額が900万円以下であることが必要です。納税者の所得金額が1,000万円以下であっても、配偶者控除または配偶者特別控除を受けられますが、900万円超950万円以下の場合には26万円、950万円超1,000万円以下の場合に13万円の控除となります。

　さらに、「150万円の壁」を越えたとしても、全く控除ができなくなってしまうわけでなく、給与収入が201万円までであれば、納税者の所得金額が900万円以下の場合は3万円〜38万円の間で、900万円超950万円以下の場合は2万円〜26万円の間で、950万円超1,000万円以下の場合は1万円〜13万円の間で、配偶者の収入に応じて段階的に引き下げられた配偶者特別控除を受けることができます。

　ところで、「106万円の壁」や「130万円の壁」という言葉を聞いたことがあるでしょうか。これは配偶者の収入が130万円を超えると納税者の健康保険などの扶養から外れてしまうことを指します。また、令和4年10月以降は従業員数101名以上（令和4年9月以前は501名以上）、さらに令和6年10月以降は51人以上の一定の企業では年収106万円を超えると社会保険の加入義務が生じます。これらの壁を越えると社会保険負担が発生するため、配偶者の手取りの収入額が減少することになります。

第2章

各種所得と所得税

1 利子にかかる税金

一般的には、所得税と地方税で合計20.315%の税金が源泉徴収される

●利子所得とは

　利子所得とは、預貯金や公社債（国債、地方債、社債のこと）の利子および合同運用信託（金銭信託、貸付信託）や公社債投資信託の収益の分配に関する所得のことです。原則として、必要経費の控除などはないため、利子等の収入金額がそのまま利子所得の金額になります。ただし、「障害者等の少額貯蓄非課税制度」により、障害者などを対象に、それぞれの元本合計額が350万円以下の預金・貯金や合同運用信託（信託会社が引き受けた金銭信託）、一定の公社債の利子などは非課税になります。この制度が適用されるのは、遺族年金を受け取ることができる妻や身体障害者手帳が交付されている人で、かつ、国内に住所がある場合に限られます。

　また、「勤労者財産形成貯蓄の利子非課税制度」により、会社員を対象に、両者合わせて元本550万円以下の財形住宅貯蓄および財形年金貯蓄の利子などが非課税になります。

　「勤労者財産形成貯蓄（財形貯蓄）」とは、勤労者に限って認められている非課税貯蓄制度です。ここでいう勤労者とは、公務員や会社に雇われている人のことで、社長や自営業者は含まれ

ません。勤労者の貯蓄や持家取得の促進を目的として、勤労者が事業主の協力を得て賃金から天引で行う貯蓄のことを指します。

　その他、納税貯蓄組合預金の利子、納税準備預金の利子なども非課税になります。

●源泉分離課税の対象になる

　利子所得は、原則として支払いを受ける際に、利子等の収入金額に一律20％（所得税15％、住民税5％）の税率を掛けた金額が源泉徴収され、それだけで納税が完結する「源泉分離課税」の対象となっています。なお、平成25年以降は、別途復興特別所得税が付加されますので、合計20.315％となります。

　外貨預金にかかる利子は20.315％の税率で源泉徴収された上で、為替差益が生じた場合は、雑所得として確定申告することになります。

　一方、国外の銀行などに預けた預金利子は、国内では源泉徴収されませんので、確定申告をする必要があります。

●特定公社債等の利子について

　平成28年1月以降、公社債や公社債投資信託を上場株式等と同様の税制に

統一するための見直しが行われており、「特定公社債等」の利子について「申告分離課税」が選択できるようになっています。

「特定公社債等」とは、国債、地方債、外国国債、公募公社債、上場公社債、平成27年12月31日以前に発行された公社債（同族会社が発行した社債を除く）などの一定の公社債や公社債投資信託（MRFなど）のことを指します。したがって、「特定公社債等」の利子がある場合は、源泉徴収だけで済ませる他、後に確定申告をすることも可能となっています。また、特定公社債等は特定口座制度の対象になっています。特定口座制度とは、証券会社等に開設した特定口座内で上場株式等の譲渡等に対する損益を通算し、利用者の選択に応じ源泉徴収もしてもらえる制度です。これにより、特定公社債等に対する利子、償還損益なども特定口座内で上場株式等に対する配当や売却損益と通算されることになります。

● 利子所得にならないもの

一見性質が似ていても、実は利子所得ではないというものもあります。たとえば公社債の償還差益は、上場株式等または一般株式等の譲渡所得等の収入金額とみなして申告分離課税の対象とされます。また、所得税等の還付加算金、法人役員の社内預金の利子などは、雑所得に該当します。金銭の貸付による利子については、事業から生じたものは事業所得、それ以外は雑所得になります。

たとえば、友人にお金を貸して利子を取った場合は雑所得、事業として取引先に貸し付けたお金の利子は事業所得ということになります。これらの所得は源泉徴収されないため、原則として確定申告をしなければなりません。

利子所得の概要と非課税制度

利子所得	課税方法	
預金および公社債の利子、合同運用信託および公社債投資信託の収益の分配等	源泉分離課税 20.315%（所得税15.315%・住民税5%）	※特定公社債等の利子等は申告分離課税を選択可

	対象者	対象となる金融商品	元本の限度額
障害者等の少額貯蓄非課税制度	障害者等	預貯金、投資信託、公社債等の利子	350万円
勤労者財産形成貯蓄の利子非課税制度	会社員等	財形住宅貯蓄、財形年金貯蓄等の利子	550万円

2 配当にかかる税金

上場株式だと20.315％の税金が源泉徴収される

● 配当所得とは

　配当所得とは、法人から受ける剰余金の配当（中間配当を含みます）、利益の配当、農業協同組合等から受ける剰余金の分配や公社債投資信託等以外の投資信託の収益の分配金に関する所得です。ただし、オープン型の証券投資信託の特別分配金は元本の払戻相当額として非課税になっています。オープン型の証券投資信託とは、証券投資信託のうちいつでも購入、換金ができるもののことです。

● 配当所得の課税方式はどうなる？

　配当所得は、上場株式等の配当および公募型の株式投資信託の収益分配金については、原則として支払いを受ける際に、配当等の収入金額に20.315％（所得税および復興特別所得税15.315％、住民税５％）の税率を掛けた金額が源泉徴収されます。

　上場株式等以外の配当等の場合は20.42％（復興特別所得税を含む、住民税なし）になっています。

　また、上場株式等の配当等については、源泉徴収された後、①確定申告をしない「申告不要制度」、②確定申告で上場株式等の譲渡損失と損益通算して20.315％の税率で完結する「申告分

離課税」、③確定申告で他の所得と合算して超過累進税率で課税される「総合課税」のうち、いずれか有利な方法を選択できます。

　これに対して、非上場株式の場合は、原則として「総合課税」となりますが、１銘柄につき年換算10万円以下の配当であれば「申告不要制度」を選択することができます。なお、その場合でも住民税の申告は必要となりますので注意しましょう。

● 所得金額の計算方法は？

　配当所得の金額は、収入金額からその元本を取得するために要した負債の利子を控除した金額となります。ここで控除できる負債の利子の金額は、株式など配当所得が生ずる元本のその年における保有期間に対応する部分に限られます。収入として計上する時期は、配当の効力が発生する日を基準としますが、効力発生日を定めていないときは株主総会などの決議日を基準とします。

● 少額投資非課税制度（NISA）

　NISAでは、証券会社などの金融機関で専用の口座を開設することにより、現行制度では年間120万円までの投資に対する配当や売却益にかかる所得税や

住民税を非課税にすることができます。投資対象としては、上場株式、株式投資信託、ETF（上場投資信託）、REIT（不動産投資信託）などが含まれます。

●配当控除について

配当所得がある場合、一定金額を所得税から控除できる配当控除が適用されます。納付すべき所得税額から控除額を直接差し引くため、減額効果の大きい制度といえます。なぜこのような制度が設けられているのかというと、配当を出す法人にはすでに法人税などの税金が課税されており、その課税後の利益から支出した配当について、個人の段階でまた課税すると税金を二重に取っていることになるからです。

ただし、配当控除を受けるには「総合課税」を選択し、確定申告をする必要があります。そのため、上場株式等で申告不要や申告分離課税を選択している場合には適用できません。

控除額は、配当所得の額に一定の控除率を掛けて計算します。控除率は、配当所得の種類により異なります。

たとえば株式の配当の場合は配当所得の10％、証券投資信託の収益の分配は基本的に配当所得の5％が控除されます。また、外国法人から受ける配当や外貨建資産の組入比率が75％を超えるような外貨建証券投資信託などは配当控除の対象にはならないので注意が必要です。なお、課税総所得金額が1,000万円を超える部分については、対応する控除率が半減します。

配当所得課税制度の概要

配当所得		課税方法
公募株式投資信託の収益の分配等		配当の支払いを受ける際に20.315％源泉徴収され、確定申告の際に次のいずれかを選択する
利益の配当	上場株式の配当等	①総合課税（配当控除） ②申告分離課税 20.315％ 　（国税 15.315％、地方税 5％） ③確定申告不要 　（20.315％の源泉徴収〈国税15.315％、地方税5％〉）
剰余金の配当	上記以外（非上場株式の配当等）	総合課税（配当控除）
	1回の支払配当が 10万円× $\dfrac{配当計算期間}{12}$ 以下のもの	確定申告不要（源泉徴収）

3 不動産所得にかかる税金

不動産から生じる家賃、権利金、更新料などの所得である

●不動産所得とは

　不動産所得とは、土地や建物などの不動産、不動産の上に存する権利、船舶や航空機を貸し付けることで得た地代、家賃、権利金、賃貸料などの所得です。不動産所得の収入金額は、賃貸料であれば契約上の支払日、権利金であれば資産の引渡日や効力発生日を基準に計上するのが原則です。不動産の貸付を事業として行っている場合であっても、その所得は事業所得ではなく不動産所得となります。収益用の物件だけでなく、自宅などの余った部屋に人を下宿させて家賃を受け取っている場合も不動産所得になります。また、船舶や航空機の貸付による所得も不動産所得に該当します。

　なお、不動産の仲介などによる所得は事業所得または雑所得になります。不動産所得の金額は、他の所得と合算されて総所得金額を構成し、超過累進税率により総合課税されます。

●収入と必要経費

　不動産所得は、収入金額から必要経費、青色申告特別控除額（該当する場合）を差し引いた金額になります。

　収入にあたるものとしては、前述した地代、家賃、賃貸料、権利金の他、礼金、更新料、名義書換料などが挙げられます。また、借地人（土地を借りている人）が家を建て替えようとした場合、地主が受け取る承諾料も収入に含まれます。

　敷金や保証金などで退去時に返還されることになっているものは、原則として収入にはあたらず、預り金として扱われます。ただし、敷金や保証金のうち一部ないし全部を返還しない契約となっている場合、その返還されない部分については収入とされます。

　共同住宅では、街灯など共用部分の維持やごみ処理のための費用負担として共益費を徴収する場合があります。共益費も貸主の収入に含まれます。一方で、貸主が実際に支払った共益費相当の費用については、貸主の必要経費として処理することになります。

　次に、必要経費にあたるものとしては、土地や建物にかかる不動産取得税、登録免許税、固定資産税、修繕費、損害保険料、減価償却費、業務開始後の借入金利息、管理人の給料などが挙げられます。これに対して、業務開始前の借入金利息、建築確認費用、地鎮祭や上棟式の費用は、必要経費ではなく建物などの取得価額に含まれます。

　なお、建物や建物付属設備の取得価

額に算入された金額については、所定の耐用年数にわたり、定額法や定率法（取得日が、平成10年4月以降の建物、平成28年4月以降の建物付属設備は定額法のみ）といった方法で減価償却費として必要経費に計上されます。不動産収入から必要経費を差し引いて赤字になった場合は、他の所得と損益通算することができます。ただし、土地の取得に要した借入金の利息については損益通算の対象とはならないので注意が必要です。

● 事業的規模の不動産貸付

不動産の貸付を事業的規模で行うことにより、いくつかのメリットを享受することができます。たとえば、家族などがその不動産貸付事業に従事して給与を支払っている場合には、青色事業専従者給与として必要経費に計上したり、白色申告の場合でも事業専従者控除を利用することができます。

また、事業的規模でない場合は最高10万円となる青色申告特別控除が、事業的規模の場合は一定の要件を満たすことで最高65万円となります。それ以外にも、建物の取壊し損失や除却損失の全額（事業的規模でない場合は不動産所得の金額が限度）、貸倒損失、不動産所得に対応する部分の利子税などを必要経費とすることができます。その一方で、事業税の課税対象となってしまうというデメリットもあります。

● 事業的規模の判断基準は？

不動産貸付が事業的規模に該当するかどうかは、社会通念上事業といえる規模で行われているか実質的に判断する他、一定の形式基準があります。たとえば、建物の場合、アパートであれば10室以上、独立家屋であれば5棟以上が基準とされます。この基準は一般に「5棟10室基準」と呼ばれています。

不動産所得の計算方法

不動産所得	= 不動産を利用して得た収入金額[※1] － 必要経費[※2]

[※1] 収入金額　家賃・貸間代・権利金・更新料・名義書換料などの収入

[※2] 必要経費　修繕費・固定資産税・都市計画税・火災保険料・管理人の給料・借入金利子・減価償却費など

減価償却費の計算

→ 定額法……▶ 取得価額 × 耐用年数に応じた償却率 × $\dfrac{その年中の業務に供した月数}{12}$

→ 定率法……▶ （取得価額－減価償却累計額）× 耐用年数に応じた償却率 × $\dfrac{その年中の業務に供した月数}{12}$

4 事業所得にかかる税金

商品販売など事業によって生じた所得のことである

● 事業所得とは

　事業所得とは、農業、漁業、製造業、卸売業、小売業、サービス業その他の事業から生じる所得です。商店、飲食店などの経営による所得はもちろん、医師、税理士など個人で事業を営んでいる人が、その事業から得た所得も事業所得です。

　事業から生じる所得とはいっても、事業用資金に関する預貯金の利子は利子所得、不動産の貸付による所得は不動産所得、事業に使っている固定資産の譲渡による所得は譲渡所得になるので、事業所得にはなりません。ただし、事業所得を算出するための収入には、事業そのものから生じる収入だけでなく、従業員に貸し付けた金銭の利息、作業くずや空き箱などの売却収入、といった事業から付随的に生じる収入も含まれます。事業所得の金額は、他の所得と合算されて総所得金額を構成し、超過累進税率により総合課税されます。

● 事業所得の金額と必要経費

　事業所得の金額は、その年の事業による総収入金額から必要経費、青色申告特別控除額（該当する場合）を控除した金額になります。

　収入金額は、それぞれの商品やサービスを提供した対価として受け取る金額を基準にして計上されます。また、計上する時期としては、引渡しや提供が完了した時点などが基準となります。

　必要経費とは、売上原価、販売費及び一般管理費、その他業務について生じた費用であり、従業員の給料、家賃、広告宣伝費、減価償却費、支払利息などがこれに該当します。

　また、事業主と生計を共にしている家族などに支払われる給料は、原則として必要経費になりませんが、その事業に専ら従事していると認められる「事業専従者」に支払う給与に限って必要経費と認められます。所得税においては、生計を同じくする親族への支払は必要経費とは認められず、支払を受けた親族の方でも所得とはしないのが原則です。これは親族間で所得を移転することにより税金を安くすることを防止するためです。しかし、現実に家族などが事業に従事して給与が支給されている場合には、青色申告と白色申告により認められる金額は異なるものの、事業専従者給与として必要経費に算入できるようになっています。

　また、不動産所得などと同様に、事業所得の金額が赤字になった場合には、その赤字の金額を他の所得から生じた

黒字の金額と損益通算できます。

●経費にできる家事関連費とは

　家事関連費とは、事業用の支出とプライベート用の支出が混在した費用のことを指します。たとえば、自宅の一部を仕事に使用して「自宅兼事務所」や「自宅兼店舗」としている場合には家事関連費が発生します。具体的には、家賃、水道光熱費、通信費、車両代などが該当します。家事関連費にはプライベート用の支出が含まれているため、全額を必要経費として計上することはできません。そのため、一定の基準で事業用の部分とプライベート用の部分に按分して、事業用に相当する金額だけを必要経費として計上することになります。具体的な按分基準としては、たとえば、家賃の場合には使用している床面積などが考えられます。また、電話代であれば使用回数や通話時間、車両代（車両の減価償却費やガソリン代など）であれば使用日数や走行距離が目安になると考えられます。

　必要経費として否認されないためには、合理的な説明のできる基準にすることと、裏付けとなる資料などを準備しておくことがポイントになります。

●商品などは実地棚卸が必要

　商品、製品、原材料、資材などは棚卸資産と呼ばれます。棚卸資産がある場合には、年末など一定の時期に実地棚卸をしなければなりません。仕入れたもののうち必要経費に計上できるのは売上原価だけです。仕入金額から期末に残っている棚卸資産を差し引いて売上原価を算定する必要があるため、実地棚卸で検数することが必要となるのです。また、税金計算だけでなく、事業上の管理という意味でも実地棚卸は大切です。

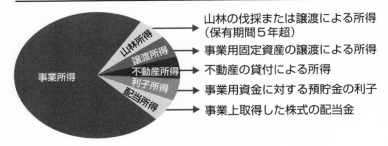

事業所得とは

事業所得 ＝ 事業による収入金額 － 必要経費

＜事業から生ずる所得であっても、他の所得と区分されるもの＞

事業所得

山林所得 → 山林の伐採または譲渡による所得（保有期間5年超）

譲渡所得 → 事業用固定資産の譲渡による所得

不動産所得 → 不動産の貸付による所得

利子所得 → 事業用資金に対する預貯金の利子

配当所得 → 事業上取得した株式の配当金

5 給与所得にかかる税金
一定の控除が認められている

●給与所得とは

給与所得とは、給料、賃金、歳費、賞与およびこれらの性質を有する所得のことです。給与所得の金額は、その年の給与等の収入金額から給与所得控除額を差し引いて計算されます。なお、後述する「特定支出」の額が給与所得控除額の2分の1を超える場合には、確定申告により、その超える部分の金額を控除することができます。

給与所得では、事業所得などのように必要経費を差し引くことはできません。その代わり、必要経費に見合うものとして一定の「給与所得控除額」を給与等の収入金額から差し引くことができます。給与所得控除額は、会社員の必要経費としての意味合いをもっているものですので、給与等の収入金額に応じて控除額が決まっています。個人事業主が実際に支出した金額により必要経費を計上するのに対して、会社員は概算で計算した給与所得控除額を差し引くことになります。給与等の収入金額が55万円までは給与等の全額が給与所得控除額になり、課税所得が発生しません。給与等の収入金額が55万円を超える場合、その収入金額に応じて給与所得控除額も段階的に増えていくしくみになっています。

●給与所得は総合課税となる

給与所得の金額は、他の所得と合算されて総所得金額を構成し、超過累進税率により総合課税されます。ただし、会社員の場合は、勤務先において年末調整が行われ、毎月天引きされていた所得税が年末時点で精算されますので、原則として所得税の確定申告は必要ありません。

●確定申告が必要となる場合

給与所得者でも確定申告が必要となる場合があります。たとえば、給与の年間収入金額が2,000万円を超える場合は確定申告をしなければなりません。また、給与所得と退職所得以外の所得の合計額が20万円を超える場合、2か所以上から給与の支払を受けていて、主たる給与以外の給与収入とその他の所得の合計額が20万円を超える場合も原則として確定申告が必要になります。

なお、年末調整が終わっていても、確定申告することで所得税などが還付される場合もあります。たとえば、年間の医療費が10万円を超えているときの「医療費控除」や、マイホームを購入したときの「住宅ローン控除」を受けたい場合は確定申告することで還付を受けられる可能性があります。

特殊な取扱がなされるもの

通常の給与以外でも給与所得として課税されるものがあります。たとえば、役員や従業員に社宅などを提供している場合、賃料相当額と実際に役員等から賃料として徴収している額に差があるときは給与課税される可能性があります。また、商品や有価証券を給与として受け取った場合も現物給与として課税されます。

これに対して、一定の支出は非課税として扱われます。たとえば、合理的な運賃の額として支給された通勤手当は月15万円までであれば非課税となります。また、業務に必要な旅費、交際費も非課税となる他、1回あたり4,000円までの宿日直料も非課税とされます。

社員旅行の費用も、旅行期間（海外旅行の場合は現地滞在）が4泊5日以内であること、特定の者だけを対象としていないこと、自己都合の不参加者に金銭を支給していないことなど一定の条件を満たしていれば給与所得にはなりません。

特定支出控除の特例とは

特定支出控除とは、給与所得者が特定支出をした場合、特定支出の合計額が給与所得控除額の2分の1を超えるときは、確定申告により、その超える部分の金額を給与等の収入金額から控除できる制度です。

特定支出とは、①通勤費、②転居費、③研修費、④資格取得費、⑤帰宅旅費、⑥勤務必要経費に該当する支出です。特定支出と認められるのは、職務遂行上直接必要となるものだけです。たとえば、⑥勤務必要経費としては、仕事のために購入した書籍、制服や作業着、贈答品や飲食のための支出などが該当します。

なお、特定支出して認められるためには給与支払者（勤め先）の証明が必要とされます。

給与所得控除額

給与等の収入金額	給与所得控除額
162.5万円以下	55万円
162.5万円超 ～ 180万円以下	給与等の収入金額×40％－10万円
180万円超 ～ 360万円以下	給与等の収入金額×30％＋8万円
360万円超 ～ 660万円以下	給与等の収入金額×20％＋44万円
660万円超 ～ 850万円以下	給与等の収入金額×10％＋110万円
850万円超	195万円（上限）

第2章　各種所得と所得税

6 退職所得にかかる税金

原則として2分の1を課税対象とする分離課税を適用する

● 退職所得控除額の計算方法

退職所得とは、退職手当、一時恩給その他の退職により一時に受ける給与およびこれらの性質を有する給与（退職手当等）に関する所得をいいます。

退職所得の金額は、原則としてその年の退職手当等の収入金額から退職所得控除額を控除した残額の2分の1に相当する金額です。

退職所得には必要経費という概念はなく、それに代わるものとして、勤続年数に応じて一定の退職所得控除額を退職手当等の収入金額から差し引くことができます。退職所得控除額は、勤続年数20年を区切りとして図（次ページ）の算式により求めます。

勤続年数の計算にあたって1年未満の端数があるときは1年に切り上げます。

退職所得に対する所得税は、一般の会社員の場合、原則として次の算式のように退職金から退職所得控除額を控除した残額の2分の1に対して税率を掛けて算定されます。

所得税額＝（収入金額－退職所得控除額）×1/2×税率

これに対して、一定の役員に該当する場合には例外が設けられています。役員としての勤続年数が5年以下の役員のことを特定役員といいますが、この特定役員に該当する場合、所得税は、次の算式の通り収入金額から退職所得控除額を控除した残額に税率を掛けて算定されます。

所得税額＝（収入金額－退職所得控除額）×税率

また、令和3年度税制改正により、令和4年以後に受け取る退職所得に関しては、特定役員でなくても勤続年数が5年以下の短期退職金について300万円を超える分に関しても2分の1を掛けません。

● 退職所得への課税の配慮

退職所得は他の所得とは合算されず、分離課税されます。なお、死亡退職手当（死亡退職金）は、所得税ではなく、相続税の対象となりますが、相続税を計算する上で一定の控除があり、その点で配慮がなされています。

● 確定申告をした方がよい場合

退職金を受け取るときまでに「退職所得の受給に関する申告書」を会社に提出していれば、所得税などが源泉徴収で精算されていますので、原則として確定申告する必要はありません。ただし、他に赤字の所得があって損益通算できる場合には、確定申告した方が有利になります。

一方、「退職所得の受給に関する申告書」を提出しなかった人の場合は、支給金額の20.42％の所得税および復興特別所得税が源泉徴収されます。この場合は、退職金を支給する会社が発行する「退職所得の源泉徴収票」に勤続年数などの記載があるので、それに基づき確定申告をすることで税額の精算を行います。

●特殊なケースについて

通常の退職金とは形態が異なる支給でも退職所得の対象となるものがあります。たとえば、①使用人から役員になった者に対して、使用人としての勤続期間に対する退職手当等が支払われた場合、②分掌変更によって職務内容や地位が激変した役員に対して、変更前の勤続期間に対する退職手当等が支払われた場合、③定年後に引き続き勤務する使用人に対して、定年前の勤続期間に対する退職手当等が支払われた場合、④労働基準法20条に定める解雇予告をしないで使用人を解雇するときに支払われる解雇予告手当などが挙げられます。

これに対して、前述した死亡退職金が退職所得の対象とならない他、退職時に支払われる給与で他の使用人に支払われる賞与と同じ性質のもの、雇用契約の更新などにより毎年支給される退職給与などは、退職所得ではなく給与所得とされます。

勤続年数の計算で特殊なケースとしては、就職から退職までの間に、他社に出向などすることにより、一時期だけ勤務していなかった期間がある場合が挙げられます。この場合、勤続年数の計算上、勤務していなかった期間を除外して計算することになります。

ただし、退職手当等の支給対象期間に、他社に出向していた期間も含められている場合には、退職所得控除額を計算する際の勤続年数には出向期間も含めることになります。

退職所得にかかる税金

退職所得 ＝ （退職金の収入金額－退職所得控除額）× $\frac{1}{2}$

↓

【退職所得控除額】

勤続年数20年以下	40万円×勤続年数（80万円に満たないときは80万円）
勤続年数20年超	800万円＋70万円×（勤続年数－20年）

※１　障害退職のときは、上記控除額＋100万円
※２　勤続年数5年以下の特定役員等の役員等勤続年数に対応する部分の退職所得は、「退職所得＝退職金－退職所得控除額」となり1/2を掛ける必要はない。さらに、令和3年度税制改正により、令和4年以後に生じる退職所得に関しては、特定役員等でなくても、勤続年数が5年以下の短期退職金について300万円を超える分に関しても1/2を掛ける必要はない。

7 譲渡所得にかかる税金

「短期」と「長期」に区分して計算する

● 譲渡所得とは

　譲渡所得とは、資産の譲渡による所得です。譲渡所得の金額は、譲渡価額から取得費、譲渡費用、特別控除額を差し引いて算定されます。たとえば、土地や建物の譲渡の場合、取得費は、購入したときの代金や家屋の改良費などのことを指します。また、譲渡費用は、土地や建物を売るために直接かかった費用のことで、不動産業者に支払った仲介手数料や立退料、売主が負担した印紙税の金額が含まれます。

　では、土地建物以外の資産を売ったときの譲渡所得はどのように算定するのでしょうか。

　たとえば、3年前に購入したゴルフ会員権を譲渡したと想定します。譲渡代金が10,000,000円、その会員権の取得費が5,000,000円、会員権の仲介業者への譲渡時の手数料を100,000円とすると、以下のようになります。

10,000,000 −（5,000,000 + 100,000）＝ 4,900,000（譲渡益）

4,900,000 − 500,000（譲渡所得の特別控除額）＝ 4,400,000

　この例では4,400,000円が譲渡所得になります。

　逆に、経費を引くとマイナスになる場合、生じた損失のことを「譲渡損失」といいます。ただし、棚卸資産（商品や製品、また不動産業者が所有する販売用の土地なども含まれます）の譲渡や営利を目的として継続的に行われる資産の譲渡による所得は譲渡所得には含まれず、事業所得や雑所得に分類されます。

　また、山林の譲渡による所得についても、山林の保有期間によって山林所得または事業所得・雑所得に含まれることになります。土地、建物、株式、機械、器具備品、書画骨董、営業権、ゴルフ会員権などが譲渡所得の対象資産になります。

　なお、生活用動産の譲渡による所得（1個または1組の価額が30万円を超える宝石、貴金属などを除きます）や強制執行や担保権の実行としての競売などを原因とする譲渡による所得については課税されません。また、土地建物等および株式の譲渡による所得は分離課税です。

● 譲渡所得の金額はどうなる

　ゴルフ会員権などの資産の譲渡が、その資産の取得の日以後5年以内になされたもの（短期譲渡所得）かそれ以外のもの（長期譲渡所得）かに区分し、それぞれその年の資産の譲渡による収

入金額からその資産の取得費および譲渡に要した費用の額の合計額を控除し、その残額の合計額から譲渡所得の特別控除額（50万円）を控除した金額です。

●短期と長期では税額に大きな差

　総合課税（土地、建物、有価証券以外）の譲渡所得は他の所得と合算されることになりますが、短期譲渡所得がそのままの金額で合算されるのに対して、長期譲渡所得は2分の1を乗じた金額が合算されます。長期の場合は税額が半減されることになるため、資産の売却を考える際は、短期と長期の区分は十分考慮した方がよいでしょう。

　また、特別控除額の50万円は、まず短期譲渡所得から控除して、それでも控除しきれない場合に長期譲渡所得から控除します。

●取得費の計算方法

　取得費とは、譲渡原価に相当するもので、①資産の購入代金、②（取得時の）仲介手数料、③登記費用、④設備費、⑤改良費などの合計額から償却費相当額を控除した金額になります。

　償却費相当額は、業務用の資産であれば事業所得や不動産所得と同様に計算する減価償却費の累計額となります。

　これに対して、非業務用の資産では、次の算式で計算されます。

償却費相当額＝取得価額×0.9×償却率×経過年数

　0.9を掛けるのは、残存価額を10％と考えているためです。業務用の資産では、平成19年4月1日以降に取得した資産については1円まで償却することになっているので、残存価額という考え方はもう存在しないのですが、非業務用の資産では従来のような計算になっています。

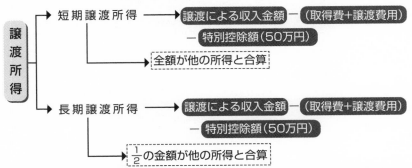

譲渡所得（総合課税）にかかる税金

※特別控除額の限度額50万円は短期譲渡所得からまず差し引く。長・短で50万円が限度となる。

8 土地や建物を売却したときの税金①
所有期間が5年以下かどうかで税率が異なる

● 土地や建物を売ったときの譲渡所得

　所得税の対象となる所得は10種類に分類されます。そのうち、総合課税となる所得については、各所得を合計して、その全体に税率を掛けます。これに対して、土地や建物を売った場合の譲渡所得には申告分離課税という方式が適用され、他の所得とは合計せずに単独で税金を計算するしくみになっています。なお、源泉徴収だけで完結する源泉分離課税とは異なり、申告分離課税の場合には確定申告が必要になります。

　土地や建物を売ったときの譲渡所得は、譲渡価額（収入金額）から取得費と譲渡費用を引いた額になります。取得費とは、簡単に言うと、その土地や建物を購入した価額、また、譲渡費用とはその土地や建物を売るのに要した仲介手数料その他の費用のことです。

● 税率はどうなるのか

　土地や建物の譲渡所得の税率は、所有期間の長短によって異なってきます。売却した年の1月1日時点の所有期間が5年以下の場合を「短期譲渡所得」、5年を超える場合を「長期譲渡所得」といいます。短期譲渡所得の場合は、所得税30％、住民税9％の合計39％、長期譲渡所得の場合は、所得税15％、住民税5％の合計20％となります。なお、平成25年からの所得には、所得税に2.1％を掛けた復興特別所得税がかかります。

土地・建物を譲渡した場合の税金

土地・建物の譲渡所得 ＝ 譲渡による収入金額 － （取得費＋譲渡費用）

長期譲渡所得 ➡ 譲渡した年の1月1日において 所有期間 が5年を超えるもの

「所有期間」とは、土地や建物の取得の日から引き続き所有していた期間をいう。この場合、相続や贈与により取得したものは、原則として、被相続人や贈与者の取得した日から計算する。

短期譲渡所得 ➡ 譲渡した年の1月1日において 所有期間 が5年以下のもの

取得日や譲渡日を確かめる

短期譲渡所得と長期譲渡所得で税率が異なるのと共に、所有期間によって適用できる特例も異なりますので、土地や建物の取得日、譲渡日がいつになるのかは大変重要です。

基本的には、土地や建物の取得日、譲渡日は、引渡日と契約の効力発生日のいずれかを選択することができます。ただし、新築物件を購入する際には引渡日が取得日になります。

取得費の計算方法について

取得費は、資産の取得に要した金額に設備費や改良費を加えたものから償却費相当額を差し引くことによって算定されます。

償却費相当額は、資産の取得価額をもとに、業務に使用されていた期間と業務に使用されていなかった期間の区分に応じ、譲渡時までの償却費累計額を算定することになります。

非償却資産である土地と償却資産である建物を一括で取得している場合は、契約書上の記載あるいは消費税額から建物の価額を割り出します。契約書で不明の場合には標準的な建築価額をもとに建物の価額を計算します。

さらに、取得費が不明の場合には、収入金額の5％を概算取得費として採用することも認められています。

マイホーム売却時の3,000万円特別控除

一定の条件を満たすマイホームを売却した場合、譲渡所得から3,000万円が控除される特例があります。つまり、不動産売却益が3,000万円以内であれば所得税が課税されないことになります。なお、この特別控除の特例は、短期譲渡の場合でも長期譲渡の場合でも適用されます（適用要件については次ページを参照）。

譲渡費用にあたるもの

① 売却時の仲介手数料　② 売却のために測量した場合の土地の測量費
③ 売買契約書等の印紙代　④ 売却のために借家人に支払った立退料
⑤ 土地を売るためにそこに建てられていた建物を取り壊した場合の、その建物の取壊し費用と取得費（減価償却後）
⑥ すでに行っていた土地・建物の売却契約を解除して、よりよい条件で売却することにしたときに発生した違約金
⑦ 借地権を売るときに土地の貸主の許可をもらうために支払った費用

土地や建物を売却したときの税金②

3,000万円控除や軽減税率の適用など様々なものがある

🔵 10年超所有のマイホーム売却の軽減税率

10年以上住んでいたマイホームを売った場合、その土地・建物の譲渡所得には、通常の長期譲渡の税率よりも低い税率が適用されることがあります。通常の長期譲渡の税率は、所得税が15%、住民税が5%で、合計で20%です。これに対して、マイホームを売ったときの軽減税率の特例では、譲渡所得が6,000万円までは所得税が10%、住民税が4%の合計14%であり、6,000万円を超えた部分については通常の長期譲渡と同じく、所得税が15%、住民税が5%の合計20%になります。

なお、平成25年以降は、所得税に2.1%を掛けた復興特別所得税がかかります。

10年超の軽減税率の適用を受けるには、売却した年の1月1日時点の所有期間が、土地・建物共に10年間を超えていることが必要です。

🔵 マイホーム売却時の3,000万円特別控除

マイホーム売却時の3,000万円の特別控除を受けるためには、図（次ページ）の①から④までのすべての要件を満たす必要があります。①②の補足をすると、以下のようになります。

①では、今は住んでおらず、以前に住んでいた土地や建物の場合は、住まなくなった日から3年目の12月31日までに売却しなければなりません。また、災害によって消滅した建物の場合も、その建物の土地に住まなくなった日から3年目の12月31日までに売却しなければなりません。

②では、自宅建物を売却した年の前年か前々年にもこの特例の適用を受けている場合、再度特例の適用を受けることは認められません。また、マイホームの買換えやマイホームの交換の特例など他の特例の適用を受けていないことが要件です。ただし、3,000万円の特別控除の特例と10年超の軽減税率の特例は、同時に適用を受けることができます。

🔵 土地建物の買換えや交換の特例

不動産の譲渡所得の算定については、3,000万円控除や軽減税率の適用以外にも様々な特例が認められています。

・特定の居住用財産の買換えの特例

所有期間10年超のマイホームを売却して、それよりも高額な住居に買換えた場合、売却益に対する課税を買換え資産の売却時まで繰り延べできます。

たとえば3,000万円で購入した自宅を4,000万円で売却し、新たに5,000万

円の自宅を購入したとします。4,000万円－3,000万円＝1,000万円の売却益が生じたことになり、本来は課税の対象になります。

この売却益について、3,000万円までであれば、売却のタイミングでは課税せずに繰り延べることになります。この事例の場合、売却益は1,000万円ですから、全額について特例が適用されます。繰り延べられた税金は、買換えで新たに購入した5,000万円の自宅を将来売却するときに改めて課税されることになります。

・特定事業用資産の買換え特例

居住用財産の買換えの特例と同様、所有期間10年超の事業用資産の譲渡益の70 ～ 80％に対する課税を将来に繰り延べできます。適用期限は令和5年度税制改正により、令和8年3月31日までとなっています。

・固定資産の交換の特例

1年以上所有している土地や建物などと交換で時価の差が20％以内の同種資産を取得した場合で、一定の要件を満たしたものについては課税をしないという制度です。

● 空き家の譲渡所得の特別控除

被相続人（故人）が居住していた家屋を相続した人が、相続から3年を経過する日の属する年の12月31日までに家屋またはその敷地を譲渡した場合に、譲渡益から3,000万円を控除することできる制度です。この制度は、相続をきっかけに新たな空き家が生じることを防止するための施策の一環として創設されました。適用時期は令和5年度税制改正により令和9年12月31日までとなっており、譲渡価額や耐震性など複数の要件があります。

3,000万円控除を受けるための要件

① 自分が住んでいる建物を売るか、その自宅建物と一緒に建物が立っている土地（借地権の場合も有効）を売ること

② 自宅建物を売った年の前年と前々年に、このマイホームを譲渡した場合の3,000万円の特別控除の特例や、マイホームの買換えやマイホームの交換の特例やマイホームの譲渡損失についての損益通算および繰越控除の特例の適用を受けていないこと

③ 売却した土地・建物について、公共事業などのために土地を売った場合の特別控除など他の特例の適用を受けていないこと

④ 売った側と買った側の関係が、親子や夫婦、内縁関係にある人、生計を一にしている親族、特殊な関係のある法人などの特別な間柄ではないこと

10 株式や公社債の譲渡と税金

原則として所得税が課税されるが、非課税扱いのものもある

● 株式等の譲渡所得に対する課税

株式等の有価証券の譲渡による譲渡所得の金額は、その株式等の譲渡による収入金額からその株式等の取得費と売却手数料などを差し引いて求めます。株式等を譲渡した場合の所得は原則として申告分離課税の対象とされるため、他の所得と分離して20.315％の税率（所得税15.315％、住民税5％）で税額を計算し、投資家自身が確定申告および納税することになります。

なお、所得税の中には2.1％の復興特別所得税が含まれています。上場株式等については、証券会社で特定口座を開設して「源泉徴収あり」を選択すると、確定申告を不要とすることができます。また、少額投資非課税口座（NISA口座）を選択すると、譲渡益および配当等が非課税となります（74ページ）。公社債の場合、保有期間に応じて受け取った利子に対して20.315％の所得税が源泉徴収されます。

● その他の財産権の譲渡

ゴルフ場の施設利用権であるゴルフ会員権の譲渡による所得などについては、他の所得と合算される総合課税が適用されます。ただし、ゴルフ会員権の譲渡損失を他の所得と損益通算ができません。

なお、50万円の特別控除や保有期間5年超の長期譲渡所得に2分の1を乗じる取扱は適用されます。この他にも図（次ページ）の金融商品、金融類似商品などがあります。

● 上場株式と公社債の譲渡益の損益通算

上場株式等と特定公社債等との課税方式は平成28年以降に統一され、両者の損益通算が可能となっています。

具体的には、特定公社債の譲渡益に対しては20.315％の所得税が課税され、利子については「申告分離課税」を選択することができます。

この方法を選択した場合、上場株式等の配当、譲渡損益、特定公社債の利子、譲渡損益、償還損益をすべて合算して申告することができます。つまり、いずれかで譲渡損失が生じた場合でも、他の譲渡益、利子、配当と損益通算できるため、負担する所得税が少なくなるというメリットがあります。

また、損益通算の結果、控除しきれなかった譲渡損失を翌年以降3年間にわたって繰り越し、将来の所得から差し引くこともできます（上場株式等に係る譲渡損失の繰越控除の特例）。

金融商品と税金

名　称	課税される対象	区　分		税　率
●主な金融商品の課税関係				
ゴルフ会員権	売却益 （売却収入－取得費 －売却費用－特別控除額）	総合課税	譲渡所得	総合課税の所得に応じた税率
国内株式証券投資信託	償還差益・売却益・解約差益	申告分離課税	譲渡所得	所得税15.315% 住民税5％
国内公社債投資信託	償還差益または解約差益	申告分離課税	譲渡所得	所得税15.315% 住民税5％
	売却益	申告分離課税	譲渡所得	所得税15.315% 住民税5％
外国株式投資信託	償還差益・売却益	申告分離課税	譲渡所得	所得税15.315% 住民税5％
外国公社債投資信託	償還差益	申告分離課税	譲渡所得	所得税15.315% 住民税5％
	売却益	申告分離課税	譲渡所得	所得税15.315% 住民税5％
割引債(国債・地方債・社債)	償還差益	申告分離課税	譲渡所得	所得税15.315% 住民税5％
円建外債	償還差益	申告分離課税	譲渡所得	所得税15.315% 住民税5％
外国利付債	償還差益			
国外で発行される割引公社債（ゼロクーポン債）	償還差益（満期まで保有）			
	売却益（途中で売却）	申告分離課税	譲渡所得 （一部、事業所得、雑所得）	所得税15.315% 住民税5％
利子が支払われない公社債	売却益			
新株予約権付社債	償還差益	総合課税	雑所得	課税総所得金額に応じた税率
	売却益	申告分離課税	譲渡所得	所得税15.315% 住民税5％
外国為替証拠金取引(FX)	差金決済による差益	申告分離課税	雑所得	所得税15.315% 住民税5％
●主な金融類似商品と課税関係				
定期積金の給付補てん金	給付金－掛金	源泉分離課税	雑所得	所得税15.315% 住民税5％
抵当証券の利息	利息			
貴金属などの売戻し条件付き売買の利益	売り戻し金額－買入額	源泉分離課税	譲渡所得	所得税15.315% 住民税5％
外貨投資口座の為替差益など	為替差益	源泉分離課税	雑所得	所得税15.315% 住民税5％
一時払養老保険・一時払損害保険などの差益	保険金または解約返戻金－支払保険料	源泉分離課税	一時所得	所得税15.315% 住民税5％

11 NISA①

投資した株式の配当や売却益を非課税として、個人の投資を促す制度

●NISAとは

NISA（少額投資非課税制度）とは、証券会社などの金融機関で専用の口座を開設することにより、一定額までの投資に対する配当や売却益にかかる所得税や住民税を非課税とする制度です。NISAの最大の特長は、いくら儲けても、その利益に対して課税されない、ということです。通常であれば、500万円を元手に100万円儲けた場合は、約20万円の税金が課されることになります。しかし、一定の条件の下で開設できるNISA口座を使って取引すれば、税金は一切かかりません。

NISAは現在、一般NISAの他、ジュニアNISA、そして積立NISAの3つがあります。いずれも期間限定の制度として浸透されてきましたが、令和5年度税制改正により、令和6年1月以降のNISAより期間に制限がなくなり大きく変わります（76ページ）。

●一般NISA

口座開設の主な条件や取引の注意点は以下の通りです。なお、一般NISAは令和5年12月をもって買付が終了されて、76ページの通り新しいNISAとして制度変更されます。

① 対象となるのは、18歳以上（令和4年12月以前は20歳以上）の日本国内居住者で、1人につき1口座しか開設できません。

② 非課税となるのは、株式・投資信託などの値上がり益・配当金（分配金）などです。

③ 非課税投資枠は、年間120万円までで、投資期間は5年とされています。

NISAの活用例

600万円の投資で300万円の儲けが出た場合

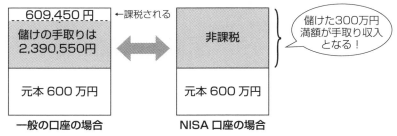

609,450円　←課税される

儲けの手取りは2,390,550円　⟷　非課税

元本600万円　元本600万円

一般の口座の場合　NISA口座の場合

儲けた300万円満額が手取り収入となる！

74

●ジュニアNISA

18歳未満（令和4年12月以前は20歳未満）の未成年者もジュニアNISAとして口座を開設することができます。ジュニアNISAの非課税投資枠は年間80万円です。ただし、ジュニアNISAの新規口座の開設は令和5年12月で終了となります。

●積立NISA

積立NISAは、前述の一般NISAとの年単位での選択により、積立や分散投資に適した一定の「公募等株式投資信託」が投資の対象になります。具体的には、株式投資信託のうち、①20年以上の信託期間があり、短期償還が予定されていない、②毎月分配型ではない、③複数の銘柄に分散投資されているなどの条件を満たすものが対象です。

年間40万円までで、期間20年の投資を行うことができます。なお、積立NISAも令和5年12月をもって買付が終了し、次ページの通り新しいNISA

となります。

●NISAの活用例

たとえば、あるIT系新興企業に年間100万円ずつ5年にわたり投資したとします。投資額合計は500万円で、5年後の時価は総額800万円まで上昇しました。この時点で全株を売却した場合、通常であれば売却益300万円に対して20.315％の申告分離課税（609,450円）となるところ、この税金が全額免除されることになります。

●NISAの対象商品

NISAの対象となる金融商品は「貯蓄」型の金融商品より「投資」型の金融商品がメインとなります。また、ある程度資産形成に役立ち、かつ、資本市場を下支えするような商品（上場株式や投資信託など）が中心で、信用取引、先物取引、FX（外国為替証拠金取引）などは対象外です。

非課税になる金融商品 非課税にならない金融商品

非課税になる金融商品
・上場株式（いわゆる株式投資）
・外国上場株式
・公募株式投資信託
・上場REIT（上場不動産投資信託）
・ETF（上場投資信託）
・外国ＥＴＦ

非課税にならない金融商品
・預貯金
・債券
・公社債投資信託
・生命保険商品
・信用取引
・先物取引
・FX（外国為替証拠金取引）

NISA②

令和5年度税制改正でさらに充実した制度となる

●一般NISAに代わる「成長投資枠」

令和5年度税制改正により、NISAが大きく変わります。具体的には、令和6年1月以降では、一般NISAの役割を引き継ぐ「成長投資枠」が設けられます。成長投資枠は、現行の一般NISAの年間120万円の投資枠からその2倍となる240万円まで拡充され、かつ保有期限は無期限（一般NISAは5年）となります。

また、成長投資枠としては生涯で合計1,200万円を超えて投資はできないとする投資限度額が設けられます。この点、一般NISAの最大投資額が600万円（年間120万円×5年）であることを考えれば、投資者にとってはより有利な制度となります。なお、現行の一般NISAは令和5年12月で買付が終了されますが、それまでに買付けた投資額は、成長投資枠とは別個の扱いとすることができるため、たとえば、令和5年に一般NISAとして120万円分を投資しても、それとは別に令和6年以降は成長投資枠として最大1,200万円まで投資ができることになります。

●積立NISAに代わる「積立投資枠」

積立NISAにおいても、令和6年1月以降では、この役割を引き継ぐ「積立投資枠」が設けられます。

積立投資枠は、現行の積立NISAの年間40万円の投資枠からその3倍となる120万円まで拡充され、かつ保有期限は無期限（現行の積立NISAは20年）となります。

また、成長投資枠と合わせて最大で1,800万円まで積立投資枠の設定が可能となります。現行のNISAは年単位で通常NISAと積立NISAのいずれかしか選択ができませんでしたが、令和6年1月以降の成長投資枠と積立投資枠では両方とも適用が可能です。なお、現行の積立NISAも令和5年12月で買付が終了されますが、それまでに買付けた投資額は、積立投資枠とは別個の扱いとすることができます。

●NISAの原則は1人1口座

NISAは本来納めるべき税金を特別に免除する非課税制度であり、厳格に運用するため、1人1口座のルールが定められています。また、毎年口座を開設できる金融機関を選べます。

たとえば、5年続けて新たな口座を開設すると、5つの口座を持ち、複数の金融機関から、株や投資信託など金融商品が選択可能になります。

● 値下がりや売却で投資枠は復活するか

NISA口座で保有する株式等が値下がりして含み損がでたとしても、値下がりした分だけ非課税枠が復活するわけではありません。非課税の限度額はあくまで取得時の元本の額で判断されます。

次に、売却により売却損が出た場合も、含み損の場合と同様に、非課税枠が追加されることはありません。

● 損益通算や損失の繰越控除不可

売却損が出た場合に注意しなければいけないのは、NISA口座の場合、他の売却益との損益通算や、損失の翌年への繰越ができないということです。

NISA口座を選択しなかった場合、株式等を売却すると、売却益に対しては当然所得税が課税されます。その代わり、他の株式等から出た損失と合算して申告することができるので、売却益にかかった税金が還付されます。これが損益通算です。

なお、損益通算の結果、損失の方が上回った場合には、その損失は翌年から3年間繰り越すことができ、翌年以降に損益通算を行うことも可能です。

ところがNISA口座は、そもそも売却益を非課税にする特例制度であるため、売却損に対する取扱いはありません。このように、損失が出た場合に損益通算ができないという点は、NISAのデメリットといえるかもしれません。

NISA制度概要

	令和5年以前のNISA		令和6年以降のNISA（令和5年度税制改正分）	
	一般NISA	積立NISA	成長投資枠	積立投資枠
非課税保有期間	5年間	20年間	制限なし	制限なし
年間投資額	120万円	40万円	240万円	120万円
最大投資額	600万円（120万円×5年）	800万円（40万円×20年）	1,200万円	成長投資枠と合わせて1,800万円
投資可能商品	上場株式・投資信託	長期・積立・分散投資に適した一定の投資信託	上場株式・投資信託	長期・積立・分散投資に適した一定の投資信託

13 山林所得・一時所得や雑所得の税金

いずれの所得にも該当しない所得が雑所得である

● 山林所得とは

山林所得の金額はその年の伐採による譲渡などの収入金額から必要経費を控除し、その残額から山林所得の特別控除額（50万円）を控除した金額です。必要経費にはその山林の植林費などの取得費の他、山林の管理・維持のために必要な管理費、さらに伐採費、仲介手数料などの譲渡費用などが含まれます。山林所得は他の所得とは合算せず、「5分5乗方式」という他の所得とは異なった方法で税額を計算し、確定申告します。なお、取得から5年以内の山林における伐採や譲渡による収入は事業所得または雑所得となります。

● 一時所得とは

利子所得から譲渡所得までの所得（8種類）以外の所得のうち、営利を目的とする継続的行為から生じた所得以外の一時の所得で、労務その他の役務または資産の譲渡の対価としての性質を有しないものをいいます。代表的なものは次の通りです。

① 懸賞や福引の当選金品、競馬や競艇の払戻金

② 生命保険契約等の一時金、損害保険契約の満期返戻金

③ 借家人が受ける立退料（借家権消減の対価として受け取るものは譲渡所得、収益補償として受け取るものは事業所得等となる）

④ 遺失物拾得者が受ける報労金

一時所得は、その年の一時所得に関する収入金額からその収入を得るために支出した金額の合計額を控除し、その残額から一時所得の特別控除額（50万円）を控除した額です。一時所得の金額は総合課税されますが、他の所得と合算される金額は、一時所得の金額の2分の1相当額です。

・生命保険の満期保険金と確定申告

生命保険が満期を迎えたり、途中で解約して満期保険金や解約返戻金を一時金として受け取った場合、一時所得として確定申告が必要となります。ただし一時払養老保険等で保険期間が5年以下のもの、保険期間が5年超でも5年以内に解約されたものは源泉分離課税となり源泉徴収だけで完結します。

● 雑所得とは

利子所得から一時所得までの所得（9種類）のいずれにも該当しない所得です。公的年金等による所得と、業務に関する所得およびそれ以外の所得に区分されます。雑所得の金額は下記①と②の合計額です。

① その年の公的年金等の収入金額から公的年金等控除額を控除した残額
② その年の雑所得に対する収入金額から必要経費を控除した金額の合計額

公的年金等の場合、必要経費に代わるものとして、年齢や公的年金等の収入金額に応じて定められた「公的年金等控除額」を公的年金等の収入金額から差し引くことができます。雑所得の金額は、原則として総合課税ですが、定期積金の給付補てん金など特定の所得は源泉分離課税となります。生命保険の満期保険金を一時金で受け取ったときは「一時所得」になりますが、年金で受け取る場合には、「それ以外の雑所得」となります。また、印税・原稿料などの副業による所得は、原則と

して「業務に係る雑所得」になります。

・外国為替証拠金取引（FX）

FX取引の差金決済などにより利益が発生した場合、他の所得とは区別され、「先物取引に係る雑所得等」として、所得税15％（別途、復興特別所得税）、地方税５％の税率で課税されます。課税の方法は申告分離課税となります。

会社員でも20万円超の利益が出ている場合は確定申告が必要となります。

なお、損失が発生した場合は、他の「先物取引に係る雑所得等」の金額とのみ損益通算が可能です。損益通算をしても損失となる場合は、一定の要件の下、その損失を翌年以降３年間にわたり各年の「先物取引に係る雑所得等」の金額から控除できます（繰越控除）。

雑所得の金額の計算

年令	公的年金等の収入金額Ⓐ	控除額
65歳未満	130万円未満	60万円
	130万円以上410万円未満	Ⓐ×25％+27.5万円
	410万円以上770万円未満	Ⓐ×15％+68.5万円
	770万円以上1,000万円未満	Ⓐ×5％+145.5万円
	1,000万円以上	195.5万円
65歳以上	330万円未満	110万円
	330万円以上410万円未満	Ⓐ×25％+27.5万円
	410万円以上770万円未満	Ⓐ×15％+68.5万円
	770万円以上1,000万円未満	Ⓐ×5％+145.5万円
	1,000万円以上	195.5万円

※公的年金等に関する雑所得以外の所得の合計所得金額が1,000万円以下の場合

Column

事業所得と雑所得の区分

「事業所得」と「業務に係る雑所得」は、いずれも業務によって得られた収入金額から必要経費を差し引いて所得が算定されるという点で共通します。しかし、事業所得は雑所得にはない多くのメリットがあります。具体的には、①事業所得に赤字が発生した場合には、他の所得と通算することで税金を軽減できる（損益通算）、②青色申告特別控除により最大65万円を所得から控除できる、③損益通算では控除しきれなかった損失を翌年以降の３年間の所得から控除できる（繰越控除）、④家族などの一定の者に対して支払った給与を必要経費にできる（青色事業専従者給与）、などがあります。

ただし、事業所得と認められるには、その所得を得るための活動が、社会通念上事業と称するレベルで行われている必要があります。つまり、事業性（ある程度の売上規模があるか）、反復継続性（継続的に行われているか）、営利性（一定の儲けが得られる活動か）、リスク（自らの計算と危険において行われているか）、などを総合的に勘案し、これらを満たしていれば事業所得になり、そうでなければ雑所得になります。ただ、これらは抽象的な側面も多いため、事業所得か雑所得かの実務上の判断が難しい場面も出てきます。

そこで、令和４年10月に国税庁により、各税務署員等に対する税務実務上の法令解釈指針である所得税基本通達が改正され、例年（おおむね３年程度の期間）、300万円以下で主たる収入に対する割合が10％未満の場合は雑所得として考えるという、一定の基準が設けられました。ただし、300万円超であったり、収入に対する割合が10％以上の場合であっても、その所得に関する取引を帳簿に記録し帳簿書類の保存がない場合や、その所得が例年赤字でそれを黒字にするための営業活動等をしていなければ、事業所得とは認められなくなります。このように、客観的な数値が織り込まれたことで、従来よりも事業所得と雑所得の区分がわかりやすくなったといえます。

第3章

相続税・贈与税の
しくみ

遺産と相続財産

実際に相続をする前に相続財産の中身を調べる

● 遺産とは何か

遺産は、被相続人が死亡時に残した財産で、①現金、不動産、動産、債権、株などのプラスの財産（資産）と②借金、保証債務、買掛金、預かり品の返還義務などのマイナスの財産（債務）に分類できます。この2種類の遺産を明確にするには、資産と債務を個別に書き出した相続財産目録（遺産目録）を作成します。

● 資産には何があるのか

次に相続財産目録上に個別の資産をどう書き出すのか見ていきましょう。

① 現金・預金・手形・小切手

これらの財産については、具体的な内容が理解できるように書きます。たとえば、銀行預金の場合は、相続人として銀行に照会して、銀行名、支店名、口座の種類、口座番号、金額を確認します。貸金などの債権は、債務者の氏名、連絡先、貸付日、返済期限、利率を確認します。手形、小切手、無記名債権なども発行人、種類、番号、金額などを特定します。手形は満期日を記載し、手形、小切手は期日には銀行などに呈示しなければなりません。

② 不動産

登記識別情報（権利証）または登記事項証明書を調べて、土地は所在、地番、地目、地積を、建物は所在、家屋番号、種類、床面積などを個別に確認して明記します。不動産は、土地と建物を別々にまたは一緒にして書きます。

● 債務も相続財産である

債務は資産の裏返しです。第三者からの借金、買掛金などです。相続人から被相続人への生前の貸付や立替金、仮払いなども被相続人の債務です。たとえば、入院費、治療費などがこれに含まれます。ただし、死後に発生する葬儀代、法事の費用などは被相続人の債務ではありません。しかし、立替分を相続した遺産から充当するかどうかは、ケースによって違います。

● 被相続人の財産とは

相続財産の中にはプラスの財産もあれば、マイナスの財産（借金や損害賠償債務など）もあります。ただし、被相続人の財産であっても、相続できないものがあります。一身専属権と使用貸借権の2つです。一身専属権とは、被相続人にしか行使できない権利や義務（親権や扶養料請求権など）のことです。一身専属の権利や義務は、被相続人の死亡と同時に消滅します。

使用貸借権とは、物をただで貸借す

る権利です。これは、貸主と借主の特別な契約関係で成立しているため、契約当事者の一方の人が死亡すると効力を失います。ただし、不動産の使用貸借については、例外的に相続を認める場合もあります。

以上の2つ以外は相続財産とされ、課税対象となりますが、中には非課税として扱われる財産もあります。

●相続財産の内容

相続税が課される財産には、具体的には、以下に掲げる財産があります。

① 本来の相続財産

民法の規定によって被相続人から相続または遺贈により取得される財産のことをいいます。ここでいう「財産」は、広い意味に解され、金銭に見積もることができる経済的価値のあるものをすべて含みます（下図参照）。

② みなし相続財産

ある財産を取得したり経済的利益を

受けたことが、実質的に見て相続または遺贈によるものと同じような経済的効果があると認められる場合には、相続または遺贈により取得したものとみなして相続税の課税財産としています。たとえば、生命保険金、退職手当金、生命保険契約に関する権利などがあります（下図参照）。

③ 相続開始前3年以内に取得した贈与財産

相続または遺贈により財産を取得した者が、被相続人から相続開始前3年以内（令和5年度税制改正により、令和6年1月以後の贈与の場合は7年以内）に財産の贈与を受けていた場合には、贈与された財産の価額は相続税の課税価格に加算されます。

④ 相続時精算課税により贈与を受けた財産

相続時精算課税制度の届出をして取得した贈与財産の価額は、相続税の課税価格に加算されます。

相続税の課税対象となる財産

相続税のかかる財産

本来の相続財産
土地、土地上の権利、家屋、事業用財産、現金、預貯金、有価証券、美術品、家具など

みなし相続財産
死亡退職金、退職年金の継続受給権、生命保険金、生命保険契約に関する権利、定期金（年金）の受給権、定期金（年金）契約に関する権利

2 相続財産の評価

相続人の財産は時価で評価する

● なぜ相続財産の評価をするのか

遺産の中身や価値を正確に把握して、それぞれの財産の価額を評価しておかないと、具体的な遺産分割協議（相続人同士で引き継ぐ遺産を確定させる協議）ができません。

また、遺産の評価をしないと、相続税の納税額もわかりません。

ですから、相続が発生した場合には、遺産を書き出して、評価額を調べることになります。もし、遺産分割がすんでから新たに遺産が出てきた場合、遺産分割協議をやり直すことになります。

● 遺産は時価で評価する

相続財産がすべて現金や預貯金であれば評価は簡単なのですが、そのようなケースはまれです。実際の相続財産としては、土地や建物などの容易に評価できないものがほとんどです。

また、相続税務と遺産分割実務で財産評価が異なることもあるため、注意が必要です（下図参照）。

相続税法では、相続人の財産は「時価」で評価すると定められています。しかし、時価という言葉は、意味としては「そのときの価値」といったところで、かなりあいまいな表現です。

実務上は、「財産評価基本通達」に示された時価の基準に基づいて財産を評価し、相続税を計算します。これは、いろいろな財産の時価の計算方法に関する通達です。

ただし、被相続人の死亡時と、相続開始時から10か月後の納税期限日までの間に時価が大きく変わってしまうこともあり得ます。そのため、時価を評価する日は相続開始日と定められています。なお、生前贈与における評価日は贈与を受けた日とされています。

相続税務・遺産分割実務の財産評価の基準

相続税務 ➡ 土地：路線価
建物：固定資産税評価

遺産分割実務 ➡ 土地も建物も分割時点の時価が基準になる

3 生命保険と相続税

生命保険の非課税枠は相続人1人あたり500万円である

● 生命保険金と受取人

　生命保険金は、特に指定がなければ保険契約者が保険金受取人になります。被相続人が保険契約者でなくても、保険金受取人に指定されていれば、保険金請求権は遺産となり、遺産分割の対象になります。

● 保険金請求権の取扱い

　被相続人が保険金の受取人として特定の人を指定していた場合、その人に保険金請求権があります。相続人を受取人として指定していた場合は、保険金請求権は相続財産ではなく、その相続人が直接権利を得るというのが判例です。

● 生命保険金も課税対象となる

　生命保険の保険金を受け取った場合には、所得税、相続税、贈与税のうちいずれかの税の課税対象とされます。

① 　**保険料負担者及び被保険者が被相続人本人で、保険金受取人が被相続人以外の場合**

　相続税が課税されます。被相続人の死亡により受け取った生命保険金については、本来の相続財産ではありませんが、被相続人が負担した保険料に対応する部分については、「みなし相続財産」として、相続税の課税対象になります。そのため、上記したように保険金の受取人が指定されて、その受取人がその保険金を受け取る固有の権利を有していたとしても、相続税法上は課税価格に含める必要があります。ただし、保険受取人が相続人の場合は非課税控除があります。「500万円×法定相続人の数」までの金額については、相続税が非課税となります。

② 　**保険料負担者及び保険金受取人が被相続人本人で、被保険者が被相続人以外の場合**

　所得税が課税されます。一時金として受け取ると一時所得になります。この場合、受け取った保険金から払込保険料総額を差し引き、ここから50万円を控除した金額の2分の1が一時所得の金額となります。

③ 　**保険料負担者が被相続人本人で、被保険者及び保険金受取人が被相続人以外の場合**

　保険金の受取人が保険料負担者から贈与を受けたとして贈与税が課税されます。受け取った保険金額と、その年の他の贈与された資産もあればそれも含めた合計額から110万円を控除した額が贈与税の対象となります。

4 系譜・墳墓・祭具・遺骸・遺骨や形見と相続

実情に応じて話し合いで現実的な対応をする

● 系譜・墳墓・祭具の承継はどうする

　祖先から受け継いでいた系譜・墳墓・祭具などの遺産は、財産的な意味がほとんどなく、遺産分割の対象になりません。祭具等については、一般に長子や配偶者が承継する場合が多く、地域ごとの慣習などが考慮されることになっています。こうしたものの承継者は、被相続人が指定することになっていますが、指定は遺言によらなくてもかまいません。指定がないときは、相続人の協議によりますが、慣習が不明などの理由で決まらないときは、家庭裁判所に決めてもらいます。

● 遺骸・遺骨はどうなるのか

　遺骸・遺骨は被相続人の通常の相続財産ではありません。裁判所の判例では、遺骸・遺骨は社会的に特殊な扱いを受け、埋葬・管理・祭祀・供養のために祭祀主宰者が所有権をもつものとされています。なお、被相続人には祭祀主宰者を指定する権利がありますから、指定がある場合はそれに従います。

● 「形見分け」の品は相続財産か

　故人の遺品を遺族などで分ける「形見分け」という儀礼的慣習があります。形見も遺産の分割に入りますが、慣習上容認される程度のものであれば、分割の対象外になることもあります。通常は故人が身につけた時計やアクセサリーなどが形見分けの対象で、相続争いの対象にするほどの経済的価値がないものが対象になります。宝石などは、遺産分割の対象となるものです。

● 葬式費用の負担割合

　葬式費用は被相続人の死後の費用ですから、遺産ではありませんので、葬儀の主催者が負担します。しかし、相続人間で話し合って、相続人間で負担し合うケースも多くあります。

　あくまで一般論ですが、相続人が負担し合うことにした場合は、まず、香典から費用を出し、足りないときは相続財産から法定相続人の相続割合に応じて負担するということが多いようです。香典は、葬式のために遺族にかかる金銭面での負担を周囲の人々が軽くしてあげようという気持ちで行う贈与です。厳密に言えば、受贈するのは喪主ということになりますので、喪主が独り占めしても法的には文句は言えません。しかし、香典のもともとの意味を考えた場合には、まず、葬式費用は香典から出すことが合理的ではないかと考えられます。

5 弔慰金・死亡退職金と相続税

過大な弔慰金には相続税が課税される

● 弔慰金は相続税の対象になるのか

葬儀の際に遺族が受け取った香典は税金の対象にはなりません。また、被相続人の死亡によって受け取る弔慰金や花輪代、葬祭料などについては、通常相続税の対象になることはありません。ただし、被相続人の雇用主などから弔慰金などの名目で受け取った金銭などのうち、実質上、退職手当等に相当すると認められる部分は相続税の対象になります。それ以外の部分について、被相続人の死亡が業務上による場合は、被相続人の死亡当時の普通給与の3年分に相当する額までは弔慰金に相当する金額として相続税は課税されません。また、被相続人の死亡が業務上の死亡でない場合には、被相続人の死亡当時の普通給与の半年分に相当する額までは弔慰金に相当する金額とされます。しかし、それらの金額を超える部分は、退職手当等として相続税の対象になります。

● 死亡退職金には相続税が課される

被相続人の死亡によって遺族が被相続人に支給されるべきであった退職手当金や功労金など（退職手当等）を受け取る場合で、被相続人の死亡後3年以内に支給が確定したものは、相続財産とみなされて相続税の対象になります。それ以後に支給された退職手当等については、相続税ではなく、受け取った人の一時所得として、受け取った退職金をもとに計算した金額の2分の1に対して、所得税が課税されます。

● 退職手当等と非課税限度額

相続人が受け取った退職手当等はその全額が相続税の対象となるわけではありません。すべての相続人が受け取った退職手当等を合計した額が非課税限度額（法定相続人の数×500万円）以下であれば、相続税は課税されません。

なお、相続を放棄した人がいた場合でも法定相続人の数には含まれるので、含んだ人数で非課税限度額を計算します。ただし、相続を放棄した人が取得した退職手当等は全額相続税の対象になります。また、法定相続人の中に養子がいる場合、実子がいるときは1人、実子がいないときは2人までしか法定相続人の数に含めることはできません。すべての相続人が受け取った退職手当等の合計額が非課税限度額を超える場合には、その非課税限度額を各相続人が受け取った退職手当等の金額の割合で按分した額がそれぞれの相続人の非課税限度額になります。

6 相続税・贈与税

相続税は所得税の補完税と言われている

◉相続税はなぜ課税されるのか

相続税は、所得税を補完するために設けられていると言われることがあります。死亡した人の残した財産は、その死亡した人の個人の所得から生じた部分については、生前、所得税が課税されています。しかし、その財産の中には所得税が課税されていないものも含まれています。そこで、死亡した時点におけるその人の財産について、所得税を補完する形で相続税が課税されるという考え方です。

相続税は、死亡した人の財産（相続財産）を相続・遺贈によって受け継いだ人に対して課される税金です。相続税は所得税や法人税と同じ国税です。相続税は申告納税方式をとっていますので、遺産を相続した相続人が自分で相続財産の価格と、これにかかる税額を計算し、納税することになっています。相続税は、このように亡くなった人から財産を相続した人に課される税金です。

現在の税制において相続税がかかる人は、亡くなった人のうち相続税が課税される割合は約8％程度となっています。

◉民法とは相続人の考え方が違う

亡くなった人の遺産は、遺言がない場合その人の配偶者や子どもなど親族が相続人となって相続します。相続人とその遺産の取り分については、民法で規定されています。

相続税法では、民法上の法定相続人の考え方を用いて相続税の計算を行います。相続税には基礎控除がありますが、控除される金額は法定相続人の人数に応じて多くなります。

ただし、相続税法においては、相続を放棄した人がいたとしても、その放棄がなかったものとして、法定相続人の数に含まれます。また、養子がいる場合、意図的に養子を増やして税負担から逃れる行為を防ぐため、養子の人数は実子がいる場合は1人、実子がいない場合は2人までと制限されています。

このように相続税法における法定相続人の数は、当事者の意思が介入できないようになっているという点で、民法上の法定相続人の数とは考え方に相違があります。これはあくまで税金を計算する上での便宜上の人数ですので、実際は養子が何人いたとしても法定相続人から外れるということはありません。

●贈与税はなぜ課税されるのか

贈与税は相続税の補完税と言われています。「相続税が課税されるくらいなら相続する前に将来の相続人に財産を分けておこう」とは、誰もが考えることです。しかし、これでは、相続税が簡単に回避されてしまうことになります。そこで、贈与が発生したときに課税する贈与税の規定を同じ相続税法内に設けて相続税を補完する税としたわけです。このため、贈与税の税率は相続税の税率より高くなっています。

このように贈与税は、相続税逃れを防止し、不公平を是正して相続税本来の目的である富の再分配を行うことを目的とした税金です。

親から子への贈与として、子ども名義の預金通帳を作って贈与しようとする場合があります。しかし、後になって税務署から「子どもの名義を借りて貯金しているだけである」として、贈与であることを否認されるケースも考えられます。では、具体的にどのようにすれば、そうしたトラブルを避けることができるのでしょうか。

贈与とは、自己の財産を無償で相手方に与える意思表示を行い、相手方がこれを受諾することによって成立する契約をいいます。契約自体は口頭でも成立しますが、税務上のトラブルを避けるには、親子間であっても贈与するたびに契約書を作成しておくことが大切です。贈与した以上は、その財産は子どものものになるわけですから、通帳や印鑑、キャッシュカードは子ども自身が管理するようにします。

贈与税のしくみと相続税との関係

※贈与税は相続税の補完税

7 贈与税の対象となる財産

本来の贈与財産の他にみなし贈与財産がある

⚫対象となる財産の範囲

　贈与税の対象は、贈与を受ける人（受贈者）の住所が日本か、海外かによって変わります。受贈者の住所が日本である場合、受け取る財産が世界のどこにあっても、その財産は贈与税の対象になります。一方、受贈者の住所が海外の場合、日本国内にある財産に対してだけ贈与税がかかるというのが基本です。ただ、受贈者の住所が海外であっても、外国にある財産にも贈与税がかかることがあります。それは、受贈者または、贈与者の住所が贈与をする前の10年以内に日本にあった場合などです。

⚫本来の贈与財産とは

　本来の贈与財産とは、民法上の贈与の対象となり、贈与税が当然に課せられる財産です。みなし贈与財産に相対する言葉でもあります。経済的価値のあるもの、つまり、価値がお金に換算できるものすべてが本来の贈与財産になります。物理的な財産だけでなく、債権、無体財産権（著作権、特許権などの知的所有権）、営業権などが含まれる他、以下の場合にも本来の贈与財産となります。

①　対価の授受はないが、不動産や株式に関して名義変更をした場合

②　お金を出した人以外の人の名義で不動産や株式などを取得した場合

③　相続放棄を除いて共有財産の共有者が持分を放棄した場合

④　受贈者が経済的な負担をすることを条件に贈与を受ける（負担付贈与）場合で、その負担が第三者の利益となる場合

⚫みなし贈与財産の内容

　金銭的にその評価額を見積もることのできる現金、預貯金、土地、建物等をもらった場合は、贈与を受けたことが明白です。それに対し、本来の贈与ではなくても、実質的に贈与を受けたのと同じように経済的利益を受け取った場合には、「みなし贈与」があったとされます。

　みなし贈与の場合、当人が贈与であるという認識をしていないことが多いため、贈与税の申告をせず、税務署に指摘された後でみなし贈与について初めて知ったという人が多いようです。これらは民法上の贈与財産ではありませんが、相続税法上は贈与税の対象になります。

　みなし贈与財産とは、具体的には、①債務免除等、②返済能力あるいは返

済する意思が初めからない場合の親族からの借金、③委託者以外の者が受益者となる信託財産、④生命保険の保険料の負担者、被保険者、保険金の受取人がすべて違う場合の保険金の受取人が受け取った保険金、⑤定期金、⑥低額譲渡（譲受け）などの場合の対象財産を指します。これらのみなし贈与については、基礎控除を超えた金額が贈与税の課税対象になります。

このうち④の生命保険は、死亡保険金や満期保険金などを保険料負担者以外の人が受け取る場合、保険金の受取人が保険料を負担していた人から保険金の贈与を受けたものとみなします。ただ、保険金の受取人が法定相続人の場合には、贈与ではなく、相続とみなされることがあるため、注意が必要です。たとえば、夫が保険料を支払っていた生命保険で、夫の死亡保険金を妻が受け取った場合、妻は法定相続人に該当するため、この場合は、贈与ではなく、「みなし相続財産」となります。つまり、税金面においても、贈与税ではなく、相続税の対象となるわけです。

⑤の定期金とは、一定の期間にわたって、定期的に金銭などの給付を受けることをいいます。定期金の例としては、個人年金保険の年金が典型です。個人年金保険の保険料を負担していた人と年金の受取人が違う場合に、生命保険と同様、年金の受取人が保険料の負担者から年金の受給権を受贈したということになります。

⑥の低額譲受けは、時価よりも低い価格で財産を買ったというような場合に起こります。たとえば、ある人が、時価1億円の土地を3,000万円で買った場合、差額の7,000万円は、売った人から買った人への贈与とみなされます。

なお、②の借金については、親と子、祖父母と孫など親族間での金銭の貸借であったとしても、借入金の返済能力や返済状況などから見て通常の金銭の貸借であると認められる場合には、借入金そのものは贈与にはなりません。ただし、借入金が無利子の場合、利子に相当する金額については、受け手が利益を受けたものとし、贈与として取り扱われる場合があります。

みなし贈与財産の例

生命保険金	保険金の受取人以外の者が保険料を負担していた場合に保険金を取得したときに課税される
低額譲受	著しく低い価格で財産を譲り受けた場合に課税される
債務免除等	債務免除や債務の肩代わりをしてもらったときに課税される

8 相続税と贈与税の税率
税率は最低10%から最高55%まである

●課税率は贈与税の方が高い

相続税も贈与税も、課税される財産が大きくなるほど高い税率が適用されます。これを超過累進課税といいます。税率は、次ページの税額表（速算表）の通り最低10%から最高55%までとなっており、両方とも同じです。

ここで、贈与税について見ると、たとえば、現金350万円の贈与を受けた場合、課税価格は350万円から贈与税の基礎控除額である110万円を差し引いた240万円となります。税額表にあてはめると、「240万円×15％－10万円」となり、贈与税額は26万円ということになります。

税額表をさらに細かく見ると、相続税より贈与税の方が税率の上り具合が早いため、課税対象となる財産の価額が同じであれば、一般に贈与税の方が高い税率となります。

しかし、相続税と贈与税では、課税のしくみが全く異なります。同じ額の財産に対する税額を比較してもあまり意味がなく、贈与税の税率が高いからといって相続税が有利だとも言いきれません。

たとえば、資産が何十億円もあるという資産家の場合、相続税では高い税率が適用されます。しかし、毎年300〜400万円の範囲で贈与すると、贈与税の税率は10〜15％ですから、この場合は、税率から見て贈与の方が得になります。

また、相続税、贈与税共に政策上あるいは社会通念上の観点から、特例による優遇措置が設けられています。優遇措置は、一定の要件を満たせば、特別に控除が受けられる制度が一般的ですが、適用を受けられる要件も相続税と贈与税では異なります。こういった面からも相続税と贈与税のどちらが有利かということは簡単には判断できません。したがって、税額表の表面的な数値のみを見るだけでなく、後述する様々な優遇措置を適用する場合の影響も考慮して検討する必要があります。

●贈与税は直系尊属からの贈与かどうかで課税率が異なる

贈与税においては、18歳（令和4年3月31日以前は20歳）以上で直系尊属から贈与を受ける場合と、それ以外のケースで贈与を受ける場合では、後者の場合の方が相対的に高い税率となります。

具体的には、基礎控除後の課税価格が300万円を超えると、後者の場合の税率の上がり具合が早くなります。

相続税の税額表（速算表）

基礎控除後の課税価格		税 率	控除額
1,000万円以下		10%	な し
1,000万円超	3,000万円以下	15%	50万円
3,000万円超	5,000万円以下	20%	200万円
5,000万円超	1億円以下	30%	700万円
1億円超	2億円以下	40%	1,700万円
2億円超	3億円以下	45%	2,700万円
3億円超	6億円以下	50%	4,200万円
6億円超		55%	7,200万円

贈与税の税額表（速算表）

●18歳以上※で直系尊属からの贈与

基礎控除後の課税価格		税 率	控除額
200万円以下		10%	な し
200万円超	400万円以下	15%	10万円
400万円超	600万円以下	20%	30万円
600万円超	1,000万円以下	30%	90万円
1,000万円超	1,500万円以下	40%	190万円
1,500万円超	3,000万円以下	45%	265万円
3,000万円超	4,500万円以下	50%	415万円
4,500万円超		55%	640万円

※令和4年3月31日以前は20歳以上

●上表以外の場合の贈与

基礎控除後の課税価格		税 率	控除額
200万円以下		10%	な し
200万円超	300万円以下	15%	10万円
300万円超	400万円以下	20%	25万円
400万円超	600万円以下	30%	65万円
600万円超	1,000万円以下	40%	125万円
1,000万円超	1,500万円以下	45%	175万円
1,500万円超	3,000万円以下	50%	250万円
3,000万円超		55%	400万円

第3章 相続税・贈与税のしくみ

相続時精算課税制度

暦年贈与と相続時精算課税の２つの制度がある

●相続時精算課税制度とは

贈与税には、「暦年贈与制度」と「相続時精算課税制度」があります。

暦年贈与制度とは、１月１日から12月31日までの１年間に贈与を受けた財産の合計額から、基礎控除の110万円を控除した残額に課税する制度です。

相続時精算課税制度は、生前贈与による資産の移転を円滑にすることを目的として、平成15年の税制改正で創設された制度です。この制度は、贈与時に贈与財産に対する贈与税を納め、その贈与者の死亡時に、贈与財産の価額と相続財産の価額の合計額をもとに計算した相続税額から、すでに納めた贈与税相当額を控除するものです。つまり、贈与税と相続税の一体化です。

なお、一度この制度を選択すると、その後同じ贈与者からの贈与について「暦年贈与制度」を選択できなくなります。

●相続時精算課税を選択するには

相続時精算課税制度では、贈与を受ける財産に制限はありません。しかし、この制度は、高齢者が保有している資産を利用することで、経済の活性化を図るなどの目的で導入されたものです。そのため、相続時精算課税制度を選択

する場合には、次の要件を満たす必要があります。

① 贈与者がその年の１月１日において60歳以上の父母または祖父母である。

② 受贈者がその年の１月１日において18歳（令和４年３月31日以前は20歳）以上であり、かつ、贈与者の推定相続人である直系卑属（子や孫など）もしくは、18歳（令和４年３月31日以前は20歳）以上の孫である。

●相続時精算課税の税額計算

相続時精算課税の適用を受ける贈与財産については、他の贈与者からの贈与財産と区分して、選択した年以後の各年にわたる贈与財産の合計額をもとに贈与税額を求めます。

贈与税の額は、贈与財産の課税価格の合計額から特別控除額2,500万円を控除した後の金額に、一律20％の税率を掛けて算出します。この非課税枠2,500万円は、たとえば、ある年に2,000万円、翌年に500万円の贈与を受けるという形でもかまいません。相続時精算課税の適用を受ける場合には、暦年贈与の基礎控除額110万円は控除できません。

ただし、令和５年度税制改正により、令和６年１月以降の相続時精算課税制

度適用に関する贈与については、従来の特別控除額2,500万円とは別途この基礎控除110万円も控除することができるようになります。

また、相続時精算課税は、贈与者ごとに制度を利用することが可能です。つまり、相続時精算課税を選択した受贈者が、相続時精算課税に関する贈与者以外の者から贈与を受けた財産については、その贈与財産の価額の合計額から暦年贈与の基礎控除額110万円を控除し、贈与税の速算表（93ページ）に定める税率を乗じて贈与税額を計算します。

なお、相続時精算課税を選択しようとする受贈者は、対象となる最初の贈与を受けた年の翌年2月1日から3月15日までの間（贈与税の申告期限）に税務署長に対して「相続時精算課税選択届出書」を提出しなければなりません。

また、相続時精算課税は、直系尊属から住宅取得等資金の贈与を受けた場合の非課税制度（100ページ）と併用することができます。

相続時精算課税を利用して納付した贈与税額は、相続税額の計算の際に控除されます。もし、相続時精算課税において納付した贈与税額が相続税額から控除しきれない場合には、その相続時精算課税による贈与税は還付を受けることができます。

●その他の留意点

相続時精算課税適用者である受贈者が贈与者よりも先に死亡した場合には、この受贈者の相続人は、本来この受贈者が、贈与者に相続の開始があった場合に精算すべきである納税に対する権利及び義務を承継します。

また、受贈者が相続時精算課税の適用を受けることができる場合において、その受贈者が「相続時精算課税選択届出書」を提出する前に死亡したときは、その受贈者の相続人は、その受贈者の相続開始があったことを知った日の翌日から10か月以内に、「相続時精算課税選択届出書」をその死亡した受贈者の贈与税の納税地を所轄する税務署長に共同で提出することで、その受贈者の相続人は、相続時精算課税の適用を受けることに伴う納税に関する権利及び義務を承継することができます。

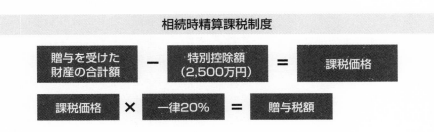

相続時精算課税制度

| 贈与を受けた財産の合計額 | － | 特別控除額（2,500万円） | ＝ | 課税価格 |

| 課税価格 | × | 一律20% | ＝ | 贈与税額 |

制度選択時の注意点

まず、遺留分（兄弟姉妹以外の法定相続人に対して最低限の相続財産が保障される民法上の制度）を考慮します。

民法では、相続開始前1年以内の贈与財産は、遺留分侵害額請求の対象になるものと規定されています。したがって、相続時精算課税制度により生前贈与を行う場合には、遺留分を考慮した上で行う必要があります。これは、相続税がかからない場合でも同様です。

また、相続時精算課税制度による贈与や相続開始前3年以内（令和5年度税制改正により、令和6年1月以後の贈与の場合は7年以内）の贈与については、相続開始後、他の共同相続人等が税務署に対して申告内容（贈与税の課税価格の合計額）の開示請求をすることが認められています。つまり、被相続人と特定の相続人の間での贈与について、他の共同相続人に知られてしまう可能性があるため、他の共同相続人が遺留分侵害額請求をすることも考えられます。

さらに、贈与を受けた人が贈与者よりも先に死亡したときは、死亡した人の相続人（ただし、贈与者以外）が相続時精算課税制度に関する納税の義務を負うという点にも気をつけなければなり

ません。たとえば、父親、子ども、子どもの配偶者の3人がいて、父親から子どもへ相続時精算課税制度を活用した贈与が行われたケースを考えてみましょう。父親よりも子どもが先に死亡した場合、子どもの財産は、その配偶者と父親に相続されます。一方、その後に父親が死亡した際には、配偶者は父親の法定相続人ではないため、遺言がない限り、父親の財産を相続できません。

ただ、この場合、配偶者は父親から財産を相続しなくても、子ども（つまり、すでに死亡した自分の配偶者）から相続した財産分の相続時精算課税に対する納税義務をそのまま承継し、税金を支払わなければなりません。

小規模宅地等の特例との併用の可否

事業用地や居住用の宅地には、相続開始時において200～400㎡の部分について5割または8割の評価減ができる小規模宅地等の特例があります。

この特例はその宅地を相続または遺贈により取得した者が適用を受けることができますが、生前贈与財産については適用できません。将来、相続税の申告において、小規模宅地等の特例を適用したい財産については、相続時精算課税制度の適用は避けるべきです。

11 贈与税の計算例

相続税に比べてシンプルな計算方法となっている

● 贈与税の計算手順とは

以下の2つの手順で計算します。

① 課税価格の計算

まず、毎年1月1日から12月31日までの間に贈与された財産の課税価格を求めます。

複数の人から贈与された場合には、その全員からの贈与の合計額が課税価格になります。贈与された財産が土地や有価証券などの財産である場合は、相続税と同様に評価します。そこから110万円の基礎控除額を差し引くことができます。2人以上から贈与を受けたときは、贈与者それぞれから110万円を差し引くのではなく、贈与を受けた1人につき1年間で110万円の基礎控除額を差し引くことになります。したがって、年間に贈与された額が110万円以下であれば贈与税は課税されません。

なお、「負担付贈与」と「個人間の対価を伴う取引」によって取得した株式および不動産は、贈与時の時価で評価することに注意が必要です。「負担付贈与」とは、財産と債務などを一緒に贈与する場合を指します。たとえば、土地建物と住宅ローンを一緒に贈与するような場合です。また、「個人間の対価を伴う取引」とは、財産を贈与する代わりに経済的な対価を要求する場合です。たとえば、父親が長男に土地を贈与する代わりに長男からは次男にお金を渡すといったケースです。

② 贈与税額の計算

暦年贈与では、課税価格から基礎控除額を差し引いた残額に税率を掛けて贈与税額を算出します。相続税を算出する場合は、課税価格の合計の計算、相続税の総額の計算、それぞれの相続人の納付税額の計算という3つのプロセスを経なければなりませんが、贈与税の場合は、非常にシンプルな方法で算出できます。数式で表すと以下の通りです。

> （贈与を受けた財産の合計額＋みなし財産－非課税財産）－基礎控除額（110万円）＝課税価格
> ・課税価格×税率＝贈与税額

上記の算式にある非課税財産には、被扶養者に対する生活費や教育費、中元や歳暮、法人からの贈与財産（一時所得）などが含まれます。

なお、贈与税の計算には、配偶者控除や相続時精算課税制度といった特例があるため、税額についてこれらの特例により算定を行うこともあります。

配偶者控除の特例

居住用不動産またはその取得資金2,000万円まで控除できる

●配偶者控除とは

　贈与税の税額を算出する際には、基礎控除額110万円の他に、配偶者からの贈与については、さらに配偶者控除（最高2,000万円）を差し引くことができます。したがって、配偶者控除を受ける年は、基礎控除額と合計した2,110万円まで無税ということになります。

　また、相続開始前3年以内（令和5年度税制改正により、令和6年1月以後の贈与の場合は7年以内）に贈与された財産は、相続財産の課税価格に加算されます。しかし、配偶者控除を受けた場合の控除額に相当する部分は、加算する必要はありません。つまり、贈与を受けてから3年以内に配偶者が亡くなったとしても、相続税が課税されません。ただし、夫婦といっても、一定期間以上の婚姻関係が必要で、内縁関係であるだけではこの適用を受けることができません。また、不動産取得税や登録免許税は課税対象になります。

●特例を受けるための条件

　この特例の適用を受けるためには、次の条件をすべて満たさなければなりません。
① その夫婦の婚姻期間（入籍日から居住用不動産または金銭の贈与が

あった日まで）が20年以上であること
② 居住用不動産または居住用不動産を取得するための金銭の贈与であること
③ 贈与を受けた配偶者が、翌年3月15日までにその居住用不動産に居住し、その後も住み続ける予定であること
④ 同じ配偶者から過去にこの特例を受けていないこと
⑤ 贈与税の確定申告をすること

　上記のうち④の要件は、同じ配偶者の間では一生に一度しか適用を受けることができないということを意味します。また、⑤の要件である贈与税の確定申告書には、以下の書類を添付する必要があります。

ⓐ 戸籍謄本または抄本と戸籍の附票の写し
ⓑ 居住用不動産の登記事項証明書あるいは贈与契約書など
ⓒ 住民票の写しなど

　なお、要件②の通り、居住用不動産そのものの贈与と居住用不動産を取得するための金銭の贈与のどちらでも非課税の適用は受けられます。ただし、どちらが有利かと言えば、居住用不動産の贈与の方が有利になります。なぜなら、贈与する不動産の価格は相続税

評価額となりますので、土地の場合は路線価（実勢価格の8割程度）、建物の場合は固定資産税評価額（建築費の5〜7割）に対しての贈与税の課税ですむからです。

● 居住用不動産の範囲とは

配偶者控除の対象となる居住用不動産は、贈与を受けた夫や妻が住むための国内の家屋またはその家屋の敷地であることが条件になります。居住用家屋の敷地には借地権も含まれます。

なお、居住用家屋とその敷地は一括して贈与を受ける必要はありません。居住用家屋だけや居住用家屋の敷地だけの贈与を受けることができます。この居住用家屋の敷地だけの贈与を受け

るときは、その家屋の所有者が次の①または②のいずれかの条件にあてはまることが必要です。

① 夫または妻が居住用家屋を所有していること
② 夫または妻と同居する親族が居住用家屋を所有していること

また、店舗兼住宅である不動産の場合であっても、居住用の面積が90%以上であれば、全部が居住用不動産として特例を受けることができます。90%を下回る場合には、面積比で、居住用部分相当に対して、この特例を受けることができます。店舗兼住宅の敷地のみを取得した場合でも、一定の要件を満たした場合には、居住用部分の敷地に対して、この特例が受けられます。

配偶者控除の特例

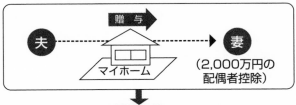

	<適用条件>
1	婚姻期間が20年以上の配偶者（内縁関係は除く）であること
2	贈与された財産が居住用不動産または居住用不動産を購入するための金銭であること
3	贈与を受けた年の翌年3月15日現在、実際に居住しその後も引き続いて居住する見込みであること
4	過去に同じ配偶者からの贈与について配偶者控除を受けたことがないこと
5	必ず申告をすること（一定の書類の添付が必要）

13 住宅取得・教育・結婚・子育て資金の贈与
一定の資金の贈与については贈与税が非課税となる場合がある

●住宅取得等資金贈与の非課税制度

住宅取得等資金の贈与を受けた場合の非課税制度は、自己の両親や祖父母など直系尊属から住宅取得等資金の贈与を受けた場合に、一定の非課税限度額まで贈与税が非課税となる制度です。贈与者が複数の場合、贈与を受けた金額を合計し、このうち限度額までを非課税とすることができます。ただし、住宅そのものの贈与については、この制度の対象外となっています。

この特例の適用期限は平成27年1月1日から令和5年12月31日までになっています。非課税限度額については、耐震、省エネまたはバリアフリーの住宅用家屋の場合は1,000万円、それ以外の場合は500万円です。

●教育資金贈与の非課税制度

両親や祖父母など直系尊属にあたる人が、30歳未満の子や孫の将来の教育資金のために拠出したものであれば、一定の手続きをすれば、一括で贈与した場合でも最高1,500万円まで非課税となります。

教育資金とは、学校等に対して支払われるもの（入学金、授業料、入学試験の受験料、学用品の購入費、修学旅行費、学校給食費など）や、学校等以外に対して支払われるもの（学習塾やそろばん等の教育費、その他スポーツまたはピアノ・絵画等の文化活動に関する指導料など）をいいます。

非課税の対象となるためには、金銭の贈与を受ける人が、金融機関を経由して「教育資金非課税申告書」を所轄の税務署長に提出し、またその金銭が教育資金のために支払われたことを証明する書類（領収書等）を金融機関に提出する必要があります。

もし、受贈者が30歳に達した際に信託等の対象となった教育資金が残った場合には、その残金は贈与があったこととされるため、その翌年に贈与税の支払いが発生する場合があります。ただし、30歳に達したとしても学校等に在学中または教育訓練給付金の支給対象となる、厚生労働大臣が指定する教育訓練の受講中は、その残金に対する贈与税は非課税となります。

非課税制度の適用期間は、令和5年度税制改正により平成25年4月1日から令和8年3月31日までとなっています。

なお、親子や兄弟など扶養義務者間で、必要の都度、生活費や学費などに充てられたお金については、そもそも贈与税はかかりません。当然ながら、特別な手続きは必要ありません。

●結婚・子育て資金贈与の非課税制度

18歳（令和4年3月31日以前は20歳）以上50歳未満の個人が、その直系尊属にあたる者から、結婚・子育ての支払いに充てるための資金の贈与を受けた場合、1,000万円までは贈与税が課されないというものです。ただし、結婚費用は上限が300万円までとなっています。直系尊属とは、自分の両親や祖父母などを指します。この非課税制度が適用されるのは、令和5年度税制改正により平成27年4月1日から令和7年3月31日までに金銭等を拠出し、信託銀行等に信託された場合です。

結婚・子育て資金の範囲は次のように定義されています。結婚の資金とは、結婚に際して支出する婚礼や結婚披露のための費用、新居に要する費用、引っ越しに要する費用などです。子育ての資金とは、妊娠・出産に要する費用、子の医療費や保育料などです。

受贈者は、贈与を受けた資金を払い出す際には、結婚・子育て資金の支払いに充てたことを証明する書類を金融機関に提出する必要があります。また、特例を受けるための非課税申告書を金融機関経由で税務署へ提出しなければなりません。手続き漏れや不備等がないように金融機関と相談しながら進めるとよいでしょう。

なお、期間中に贈与者が死亡した場合、まだ資金が残っているのであれば、その残額は、相続または遺贈により取得した相続財産とみなされます。つまり、相続税の課税対象になるということです。ただし、亡くなった贈与者が祖父母であっても、残額に対しては相続税の2割加算はされません（2割加算については次ページ参照）。

第3章　相続税・贈与税のしくみ

教育資金の一括贈与の贈与税非課税措置のしくみ

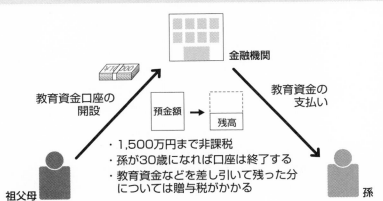

金融機関

教育資金口座の開設

預金額 → 残高

教育資金の支払い

・1,500万円まで非課税
・孫が30歳になれば口座は終了する
・教育資金などを差し引いて残った分については贈与税がかかる

祖父母

孫

相続税と基礎控除額

遺産総額が一定額（基礎控除額）より少なければ、相続税を納める必要はありませんが、基礎控除額を超える場合には申告して納税しなければなりません。基礎控除額とは、すべての相続人に認められている相続税が課されない金額のことです。

相続税の基礎控除額は「3,000万円＋600万円×法定相続人の数」で計算されます。

基礎控除額の具体的な計算方法を見てみましょう。たとえば、夫・妻・子どもの３人家族で、夫が死亡した場合、妻と子どもの２人が相続人になります。この場合、3,000万円＋600万円×２人という計算により、4,200万円が基礎控除額となります。

どのように計算するのか

相続税の計算は、大きく分けて、課税価格の計算、相続税の総額の計算、各相続人の納付税額の計算の３段階となっています。

１段階目の課税価格の計算とは、相続した財産の評価額の計算です。具体的には、相続税の対象となる各相続財産の評価額に、生命保険金などのみなし財産と、一定の贈与財産を加え、非課税財産と相続債務、葬式費用を差し引きます。

２段階目として、課税価格の合計額に対して課税される相続税の総額を算出します。相続財産の課税価格の合計額から基礎控除額を差し引きます。この残額を課税遺産総額といいます。この時点で課税遺産総額がゼロであれば、相続税はかかりません。課税遺産総額をもとに、各法定相続人の遺産相続金額を計算します。この時に、法定相続人は法定相続分どおりに課税遺産総額を按分したものとして計算します。この各遺産相続金額に相続税率を掛けて仮の税額を求めます。

３段階目となる各相続人の納付税額を計算する際には、相続人ごとに税額控除や加算を行います。その計算を行う前の相続税の総額を仮の相続税額と呼びます。この仮の相続税額をスタートにして、課税価格の合計額に対する各人の課税価格の割合をもとに各人の相続税額を算出します。相続人によって、算出相続税額に対して控除または加算計算を行います。たとえば配偶者と一親等の血族以外の一定の相続人に関しては、税額を算出するときに２割増しにして計算します（２割加算）。

相続税額の計算方法

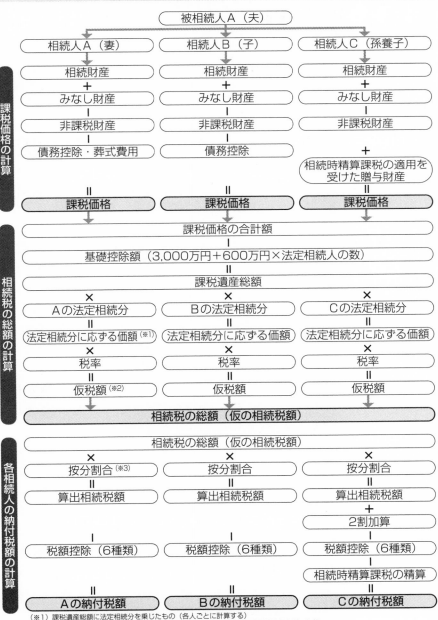

（※1）課税遺産総額に法定相続分を乗じたもの（各人ごとに計算する）
（※2）「法定相続分に応ずる価額」に速算表の税率を乗じ、その額から速算控除額を引いた額
（※3）課税価格の合計額に対する、その人の課税価格の割合のこと（各人ごとに計算する）

第3章　相続税・贈与税のしくみ

◉相続税の課税対象財産とは

相続税の対象となる財産には、①相続、遺贈、死因贈与のいずれかによって取得した相続財産、②相続財産ではないが相続税法の規定により「みなし財産」とされるもの、の２種類があります。相続税額の計算においては、まず、各相続人が相続したこれらの財産の評価額を計算し、課税の対象となる財産の合計額となる「課税価格」を求めます。

なお、国外にある財産を相続した場合、相続人の住所が海外であれば、相続人及び被相続人が10年以内に日本に住んだことがなければ、課税されません。また、外国に住む日本国籍を持たない相続人が、日本に住む被相続人（過去15年以内に日本に住んでいた期間の合計が10 年以下の者を除く）から国外財産を相続した場合は相続税の対象となります。

◉非課税財産とは

相続税の計算において、非課税財産となるものには、次のようなものがあり、これらの価額は相続財産から差し引きます。

・墓地、霊びょう、仏壇、仏具など
・一定の要件に該当する公益事業者が取得した公益事業用財産
・心身障害者扶養共済制度に基づく給付金の受給権

◉財産を取得した人と債務の引き継ぎ

財産を取得した人が債務を引き継いだ場合は、相続したプラスの財産（預金や有価証券、不動産など）からマイナスの財産である債務を差し引いた残りが相続税の課税対象となります。相続の際には、プラスの財産も債務も一緒に相続しなければならないのが原則ですが、相続税は、あくまで、実質の相続財産に対して課税されるのです。

相続財産から差し引くことができる債務は、相続開始時点で確定していなければなりません。ただし、被相続人が納付すべきだった税金をその死亡によって相続人が納付することになった場合、被相続人が死亡した際に確定していなかったとしても、被相続人の債務としてプラスの相続財産から差し引くことができます。

これに対して、墓地購入の未払金、保証債務、団体信用保険付のローン、遺言執行費用、相続に関係する弁護士や税理士の費用などは債務として差し引くことはできません。

相続税の税額控除①

6種類の税額控除により税負担の軽減を図っている

税額控除とは

相続税では、相続や遺贈で財産を取得した人の個別的な事情などを考慮して、6種類の税額控除（および税額軽減）を設けて税負担の軽減を図っています。①贈与税額控除、②配偶者の税額軽減、③未成年者控除、④障害者控除、⑤相次相続控除、⑥外国税額控除です。また、これらを控除する順番も①〜⑥の順で行います。

なお、相続時精算課税の適用を受けて納めた贈与税は、これら6種類の税額控除の計算の後で精算する（相続税額から控除する）ことになります。

・贈与税額控除

相続開始前3年以内（令和5年度税制改正により、令和6年1月以後の贈与の場合は7年以内）に贈与された財産は相続税の課税価格に加算されます。その代わり、支払った贈与税額のうち加算された財産に相当する額は相続税額から控除することができます。

・配偶者の税額軽減

申告期限である10か月以内に遺産分割が確定していることを要件として、配偶者には特別の控除が認められています。この配偶者の税額軽減を利用できるのは被相続人の戸籍上の配偶者だけです。内縁関係にある者には適用されません。具体的な控除額は、取得相続財産のうち法定相続分までの額か1億6,000万円までの額のどちらか大きい額が控除額になります。この範囲内であれば相続税は課税されません。ただし、その場合でも、相続税の申告書は提出する必要があります。また、申告期限までに遺産分割協議がまとまらない場合には、申告書に「申告期限後3年以内の分割見込書」を添付していったん申告を済ませます。3年以内に分割が確定してから更正の請求をすれば、配偶者の税額軽減の適用を受けることができます。

・未成年者控除

法定相続人が未成年者であるときは、満18歳（令和4年3月31日以前は20歳）になるまでの年数に応じて未成年者控除が適用されます。控除額は10万円です。

年数に1年未満の端数があるときは1年に切り上げます。また、未成年者控除額が相続税額より大きいため全額が控除し切れない場合は、控除し切れなかった金額を未成年者の扶養義務者の相続税額から差し引くことができます。法定相続人であることが適用の条件ですが、代襲相続人となった孫や甥、姪などにも控除が適用されます。

17 相続税の税額控除②

最終的な納付税額を確定する

●その他の税額控除

以下の税額控除があります。

・障害者控除

法定相続人が障害者の場合、85歳になるまでの年数に応じて障害者控除が適用されます。控除額は10万円（特別障害者は20万円）です。

・相次相続控除

短期間に相次いで相続が発生すると、相続税が大きな負担になります。そのような事態を避けるために設けられたのが相次相続控除です。10年以内に2回以上相続があった場合は、最初の相続にかかる相続税の一部を2回目の相続にかかる相続税から控除できます。

・外国税額控除

相続財産の中に外国の財産があった場合、相続人が日本在住であれば日本の相続税がかかると共に、その財産が存在していた国でも税金が課せられることがあります。このように二重に課税される事態を避けるために設けられたのが外国税額控除です。外国で課せられた税金の額を日本の相続税額から控除することができます。

●納付税額を確定する

「算出相続税額」（103ページ）をもとに、各人の事情にあわせて「2割加算」と「税額控除」を加減算することにより算出された額が、それぞれの相続人の最終的な「納付税額」となります。

主な相続税の税額控除

贈与税額控除	相続開始前3年以内（令和6年1月以後の贈与では7年以内）に贈与があり、課税価格に加算した場合は、その贈与税相当額が控除される。
配偶者の税額軽減	法定相続分と1億6,000万円のうち大きい額までは非課税（申告期限の10か月以内に遺産分割が確定している配偶者が対象）。
未成年者控除	満18歳（令和4年3月31日以前の相続は20歳）になるまでの年数1年につき10万円を控除。
障害者控除	85歳になるまでの年数1年につき10万円（特別障害者の場合は20万円）を控除。
相次相続控除	10年以内に2回以上相続があった場合に一定金額を控除。
外国税額控除	二重課税防止のための外国の税金を控除。

18 相続税対策①

計画的な相続税対策が非常に重要である

● 相続税対策はどうする

　余裕を持って計画的に対策することが重要となります。基本的な対策としては、以下の方法が挙げられます。

① プラスの財産（課税財産）を少なくする

　これを実現するためには、生前贈与を活用する方法、評価の低い財産に換える方法などが考えられます。生前贈与とは、被相続人が生きているうちに、将来相続人になると予想される者に財産を移すことです。生前贈与のポイントは、年間1人あたり110万円まで認められている贈与税の基礎控除を有効に活用することです。

　ただし、毎年決まった時期に同じ金額を贈与し続けた場合、当初から各年の贈与金額の合計額を定期的に贈与するつもりだったと税務署からみなされてしまう恐れがあります。そう判断されると、多額の贈与税が課されます。また、贈与を行った場合、税務上、実質的に贈与があったかが問題とされることがあります。そこで、贈与の事実を明らかにするために贈与契約書を作成することが望ましいといえます（詳しくは112ページ）。

　評価の低い財産に換えるというのは、たとえば、現金で1億円を持っておく代わりに、生前に土地を買っておくような方法を指します。土地に換えることによって評価額が下がるため、相続税が安くなります。また、同じ土地でも、更地で保有しているよりアパートを建てた方がさらに評価額は下がり、相続税が安くなります。

② マイナスの財産（借入金）を増やす

　これはアパートを建てる際に借入金を活用してマイナスの財産を増やすなどの方法を指します。借入金は遺産額から控除されるため、課税価格が低くなります。借り入れた資金を現金として持っているだけでは課税価格を下げることはできません。その資金を評価額を下げる資産に換えることにより、節税効果を発揮することができます。

③ 法定相続人を増やす

　相続税の基礎控除額は法定相続人が1人増えるごとに600万円増えます。そのため、法定相続人が多くなるほど基礎控除額が増え、課税される遺産額が少なくなります。法定相続人を増やす方法としては、被相続人の生前に行われる養子縁組などがあります。

④ 税額控除や特例を活用する

　これは配偶者の税額軽減や小規模宅地等の特例を有効に使うということです。

19 相続税対策②
不動産を所有している場合には要注意である

● 現金の相続と不動産の相続

同じ10億円でも現金で相続するより不動産で相続した方が相続税対策になります。これは、相続税法で定められた算定方法で不動産の価値を評価した場合、時価（この場合は10億円）よりも低くなるからです。

たとえば、建物の場合、相続税法上の評価方法としては、固定資産税評価額が使われます。これは、建築価額のおおよそ60％です。つまり、10億円の建物は10億円×0.6＝6億円の評価となりそれをもとに計算した相続税しかかかりません。一方、土地の場合は、路線価や固定資産税評価額をもとに相続税法上の評価額を算出します。そして、その評価額は実勢価格の70～80％程度となります。つまり、10億円の実勢価格の土地は7～8億円程度と評価され、相続税が少なくなります。

現金で10億円を相続すれば、そのまま10億円分の相続税がかかってしまうわけですから、当然ながら不動産で相続した方が節税になるといえるでしょう。ただし、不動産を取得する際には税金や登記費用など様々なコストがかかりますので、これらを考慮した上での比較が必要です。

● 不動産の相続税対策

アパートなどの収益物件を持っている場合、早めに贈与することによって以下のメリットを享受できます。

① 相続税の節税対策

相続時精算課税制度を使って物件を贈与することで、贈与時点においては2,500万円（令和6年1月以降の贈与では別途基礎控除110万円も加わり2,610万円）まで無税で贈与できます。贈与される物件の課税評価額を算定する際には、建築価額よりも大幅に低い評価額となりますから、実質的には新築の場合で6,000万円程度の物件までは贈与税を一時的に免れることができます。物件がそれ以上の評価額になっても、相続時精算課税制度では贈与税が一律20％の税率になりますので、その点でもメリットがあるといえます。

② 親の所得税対策に役立つ

親がアパートを持っていれば、その賃貸収入は親の収入になります。親が別に仕事を持っていれば、仕事の収入と賃貸収入を合算した収入が親の所得税の課税対象になります。所得税は累進課税であるため、所得が多ければ多いほど税率が高くなります。特に所得が4,000万円超の場合の所得税率が最高税率の45％となっています。

しかし、子どもにアパートを贈与すれば、賃貸収入は子どもの収入となります。子どもの仕事の収入が親よりも少ない場合は、仕事収入と賃貸収入を合算した収入も親の場合より少ないため、適用される所得税率も低く抑えることができる可能性が高くなります。

●孫への生前贈与と相続税対策

孫への贈与は、相続税が課税される回数を少なくできるというメリットがあります。親から子、子から孫へと相続する場合、親から子の段階と子から孫への2段階を経るため、相続税を2回支払わなければならないことになります。一方、孫に財産を贈与した場合、孫に贈与税がかかる可能性がありますが、相続税はかかりません。相続税という面からは、一度も相続税を納めることなく親から孫へ財産を移すことができます。財産の一部を孫に贈与した場合でも、贈与した財産の分だけ子ども

の相続財産が少なくなり、子どもが支払う相続税を少なくできます。

また、相続開始前3年以内（令和6年1月以後の贈与では7年以内）の贈与は相続税の課税対象になるというルールがあります。このルールが適用されるのは、あくまで、相続人に贈与した場合ですので、相続人ではない孫への贈与には適用されません。したがって、親が不治の病に倒れるなどの理由で、相続開始前3年以内の贈与を行う場合でも、孫への贈与であれば、相続税の課税対象に含まれなくなります。孫へ贈与した財産の分だけ親から子どもへの相続財産が減りますので、それに伴って子どもが支払う相続税も少なくて済むことになります。

ただし、このような親から孫への贈与を行う場合は、年110万円の基礎控除や特例措置などを上手に使えるように計画することが大切です。

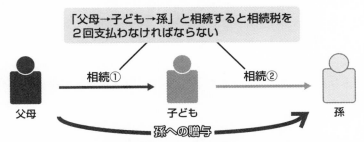

孫への贈与と相続税対策

「父母→子ども→孫」と相続すると相続税を2回支払わなければならない

父母　相続①　子ども　相続②　孫

孫への贈与

法定相続人にあたらない孫への贈与であれば、3年以内（令和6年1月以後の贈与では7年以内）の生前贈与加算の対象にならない

20 事業承継

ヒト・モノ・カネのそれぞれに問題がある

● 事業承継の意味とは

　事業承継とは、これまでの会社オーナーから次の世代のオーナーに経営を引き継ぐことです。具体的には、創業者の保有する株式をその子どもに引き継ぐ場合などが挙げられます。

　会社の経営資源はヒト、モノ、カネで構成されていると言われます。指し示す内容は異なるものの、事業承継の課題もまたヒト、モノ、カネの観点で整理することができます。

● 事業承継で問題が起こる場面

　相続財産が自社株式の場合には、通常の株式や財産を相続するときと違った問題が起こります。以下は、典型的な2つのケースです。

① **複数の法定相続人がいる場合**

　所有する株式の割合によって、保有する議決権の割合も変わります。そのため、事業を承継する場合に支配権も移行したいのであれば、新オーナーが株式を集中して持つ必要があります。株式が相続人の間で分散してしまうと、会社の迅速な意思決定に支障をきたす恐れがあります。

　しかし、法定相続人が複数いる場合、新オーナー以外の相続人にも当然、財産を相続する権利があります。自社株式は分散させたくないものの、新オーナー以外の相続人に相続させる財産がない場合には問題が起こります。

② **相続税を納めるためにお金が必要**

　相続財産が自社株式の場合でも、当然、相続税は課されます。しかし、相続財産が自社株式以外にほとんどない場合、相続税を払うために、相続した株式を売却してお金を作らなければならないケースも起こり得ます。

　ただ、事業承継という目的のために新オーナーは株式を保持し続ける必要があります。そうすると、相続税の納税資金の工面が問題になります。

　事業承継には、「ヒト」「モノ」「カネ」のそれぞれで問題が起こり得ます。

・ヒトについて

　誰を次世代の新オーナーにするかという問題が起こります。前述した2つの典型例①②は、いずれも新オーナーが現オーナーの相続人（子ども）であることから起こる問題でした。仮に新オーナーを子ども以外の第三者に任せれば、典型例のような問題は起こりません。新オーナーが株式を受け取る対価として現オーナー側には現金が入るからです。第三者への事業承継は人選や資金調達など特有の課題も多いのですが、遺産分割や納税資金の問題を解

決する選択肢のひとつといえます。

・モノについて

　新オーナーにいかに円滑に株式を譲り渡すかということが問題になります。譲り渡す方法には「相続」の他、「生前贈与」「売買」「遺言」など様々な方法がありますが、法的手続きも権利義務関係も異なります。そのため、最もスムーズに譲渡できる方法を検討する必要があります。

・カネについて

　主に相続税の節税対策と納税資金の確保の2つが問題となります。

　相続税の節税対策としては、相続する自社株の評価額を下げることによって相続税を抑える方法が基本となります。自社株の評価額、つまり株価を下げる方法としては、ⓐ配当金の減額、ⓑ不良資産の処分による含み損失の計上、ⓒ会社分割や合併による組織再編などが考えられます。

　納税資金を確保するための施策としては、相続した株式を自社に売却する方法や会社の資産を売却して得た資金をオーナーに貸し付ける方法などが考えられます。株式の売却先については、相続が開始する前から、新オーナー以外の第三者へ株式譲渡することや従業員持ち株会など会社関係者への売却することも選択肢となります。

　また、法律で定められた負担軽減のための制度を有効活用することも重要です。具体的には、相続開始前から税負担なく株式を贈与するための相続時精算課税制度、相続税の納税猶予制度、贈与税の納税猶予制度の活用が考えられます。相続税や贈与税の納税猶予制度は「事業承継税制」とも呼ばれています。昨今の改正などで事業承継税制の適用要件が緩和され、より導入しやすくなっています。

事業承継で問題となること

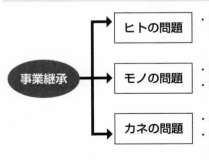

事業継承	ヒトの問題	・新オーナーは子どもにするか、第三者にするか
	モノの問題	・円滑に事業承継できる対策を立てているか ・事業承継税制は把握しているか
	カネの問題	・相続税額について対策は立てているか ・他の相続人への遺産相続でトラブルは生じないか

21 生前贈与の活用
生前贈与には相続税対策としての効果がある

●生前贈与と相続税の節税効果

中小企業経営者が会社の自社株の大半を所有している場合、事業承継の際には、後継者に対する自社株の贈与や相続が発生し、贈与税や相続税の対象になります。

贈与税は、個人から財産を譲り受けた人が負担する税金で、1年間に贈与を受けた財産の合計額から、基礎控除の110万円を差し引いた残りを課税価格として課税する国税です。

生前贈与とは、自分の生きているうち（生前）に、配偶者や子どもなどに財産を贈与することです。

生前贈与には、相続税対策としての効果があります。相続税の節税のポイントは、年間1人あたり110万円の贈与税の基礎控除の積極活用です。仮に、配偶者と子ども2人の合計3人に対して、110万円ずつ10年間にわたって贈与したとすれば、無税で3,300万円までの贈与が可能になります。ただし、このような連続した贈与（連年贈与）は「定額贈与」とみなされる恐れがあります。毎年110万円ずつ親族の1人に贈与した場合、税務当局は「10年間にわたり合計1,100万円受け取るという権利を最初の年に贈与した」とみなし、その評価額を課税対象として高額

の贈与税を課税する場合があります。

税務当局から連年贈与と疑われないためには、贈与人及び譲受人において、定期に支払いを行うものではないことを双方で認識を明確にした上で、贈与するごとに贈与契約書を作成するなどの対応をしていく必要があります。

●相続税に加算される場合もある

相続により財産を譲り受けた人が、その相続開始前3年以内（令和6年1月以後の贈与では7年以内）に被相続人から贈与を受けている場合には、贈与を受けた財産の価額をその人の相続税の課税価格に加算します。これを生前贈与の加算といいます。また、その加算された財産の価額に対応する贈与税の額は、加算された人の相続税の計算上控除されることになります。

贈与税は、相続税を補完する税です。死亡による財産の移転があった場合には、相続税で税を課すのが本来の姿であることから、相続開始前3年以内の贈与による財産の移転については、相続税の課税価格に加算するという方法をとっています。

また、生前に贈与された財産を加算する場合は、相続時ではなく贈与当時の価額が加算する額になります。

22 贈与による事業承継を行う場合の注意点

自社株を生前贈与するタイミングが重要である

● 自社株を減少させる

　最も典型的な株式の移動方法が贈与による移動です。贈与税は、年度ごとに110万円の非課税枠がありますが、この非課税枠の範囲内で贈与を行おうとすると自社株の移動に時間を要することになります。そこで、基礎控除額を超えて贈与することも考えられます。この場合、贈与税を払ってでも贈与するかどうかを検討することになります。その判断は、支払う贈与税が将来発生するであろう相続税よりも安いかどうかによります。相続すべき自社株が少なければ、将来の相続税負担がほとんどない場合もあります。しかし、事業承継を考えている場合には、仮に将来の相続税の方が安いとしても、早期に株式譲渡することを優先したいケースもあると思います。このようなときは、贈与税が少し高くついても、生前に問題を解決した方がよいかもしれません。

● 株式の評価額上昇による効果

　自社株式の評価額が上昇する要因として、利益の増加、配当の増加、類似業種の上場株式の株価上昇、会社所有の不動産・有価証券の価格上昇等が考えられます。将来に向けて、会社が成長を続け、さらに上場株や土地の価格

も上昇に転じれば、自社株式の評価額も何倍・何十倍と跳ね上がることが予想されます。したがって、現金のように将来においても価値の増加が見込まれない財産よりも、将来価値の増加が見込まれる財産の贈与を先に行った方が相続税の節税効果は高くなります。

● 自社株贈与と注意点

　一般的な贈与税対策の原則は、贈与する相手の数を多くし、贈与する額を少額にすることです。しかし、自社株の場合は、株式を分散していくと、会社の経営に関係しない人も株主になり、経営支配権の面で問題が生じやすくなります。そのため、自社株の贈与にはこの原則はあてはまりません。

　なお、自社株の贈与手続を確実にしておかないと贈与として認められない可能性があります。そのため、贈与契約書は2通作成し、贈与した者と贈与を受けた者がそれぞれ1通ずつ保管することが望まれます。また、株式の譲渡制限がある会社の場合には、会社による譲渡承認が必要となるため、贈与する者（現オーナー）が会社に対して譲渡承認請求を行い、取締役会決議（あるいは株主総会決議）を経ておくことが求められます。

23 相続税の納税猶予特例

オーナー企業の事業承継を円滑に行うための特別な措置

○ どんな制度なのか

　非上場会社の後継者（新オーナー）が相続等によってその会社の株式等を取得した場合、一定の要件を満たすと、取得した株式等に対する相続税のうち、一般措置では80％、特例措置では100％の納税が猶予されます。

　猶予される期間は、後継者の相続人が死亡した時までなど複数設定されています。また、納税が猶予される株式数は、一般措置では総議決権数の3分の2まで、特例措置では全株式です。

○ どんな要件が必要なのか

　相続税の納税猶予特例を受けるための主な要件は、以下の通りです。なお、後継者にとっては、特例措置（令和9年12月31日まで適用）を利用する方が通常はメリットが大きいため、以降では特例措置を中心に説明します。

① 会社の要件

・非上場会社であり、資産管理会社や風俗営業会社にあたらないこと

② 後継者となる新オーナーの要件

・相続開始の直前において会社の役員であること。会社の役員でない場合には、被相続人が70歳未満で死亡したこと、または新オーナーが一定の承継計画に後継者として記載されて

いること

・相続開始の日から5か月後に会社の代表権を有すること

・相続開始の時において新オーナーとその同族関係者とで総議決権数の50％超を有すること

・新オーナーが1人の場合には、新オーナーとその同族関係者の中で筆頭株主であること。新オーナーが2人または3人の場合には、総議決権数の10％以上を有し、新オーナーとその同族関係者の中で最も多くの議決権数を有すること（一般措置では、1人の後継者しか認められていない）

③ 旧オーナーの要件

・会社の代表権を有していたこと

・相続開始の直前において旧オーナーとその同族関係者とで総議決権数の50％超を有し、その中で旧オーナーが筆頭株主であったこと

④ 特例承継計画の策定（特例措置のみ）

　特例措置を受ける場合には、会社の後継者や承継時までの経営見通し等を記載した「特例承継計画」を策定し、認定経営革新等支援機関（税理士、商工会、商工会議所等）の所見を記載した上で、令和6年3月31日までに都道府県知事に提出する必要があります。

　また、その他の手続として、相続税

の申告期限までに、納税猶予の特例を受けることを記した納税申告書などを、所轄の税務署に提出する必要があります。さらに、猶予を受けるための担保（特例の適用を受ける自社株式でも可）を提出しなければなりません。

● その他こんなことを知っておく

納税猶予特例の適用後も、猶予が継続されるために、相続税の申告期限の翌日から5年間とそれ以降それぞれで、一定の要件を満たす必要があります。

・経営承継期間における要件

相続税の申告期限の翌日から5年間は経営承継期間となり、この期間の猶予の要件は下図の通りです。

新オーナーは、これらの要件を満たしていることを証明するために、税務署に「継続届出書」、経済産業大臣に「年次報告書」をそれぞれ1年ごとに提出しなければなりません。

・株式保有期間における要件

5年間の経営承継期間以降は株式保有期間と呼ばれ、最初の5年間よりも要件は緩くなりますが、株式の保有継続などの要件は満たす必要があります。また、所轄の税務署へ3年ごとに「継続届出書」を提出する必要があります。

納税猶予のための要件を満たせなくなったり、税務署や経済産業大臣への必要書類の提出を怠った場合には、猶予が打ち切られ、相続税の全部または一部と、申告期限の翌日から納税猶予を受けた日までの利子税が徴収されます。

一方、新しいオーナーが死亡した場合には、相続税納付の「免除申請書（届出書）」を税務署に提出することで、納税が全部または一部免除されます。

第3章　相続税・贈与税のしくみ

5年間納付猶予を受けるための要件

① 後継者である新オーナーが代表者であり続けること

② 常時雇用者の8割以上の雇用を維持すること（特例措置の場合には、一定の要件を満たせば8割未満の場合でも猶予の継続が可能）

③ 新オーナーと同族関係者とで総議決権の50％を超える決議権を持ち続けていること

④ 新オーナーが同族内で筆頭株主であり続けること。新オーナーが複数（2人または3人）の場合には、さらに総議決権数の10％以上を有していること（一般措置では1人の後継者しか認められていない）

⑤ 会社の収入金額がゼロでないこと

⑥ 従業員が1人以上いること

⑦ 会社が資産保有型や資産運用型会社に該当しないこと（例外あり）

24 贈与税の納税猶予特例

オーナー企業の事業承継を円滑に行うための制度

● どんな制度なのか

同族企業のオーナーが自分の子に会社を継がせるため保有する株式を贈与するというような話はよく聞かれます。株式を贈与する場合には贈与税がかかりますので、子は譲り受けた株式の価値に応じた贈与税を支払うか、それが難しい場合には物納などの方法をとるしかありません。

そのような資金負担を軽減し、事業承継をより円滑にするための措置として、贈与税の納税猶予の特例が設けられています。会社の後継者が、親族であるオーナー経営者から非上場株式を一括して受贈した場合、一定の条件を満たせば、その非上場株式に課せられる贈与税は全額、支払いを猶予される制度です。

● その他こんなことを知っておく

贈与税の納税猶予の特例を受けた場合には、その後5年間は「経営継承期間」と呼ばれる期間になります。この5年の期間中は納税を猶予されるための諸々の要件を満たさなければなりません。主な要件としては以下のようなものがあります。なお、贈与税の納税猶予の特例の適用要件等は、相続税とほぼ同じで、一般措置と特例措置があ

ります。

（オーナーである贈与者の要件）

・会社の代表権を有していたこと
・贈与直前で、同族関係者と合わせて会社の議決権の50％超を保有し、かつ後継者を除いて最も多くの議決権を保有していたこと
・贈与時において会社の代表権を有していないこと

（後継者である受贈者の要件）

・納税猶予の株式を保有し続けること
・代表者であり続けること
・18歳（令和4年3月31日以前の贈与は20歳）以上であること
・役員の就任から3年以上経過していること
・同族関係者と合わせて会社の議決権の50％超を保有すること

受贈者は、これらを証明するために、1年ごとに税務署に「継続届出書」、経済産業大臣に「年次報告書」を提出しなければなりません。さらに、この5年間を経過した後も、納税猶予のために一定の要件を満たし続ける必要があります。税務署へは3年ごとに「継続届出書」を提出しなければなりません。

また、贈与税の納税猶予と相続時精算課税制度の併用も認められています。

25 納税資金が不足する場合の対策

自社株式は、譲渡制限がなければ原則として物納できる

● 納税資金が不足するときは

　オーナー会社で相続が発生したときに、相続人が取得した株式を会社に売却することで資金調達を行うケースが少なくありません。被相続人が所有していた財産の大半が自社株というケースでは、換金性の低い非上場株式の譲渡先を発行会社とすることで、納税資金を調達することが会社の支配権維持の観点からも都合がよいからです。

　本来、個人が株式を発行会社に譲渡すると、交付した金銭等が、その発行会社の資本金等の額のうち譲渡された株式に対応する部分の金額を超えた場合、その超えた部分が配当所得とみなされて超過累進税率による高額の所得税が課されます。しかし、相続税の申告期限から3年以内に相続により取得した非上場株式を発行会社に売却した場合であれば、交付した金銭等すべてを譲渡所得とみなし、税率を住民税と合わせて20％（これに復興特別所得税を加算）とする特例が適用されます。さらに、相続により取得した自社株式を会社に金庫株として取得してもらう場合に「相続財産を譲渡した場合の取得費加算の特例」を使うことができます。

　この特例は、相続税の申告期限から3年以内に株式を他者に譲渡した場合、相続税額のうちの一定の金額を譲渡した自社株式の取得費に加算できる制度です。取得費が増えるわけですから、その分、納税額が減ることになり、納税資金に余裕ができます。

　特例を受けるための手続きとして、譲渡所得の確定申告書に、相続税の申告書の写しや計算明細書など、一定の書類を添付して提出する必要があります。

● 自社株式の物納許可基準の緩和

　かつては物納できる取引相場のない株式の要件としては、①直近2期において税引後利益が黒字で、かつ、配当可能利益があるなど、配当や競売が可能であること、②上記①に該当しない場合でも物納された取引相場のない株式を買い戻しする者が存在すること、が要求されていましたが、平成18年度の税制改正で物納許可基準が緩和されました。その結果、取引相場のない株式については譲渡制限株式だけが物納不適格とされ、それ以外の株式の物納は業績を問わずに認められています。

　なお、延納によっても相続税の納付が困難な場合にのみ、物納は認められています。さらに、物納を行う際は、不動産や国債・地方債等を株式よりも優先して納めるものとされています。

26 相続税・贈与税の申告

相続税も贈与税も申告納税方式による

●相続税の申告

相続税の申告をするときは、被相続人が死亡したときの住所地を管轄する税務署に相続税の申告書を提出します。

相続または遺贈によって取得した財産および相続時精算課税の適用を受ける財産の額の合計額が基礎控除額以下のときは、相続税の申告も納税も必要ありません。ただし、相続時精算課税を利用したことにより贈与税額を納付しているのであれば、還付を受ける申告をすることもできます。

しかし、配偶者に対する相続税額の軽減や小規模宅地等の特例は、相続税の申告をすることで初めて適用されます。したがって、これらを適用する場合は相続税がゼロのときでも申告する必要があります。

相続税の申告期限および納付期限は、相続の開始（被相続人の死亡）を知った日の翌日から10か月以内です。申告期限までに申告しなかったり、実際より少ない額で申告した場合には、罰金的な性格の加算税が課されます。また、期限までに相続税を納めなかったときは、罰金的な利息にあたる延滞税が課されます。

相続税も金銭での一括納付が原則ですが、延納や物納の制度もあります。

延納は何年かに分けて納めるもので、物納は相続などでもらった財産そのものを納めるものです。延納、物納を希望する人は、申告書の提出期限までに税務署に申請書を提出して許可を受ける必要があります。

もっとも、相続税の申告が終わった後で、相続財産の申告漏れや計算の間違いに気がつくことがあります。この場合、申告内容を訂正する修正申告が必要です。修正申告には期限はありません。自分で気がついて修正申告した場合にはペナルティもありません。

ただし、税務調査によって相続財産の申告漏れが発覚した場合には、納税額の10%の過少申告加算税と延滞税が課されます。さらに、相続財産の隠ぺいが発覚した場合は、重加算税が課されます。重加算税の税率は、納税額の40%と非常に高くなっています。

逆に、税金を過大に申告したことに後で気づいた場合には、更正の請求をして税金を取り戻すことができます。更正の請求ができるのは、相続税の申告期限から5年以内（ただし、後発的理由などにより更正の請求を行う場合は、それらの事実が生じた日の翌日から2か月または4か月以内）です。

● 準確定申告とは

　生前、確定申告していた人、あるいは確定申告をする必要があった人が死亡した場合、相続の開始日の翌日から4か月以内に、相続税の申告の他に、相続人は共同で、死亡した人の所得の確定申告をしなければなりません。これを準確定申告といいます。

● 贈与税の申告

　贈与税の申告をするときは、贈与した人の住所地ではなく、贈与を受けた人の住所地を管轄する税務署に申告書を提出します。贈与を受けた額が基礎控除額以下であるときは、贈与税の申告は必要ありません。しかし、贈与税の配偶者控除や相続時精算課税制度の適用を受ける場合は贈与税がゼロでも申告する必要があります。

　贈与税の申告期限および納付期限は、贈与を受けた年の翌年の2月1日から3月15日の間です。申告期限までに申告しなかった場合や実際にもらった額より少ない額で申告した場合には、本来の税金以外に加算税がかかります。

　また、納税が期限に遅れた場合は、その遅れた税額に対して罰金的な利息にあたる延滞税がかかります。贈与税も他の税金と同じく金銭で一時に納めるのが原則です。

● 贈与税の申告内容の開示請求

　相続・遺贈（相続時精算課税の適用を受ける財産に関する贈与を含みます）によって財産を取得した人は、他の共同相続人等（その相続・遺贈によって財産を取得した他の人のこと）がいる場合には、被相続人にかかる相続税の期限内申告、期限後申告もしくは修正申告または更正の請求に必要となるときに限って、贈与税の申告内容の開示を請求することができます。

第3章 相続税・贈与税のしくみ

相続のスケジュール

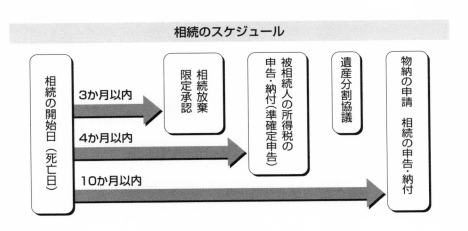

119

27 相続税の延納と物納

物納とは相続税を金銭以外の財産で納付することである

● 相続税の延納とは

　相続税を一度に全額を払えないときに、毎年一定額ずつ支払っていくことです。延納をするには、以下の要件を満たすことが必要です。

・納付する金額が10万円を超えること
・金銭で一度に納付することが難しい理由があること
・延納税額に見合う担保を提供すること（担保に提供できるものは国債などの有価証券や土地などの一定のものに限られています。なお、延納する税額が50万円以下で、かつ、延納期間が3年以内の場合には担保はいりません）
・相続税の納期限（相続の開始を知った日の翌日から10か月以内）までに延納申請書を提出すること
　税務署は、提出のあった書類の内容を調査した後に、適正であれば許可の通知をします。延納できる期間は、原則として5年以内ですが、不動産等の占める割合によっては10年から20年までの延長をすることができます。これは有価証券や現金、預金といった動産と比べると、不動産は換金化が難しいと考えられるためです。また、延納の場合には、相続税額と延納期間に応じて利息がかかります。これを利子税といいます。利子税についても、不動産等の占める割合が高いほど低く設定されています。延納の利子税率より金融機関からの借入金利率が低い時は、延納をやめて金融機関から借りて払ってしまうのも得策です。

　なお、初めに延納を選択した場合でも、一定の条件を満たせば後から物納に切り替えることもできます。具体的

延納と物納

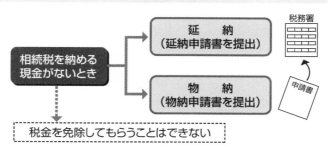

には、延納の許可を受けた後で支払いが難しくなったなど、延納する約束が守れなくなった場合に、申告期限から10年以内であれば、まだ納めていない税金分に関して延納から物納に変更することができます。また、反対に物納から延納に切り替えることも可能です。

● 相続税の物納とは

税金は、金銭で納付することが原則ですが、不動産しか相続しなかった場合など、相続税を延納によっても金銭で納付することが困難な場合には、申請により物納をすることができます。

物納は、納税者の売り急ぎによる不利益を回避するために設けられている制度です。たとえば、相続税が課税された土地を、被相続人の死亡時の路線価等で評価した額で納税する方法です。路線価等で評価した額が実際の売却予定額を上回る状況では物納が有利になります。

物納の要件は以下の通りです。

① 延納によっても金銭で納付することが困難な事情があること

② 納期限または納付すべき日（物納申請期限）までに物納申請書に物納手続関係書類を添付して提出すること

ただし、物納申請期限までに物納手続関係書類を提出することができない場合は、「物納手続関係書類提出期限延長届出書」を提出することにより、1回につき3か月を限度として、最長で1年まで物納手続関係書類の提出期限を延長することができます。物納申請書が提出された場合には、税務署では、その物納申請にかかる要件の調査結果に基づいて、物納申請期限から3か月以内に許可または却下を行います。申請財産の状況によっては、許可または却下までの期間を最長で9か月まで延長する場合があります。

なお、物納できる財産と物納できない財産は下図のようになっています。物納できる財産についても、物納に充てる際の優先順位が決まっています。従来、第2順位であった社債、株式、証券投資信託等の受益証券のうち上場されているものは、平成29年4月1日より第1順位となっています。

物納できる財産とできない財産

物納の順位	物納できる財産
①	国債・地方債・不動産・船舶・上場株式等
②	非上場株式など
③	動産

物納できない財産
・抵当権がついている不動産
・共有財産
・所有権の帰属について争いのある財産　　　　　など

Column

相続財産を寄附した場合の取扱い

　相続した財産を自己の保有財産とせずに、特定の団体などに寄附することもあります。このように、自己の手元に財産が残らないようなケースでも原則どおりの方法で相続税を納付するのでしょうか。

　相続により財産を取得した場合、原則として取得後の用途を問わず相続税が課せられます。ただし相続した財産を国や地方公共団体または特定の公益を目的とする事業を行う特定の法人など（以下「特定の公益法人等」）に寄附した場合、以下のすべての要件を満たせば、寄附をした財産は相続税の対象外になります。

①　寄附した財産が相続や遺贈によってもらった財産であること
②　相続財産を相続税の申告書の提出期限までに寄附すること
③　寄附した先が国や地方公共団体または教育や科学の振興などに貢献することが著しいと認められる公益目的の法人であること

　相続税の対象外となった場合でも、さらに所得税で寄附金控除が受けられます。なお、特定の公益法人等への寄附については、特例が適用できない場合もあるので注意が必要です。たとえば、寄附をした財産が公益を目的とする事業に使われていない場合や、特定の公益法人等に寄附をすることで、寄附をした人やその親族が特別の利益を受けている場合などがこれに該当します。また、寄附をした相手先が一般の企業のようなケースでは、上記③を満たしていないことになるため、寄附した財産は相続税の対象になります。この場合、所得税で寄附金控除が受けられるのみとなります。

　もし、初めから相続する気がないのであれば、相続放棄や限定承認という方法を採ることも可能です。いずれの場合も、相続の開始を知ったときから３か月以内に家庭裁判所に対して申述することになります。ただし、限定承認の場合には、自分１人だけでなく、共同相続人全員で申述しなければならないので注意が必要です。

第4章

法人税のしくみ

1 法人税①

法人にかかる税金である

● どのような税金なのか

法人税とは、株式会社などの法人が、事業年度（通常は1年間）中に稼いだ利益（所得）に対して課税される国税です。つまり、法人の利益（所得）を基準として法人に課される税金であり、広い意味での所得税の一種です。

個人の所得に対して課される税金を所得税というのに対し、法人の利益（所得）に対して課される税金を法人税というわけです。

● 法人にもいろいろある

法人とは、法律で人格を与えられた存在です。法律が定める範囲内で1人の人間のように扱われ、会社名で契約をしたり、預金や借入ができるように、権利・義務の主体となることができます。

法人税法上の法人は、内国法人（日本に本店等がある法人）と外国法人（外国に本店等がある法人）に大きく分けられます。内国法人は、公共法人、公益法人等、協同組合等、人格のない社団等、普通法人の5つに分類されます。外国法人は、普通法人、人格のない社団等の2つに分類されます。株式会社や合同会社は普通法人に分類されます。

内国法人における、法人税法上の各種法人について説明しておきましょう。

① **公共法人**

法人税法別表第一第1号に掲げる法人のことです。地方公共団体、日本放送協会などが該当します。

② **公益法人等**

法人税法別表第二第1号に掲げる法人のことです。宗教法人、学校法人などが該当します。

③ **協同組合等**

法人税法別表第三に掲げる法人のことです。農業協同組合、信用金庫などが該当します。

④ **人格のない社団等**

法人でない社団又は財団で代表者又は管理人の定めがあるもののことです。PTA、同窓会などが該当します。

⑤ **普通法人**

上記①から④以外の法人のことです。株式会社、合同会社などが該当します。

● 利益も所得も内容的には同じ

法人税は、株式会社など会社の「利益」にかかる税金です。法人の利益とは、個人でいう所得税法上の「所得」にあたります。「利益」は収益から費用を差し引いて求めます。正しくは、この「利益」に一定の調整を加えて、法人税の課税対象となる「所得」を求

め、この「所得」に法人税が課税されることになっています。詳細については後述することとし（次ページ参照）、ここでは、法人税は「利益」に対して課税されるということにしておきます。したがって、欠損会社（赤字会社）には法人税はかかりません。

　法人住民税については、法人税を課税のベースにする法人税割というものがあります。欠損会社の場合、この法人税割は課税されませんが、均等割（218ページ）と言われる定額部分が課税されます。均等割は、資本金と従業員数によって金額が違います。東京都の場合、資本金1,000万円以下で従業員が50人以下の法人の均等割は年間7万円となっています。

　また、事業税の場合も、欠損会社であれば資本金1億円以下の法人で法人の所得を課税標準とする法人は、同様に課税されません。

　なお、法人はその種類によって、ⓐ納税義務の有無、ⓑ課税対象となる所得の範囲、ⓒ課税時の税率が異なります。内国法人・外国法人に共通する内容でくくると、以下のようになります（下図）。

① 公共法人の場合は、納税義務がありません。

② 公益法人等の場合は、所得のうち収益事業からなる所得に対してのみ法人税がかかります。さらに、低税率での課税となります。

③ 協同組合等は、すべての所得に対して協同組合等に適用される低税率で法人税がかかります。

④ 人格のない社団等は、所得のうち収益事業からなる所得に対してのみ法人税がかかります。

⑤ 普通法人の場合は、すべての所得に対して普通税率での課税となります。

法人税法上の法人

```
        ┌ 公共法人 ------------- 納税義務なし
        ├ 公益法人等 ---------- 収益事業からなる所得に対してのみ
        │                       低率課税
┌ 内国法人├ 協同組合等 ---------- すべての所得に対して低率課税
│        ├ 人格のない社団等 --- 収益事業からなる所得に対してのみ
│        │                       普通税率課税
│        └ 普通法人 ------------- すべての所得に対して普通税率課税
│
│        ┌ 人格のない社団等 --- 国内源泉所得のうち、収益事業から
└ 外国法人│                       なるものに対してのみ普通税率課税
         └ 普通法人 ------------- 国内源泉所得に対してのみ普通税率課税
```

法人税②

所得税とは対象期間や課税方法、税率などの違いがある

●会社が申告書を提出して納める

法人税は、納税義務者である法人が自ら計算を行い、申告と納税を行います。法人は、株式会社の場合、企業会計原則等に基づいて決算を行い、貸借対照表や損益計算書などの決算書を作成して、株主総会等において承認を受けます。この損益計算書に記載されている当期利益を基に、法人税の課税対象となる利益（所得金額）と法人税額を計算して、法人税の申告書等を作成します。法人税の申告書の提出期限は、事業年度終了の日の翌日から2か月以内です。納税も事業年度終了の日の翌日から2か月以内に行います。

●法人税は会社の「利益」にかかる

所得税と法人税の違いについて、比較してみましょう。

① 納税義務者

所得税は個人、法人税は法人が納税義務者です。法人は、個人と同様、法律によって法人格を与えられ、社会的に「人格」をもつ存在です。1人の人間のように扱われ、会社名で契約をしたり、預金や借入ができるように、法律が定めた範囲内で権利・義務の主体となることができるものです。むしろ、取引額は個人より法人の方がはるかに大きいのですから、税金も通常は多く課されます。また、法人を取り巻く利害関係者は、一般消費者や投資家にとどまらず、社会全体であるともいえます。社会全体にその大小はあれど、法人には社会的責任があります。法人が得た利益から一定の税金を徴収し、徴収した税金で国や地域の社会生活に還元するという一連を経て、法人は社会的責任を果たす、という意味もあります。

② 課税の基準となるもの

所得税が個人の所得に対してかかるのに対し、法人税は、会社の「利益」にかかります。法人の利益とは、個人でいう「所得」にあたります。「利益」

申告期限

申告書の提出
貸借対照表・損益計算書・株主資本等変動計算書などを添付

事業年度　　　　　　　　　　2か月以内

事業年度
終了の日の翌日

は収益マイナス費用、「所得」も収入金額マイナス必要経費なので、「利益」も「所得」も、内容的には同じです。

なお、法人税の場合、正しくは、会社の「利益」に一定の調整をした額（法人の「課税所得」といいます）に対して法人税が課税されます。

③　税額計算の対象期間

所得税の計算の対象期間は1暦年です。1月1日から12月31日までの間に稼いだ所得に対して所得税が課され、翌年の2月16日から3月15日までの間に確定申告をしなければなりません。これに対し、法人税は、会社法の規定により定款で定めた1年以下の期間、つまり事業年度が計算の対象期間になります。この事業年度の利益を基に計算された課税所得に対して法人税が課され、事業年度終了の日の翌日から2か月以内に確定申告書を提出することになります。

④　課税方法と税率

所得税の所得は10種類に分類され、

その種類ごとに所得の計算方法が異なっています。所得の性格を考慮して、総合課税、源泉分離課税、申告分離課税というように課税方法が決まっています。また、個人の事情を考慮して、雑損控除、医療費控除、扶養控除などの所得控除が設けられていて、最終的には課税所得金額に税率を掛けて所得税を算出します。この税率は、所得が多くなれば税率が高くなる「超過累進税率」になっています。

これに対して、法人税では、法人の事業活動から生じた利益をひとまとめにして課税します。

所得税に個人的事情を考慮した税額控除があるように、法人税も様々な税額控除の制度があります。所得から計算された税金から直接、税額控除として差し引くことができます。

税率も一定税率となっていて、この法人税の税率は、法人の種類や資本金の規模によって決まっています。

法人税と所得税の違い

法　人　税	………法人の所得に対して課税される税金

・計算対象期間は事業年度の期間
・一定税率
・申告期限は事業年度終了の日の翌日から2か月以内

所　得　税	………個人の所得に対して課税される税金

・計算対象期間は一暦年（1/1〜12/31）の期間
・超過累進税率
・申告期限は翌年の2月16日から3月15日

3 ５つの利益と儲けのしくみ

段階利益を表示する目的は、正しい経営成績の判断を可能にするため

● 段階ごとに利益を表示する理由

　企業の損益は、その会計期間のすべての収益からすべての費用を差し引くことで求めることができます。しかし、それでは企業の獲得した利益の総額はわかりますが、どのような理由で儲けたかはわかりません。それでは決算書の存在価値がありません。

　たとえば、債権者の立場からしても、「どうやって儲かったのか」までわからなければ、今後の債権回収に支障が生じることになります。その会社の本業で利益を上げたのか、それとも本業では損を出したが、臨時的な利益で本業の損をカバーしたかでは大きな違いがあるからです。臨時的な利益のようなその場しのぎの利益では、債権管理に不安が残るからです。

　このような理由から損益計算書では、段階的な利益を明らかにしていく必要があるわけです。具体的には、損益の計算を①売上総利益、②営業利益、③経常利益、④税引前当期純利益、⑤当期純利益の５段階に分けて儲けのしくみを示していきます。

● 売上総利益

　売上高から売上原価を差し引いたものを売上総利益といいます。正式な名称は会計上「売上総利益」といいますが、日常的には粗利又は荒利と言っています。これらの言葉が示しているように「売上総利益」とは大雑把な利益のことです。「売上総利益」は５つの段階的な利益のうちもっとも基本的な利益ということができます。

　また、「売上原価」は、一般的には商品の仕入原価のことです。ただし、あくまでも当期に販売された商品の仕入原価であることに注意して下さい。通常売れ残った在庫分は「売上原価」とはなりません。

● 営業利益

　「売上総利益」から「販売費及び一般管理費」を差し引いたものが営業利益です。「販売費及び一般管理費」は、販売部門や管理部門などで発生したコストを指します。具体的には、販売費は、販売促進費、広告宣伝費、販売手数料などです。一方、一般管理費は、管理部門の人件費、建物の家賃、減価償却費などがその代表です。

　「営業利益」とは、その言葉通り会社の営業活動によってもたらされた利益のことです。「営業利益」が赤字のような会社は債権回収に支障が生じる可能性があります。また、「販売費及

び一般管理費」の内訳を把握することで、その会社の経営方針がわかることもあるので債権管理に生かすことができます。

● 経常利益

「営業利益」に「営業外収益」と「営業外費用」をプラスマイナスした利益を「経常利益」といいます。営業外収益又は費用とは、その会社の基本的な営業活動以外から生じる収益や費用を指します。企業の財務活動から生じた受取利息や支払利息などがあります。

● 税引前当期純利益

「経常利益」に「特別利益」と「特別損失」をプラスマイナスした利益が「税引前当期純利益」です。特別利益、特別損失は、経常的な事業活動以外から発生した利益、損失のことです。

たとえば、土地を売却した際の利益や、工場が火災に遭った際の災害損失などです。このように臨時的に発生する項目ですが、その期の損益であることには変わりありません。そうした損益も含めた包括的な利益が「税引前当期純利益」です。

● 当期純利益

「税引前当期純利益」から「法人税、住民税及び事業税」を差し引いたものを当期純利益といいます。会社の利益には、法人税・住民税・事業税の税金がかかります。税金もコストの一部です。法人税だけでも会社の利益（正確には法人税法上の課税所得）の23.2%（151ページ）が課税されます。現金が出ていくという意味では、人件費や支払利息などの経費と何ら変わるところはありません。「当期純利益」は、その事業年度の最終的な成果を表わす利益です。

費用及び収益の経常性という観点からの分類

費用及び収益は、それが毎期経常的に発生するものなのかどうかにより経常損益と特別損益とに分類することができる

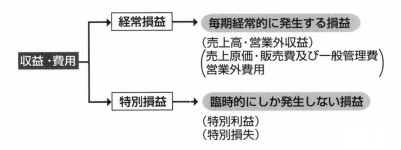

収益・費用

経常損益 → 毎期経常的に発生する損益
（売上高・営業外収益）
（売上原価・販売費及び一般管理費）
（営業外費用）

特別損益 → 臨時的にしか発生しない損益
（特別利益）
（特別損失）

4 法人税と会社の利益の関係
利益が増えれば当然納税額も大きくなる

● 健全経営と節税対策の両立

　会社としては、税金も「コスト」の一部と考えられますので、1円でも多く節税したいものです。もちろん脱税はいけませんが、経済的合理性の中での「ムダな税金は一切払わない」という節税は結構なことです。

　会社は、通常1年間を会計期間として、その1年間の利益を計算することになっています。会計期間の始まりを期首、終わりを期末といいます。会社は、この会計期間の間に稼いだ利益に対して法人税、法人住民税、法人事業税を納付しなければなりません。税金の納付は、原則として決算後2か月以内に行うことになります。ここで気をつけなければならないことは、納付に合わせて、税金分の現金を用意しておく必要があるということです。

　法人税は、会社の確定した決算に基づく利益から計算した所得に税率を掛けて算出されますので、納税額を少なくするためには、この利益を少なくすればよいわけです。

　最終的な利益が計算されるまでの過程としては、まず、売上高から売上原価を差し引いて売上総利益を求め、ここから販売費及び一般管理費を差し引いて営業利益を求めます。

　さらに、この営業利益に営業外収益、営業外費用を加減算して経常利益（企業が本業を含めて普段行っている継続的な活動から得られる利益のこと）を求め、最後に特別利益、特別損失を加減算して税引前当期純利益を求めるわけです。したがって、利益を少なくするには、各段階の収益を少なくするか、費用を多くするかのどちらかということになります。

　計算上は確かにそうですが、納税額を少なくするためにやみくもに売上を減少させたり、経費を増大させてしまうと、会社自体の存続が危ぶまれる状態になってしまうのは明白です。現在、どの会社においても「コスト削減」に必死で取り組んでいる中、コストを増大させるようなことを考える会社はないはずです。それよりは売上を増大させる対策を考えて、正しい納税をする方が健全な会社経営です。そもそも会社は出資者である株主のものです。利益が出れば株主へ配当も支払われます。会社の経営者が極端に節税をすることは、株主への背信行為とも受け止められかねません。

● 税金を減らす方法

　ムダな経費を増やすことはいけませ

んが、上手に税法の規定を利用して、本来その期間の損金にできないものを損金にするという方法はどうでしょうか。これは効果的な節税対策になるはずです。具体的には、租税特別措置法（経済政策や社会政策のために特別な税のしくみ（措置）を定めた法律。政策的効果を考え、期限が定められています）で臨時的に設けられる制度の利用です。

たとえば、中小企業であれば現在、取得価額が30万円未満の減価償却資産（建物、機械設備など、少なくとも1年以上にわたって使用するが、年月が経過するにつれて、価値が目減りしていく資産）を取得した場合には、取得価額の全額を経費とすることが認められています（合計300万円まで）。本来であれば10万円以上の減価償却資産は資産に計上して、耐用年数の期間にわたって減価償却費を計上する（10万円以上20万円未満の減価償却資産は3年間均等償却も選択可）ものを、即時に償却することができるわけです。

また、租税特別措置法には各種税額控除制度が規定されています。

たとえば、特定の条件を満たす中小企業が、その事業基盤を強化するための一定の機械・装置や器具・備品を取得した場合、その取得価額の7％の税額控除が認められています（取得価額の30％の特別償却との選択制になっており、特別償却を選択しない場合に認められます）。特別償却とは、特定の設備などを購入して使用した場合に、税法で定められたルールの通りに償却を行う「普通償却」に上乗せして償却ができる制度です。

税額控除ですから、利益を減らさなくても、経費を増やさなくても、税金だけを減らしてもらえます。設備投資等を考える際に適用対象となる資産を購入するなどの検討が、効果的な節税対策につながるはずです。

健全な会社経営と節税対策

健全な会社経営を行うためには？

○ 売上を伸ばす対策と正しい節税

△ コストの増大や売上の減少による節税

節税対策として　租税特別措置法など制度の利用
・30万円未満の減価償却資産の取得
・各種特別償却や税額控除など

5 税務会計と企業会計

税務会計と企業会計は同じではない

●会計とは

会社の取引を決められた方式で計算し、決められた形にまとめることを会計といいます。法人税を計算し、申告書の基になる数字をまとめるのも会計です。

税務会計（法人税計算のための会計）では、益金、損金、所得という言葉を使います。イメージ的には、益金とは、会社の事業を進めていく中で懐に入ったお金です。

損金とは、逆に出て行ってしまったお金です。所得とは、懐に入ってきたお金から出て行ったお金を引いた残り、つまり利益のことです。

ただ、このような理解は、あくまで、イメージ的にわかりやすいだけであって、実は、会計上は正確とはいえません。

益金の額とは、基本的には企業会計における収益の額（売上高、受取利息など）ですが、この収益の額に法人税法の目的に応じた一定の調整を加えた金額となります。損金の額とは、基本的には企業会計における原価、費用、損失の額（売上原価、給与、支払利息など）ですが、この費用の額に法人税法の目的に応じた一定の調整を加えた金額となります。そして、所得とは

「基本的に企業会計上の利益の額と考え方は同じで、上記の益金の額から損金の額を控除した金額」となるのです。

●税務会計と企業会計

法人税とは、株式会社などの法人が事業年度（通常は1年間）において稼いだ利益（所得）に対して課税される国税です。

企業に関係する会計には、法人税算出のための税務会計の他に、企業会計というものがあります。そして、同じ「会計」という言葉を使っていても、2つの会計の中身は違います。

企業会計は、会社の実際の姿をできる限り正確に表わすことを目的としています。それに対し、税務会計は、公平な課税を誰もが納得できる形で算出するのが目的になっています。そもそも、会計の目的が違うのです。したがって、会計のルールも税務会計と企業会計とでは違います。

たとえば、交際費等は、会計上は全額が費用ですが、法人税の計算上では、一定額までしか費用（税法では損金という）として認められていません。そのため、会計上の利益に交際費等の金額を足したものが法人税の課税所得になりますので、課税所得の方が会計

上の利益より多くなります。これは、「税金を納めるぐらいなら」と交際費をムダに使った会社と、接待等を必要最低限にした会社の利益が同じだったとして、同じようにそのまま課税すると不公平になってしまうからです。つまり課税の公平が保てないことになってしまい、また、結果として税収が少なくなってしまうことを考慮したものだといえます。

● 利益から算出する課税所得

先ほど、益金、損金、所得の説明で出てきた収益、費用、利益とは、企業会計で使う言葉です。企業会計では、企業が営業活動をして得たお金（これを企業会計では、「資本取引を除いた企業活動によって得たお金」といいます）を収益、そのお金を得るために使ったお金を費用、収益から費用を引

いたお金を利益と呼びます。

一方、法人税法では、その法人の「各事業年度の所得の金額は、その事業年度の益金の額からその事業年度の損金の額を控除した金額とする」と明記されており、原則としてそれぞれの事業年度ごとに、「益金の額」から「損金の額」を控除した金額に税金を課すことにしています。「控除（引き算）した金額」を課税所得といいます。

具体的には、損益計算書に記載されている当期利益に一定の調整（税務調整）を加えて、法人税の申告書の別表四という表を使って課税所得の金額を計算します。

結局、益金、損金、所得とは、企業会計上の収益、費用、利益に法人税法上の特別ルールで修正を加えて算出したものだということになります。

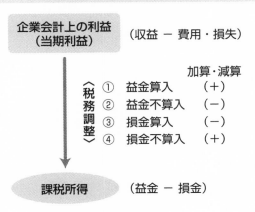

企業会計上の利益と課税所得

企業会計上の利益（当期利益）　（収益 － 費用・損失）

〈税務調整〉
加算・減算
① 益金算入　　（＋）
② 益金不算入　（－）
③ 損金算入　　（－）
④ 損金不算入　（＋）

課税所得　（益金 － 損金）

6 税務調整

適切な税額算出のための調整のこと

● 税務調整とは

企業会計は、会社の実態を数値を使ってできる限り正確に表わすのが目的です。

したがって、企業会計のルールも会社の実態をできる限り正確に表わすために策定されています。また、株主や投資家、債権者などの利害関係者が会社の実態を評価するために必要とするデータについては、企業会計による基準で作成するのが基本中の基本です。

会社の実態を正確に知りたいという場合は、企業会計のルールで作成する損益計算書（会社が1年間の事業活動で得たお金と支払ったお金のデータ）や貸借対照表（会社の財産をまとめたデータ）を参照しなければなりません。

一方、税務会計は、会社の実態を知る必要があることはもちろんですが、税金を算出するために、「税収の確保」

と「税の公平性」という観点も加味しなければなりません。たとえば、外国での課税に関する二重課税を防止するための調整や、社会通念上あるいは政策的な理由から課税になじまない支出や収入について調整を行うことになります。

つまり、税務会計とは、企業会計で算出した収益、費用、利益に「税収の確保」と「税の公平性」という面からの修正を加えることなのです。ちなみに、この修正を加えることを税務調整と呼びます。

● 決算調整と申告調整がある

税務調整には、決算の際に調整する「決算調整」と、申告書の上で加減して調整する「申告調整」とがあります。

法人税法では、その法人の「各事業年度の所得の金額は、その事業年度の

所得計算のイメージ

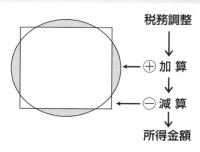

税務調整

↓

←⊕ 加　算

↓

←⊖ 減　算

↓

所得金額

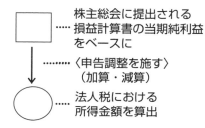

株主総会に提出される損益計算書の当期純利益をベースに

⋯⋯⋯〈申告調整を施す〉（加算・減算）

法人税における所得金額を算出

益金の額からその事業年度の損金の額を控除した金額とする」と規定していますので、法人税の所得は、ゼロから「益金」と「損金」を集計するのではなく、企業会計上の確定した決算に基づく「利益」をもととし、「申告調整」を行って求めることになります。

◉税務調整の方法

企業会計上の利益から法人税法上の所得を導き出す税務調整には、次の4種類があります。

① **益金算入**

企業会計上の収益として計上されないが、法人税法上は益金として計上することをいいます。

（例）会社更生計画に基づく資産の評価換えに伴う評価益

② **益金不算入**

企業会計上の収益として計上されるが、法人税法上は益金として計上しないことをいいます。

（例）受取配当等の益金不算入額

③ **損金算入**

企業会計上の費用として計上されないが、法人税法上は損金として計上することをいいます。

（例）繰越欠損金の損金算入額

④ **損金不算入**

企業会計上の費用として計上されるが、法人税法上は損金として計上しないことをいいます。

（例）交際費等の損金不算入額

つまり、企業会計上の「利益」に、企業会計上の「収益・費用」と法人税法上の「益金・損金」の範囲の違うところを「申告調整」によってプラス・マイナスして、法人税法上の「所得」を算出するわけです。結果として、以下のようになります。

法人税法上の所得＝企業会計上の利益＋益金算入額、損金不算入額−益金不算入額、損金算入額

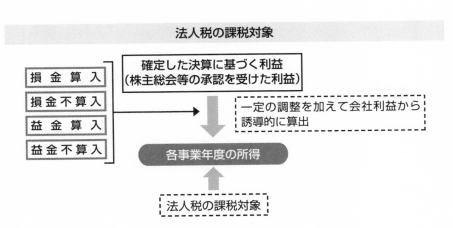

法人税の課税対象

7 益金

「益金」は原則として企業会計の「収益」と一致する

●益金とは

法人税法における「益金の額」は、原則として、「一般に公正妥当と認められる会計処理の基準」に従って計算されます。

つまり、益金の額とは、基本的には企業会計における収益の額（売上高、受取利息など）ですが、この収益の額に法人税法の目的に応じた一定の調整を加えた金額となります。

法人税法では、益金の額を次のように規定しています。

① **資産の販売による収益の額**

商品や製品の販売による収益のことで、損益計算書では売上高に該当します。

② **有償又は無償による資産の譲渡による収益の額**

固定資産（土地、建物、機械など）や有価証券の譲渡による収益のことです。損益計算書では、営業外収益や特別利益にこれらが含まれています。

③ **有償又は無償による役務の提供による収益の額**

請負（建設業やソフトウェア制作業など）、金銭や不動産の貸付による収益のことです。損益計算書では、売上高、営業外収益に含まれます。

④ **無償による資産の譲受けによる収益の額**

資産を無償で取得した（たとえば小売業者がメーカーの負担で陳列販売コーナーを設置してもらう）場合の収益のことです。

なお、債務免除も、経済的価値が流入することから、この類型に含まれます。

⑤ **その他の取引で資本等取引以外のものによる収益の額**

①から④以外の取引から生じる収益のことです。資本等取引とは、株主からの出資によって会社の資本金や資本準備金を増加させる取引などのことをいいますが、この資本等取引は、益金とは無関係です。

無償による資産の譲渡や役務の提供を益金とするのは、法人税法独特の考え方です。常識的には益金と考えられませんが、いったん資産を譲渡し、その譲渡代金を相手に手渡したと考えます。つまり、いったん収益が実現してすぐさま費用あるいは損失が発生したと考えるわけです。

法人税法にこのようなルールがある理由は、益金と損金の性格を別々に考えなければならない点にあります。

たとえば、会社がその土地を役員に贈与した場合、正当な代金を収受したものとしてその代金を役員に賞与として支給したと考えます。この考え方に

より、実際に売却しその代金を賞与として支給した場合との、課税の公平性を保つことができるわけです。

●益金の範囲はどこまでか

　益金の額に算入すべき金額は、「別段の定め」があるものを除き、資本等取引以外の損益取引（損益に関係する取引）から生ずる収益が益金の額になります。つまり法人税法上の益金は、「別段の定め」を除けば、企業会計上の収益と何ら変わりがないということです。会社で確定した決算の数字を基礎に、「別段の定め」として諸政策等に基づく独自の調整を行い、「所得金額」を計算するしくみになっています。益金の額を計算する上での「別段の定め」には、「益金算入」と「益金不算入」があります。

　「益金算入」とは、企業会計上の収益として計上されていないが、法人税法上益金として計上する項目です。会社更生計画に基づいて行う資産の評価換えに伴う評価益などがあります。

　一方、「益金不算入」とは、企業会計上の収益として計上しているが、法人税法上益金として計上しない項目です。たとえば、受取配当等の益金不算入、還付金等の益金不算入などがあります。

　受取配当等の益金不算入は、配当の支払法人と受取法人の二重課税を避けるために設けられています。法人が支払う配当金については、支払法人側ですでに法人税が課税されており、配当を受け取った法人側で益金に算入すると、重複して課税されることになってしまうからです。

　還付金の益金不算入は、還付された税金は益金に算入されないという意味です。法人税・住民税の本税等は損金不算入ですので、反対に還付された場合も同じ扱いにする必要があるからです。

益金の範囲

```
資産の販売による収益の額
有償又は無償による資産の譲渡による収益の額
有償又は無償による役務の提供による収益の額
無償による資産の譲受けによる収益の額
その他の取引で資本等取引以外のものによる収益の額
```

```
別段の定め（益金算入、益金不算入）
```

8 損金

「損金」は原則として企業会計の「費用」と一致する

● 損金とは

　法人税法における「損金の額」は、原則として、「一般に公正妥当と認められる会計処理の基準」に従って計算されます。

　つまり、損金の額とは、基本的には企業会計における原価、費用、損失の額（売上原価、給与、支払利息など）ですが、この費用の額に法人税法の目的に応じた一定の調整を加えた金額となります。

● 損金の範囲はどこまでか

　法人税法では、損金の額に算入すべき金額は、「別段の定め」があるものを除き、次に掲げる金額とすると規定しています。

①　その事業年度の売上原価、完成工事原価等の原価の額
②　その事業年度の販売費、一般管理費その他の費用の額（償却費以外の費用でその事業年度終了の日までに債務の確定しないものを除く）
③　その事業年度の損失の額で資本等取引以外の取引に関するもの

　①は企業会計上の売上原価その他の原価の額、②は企業会計上の販売費及び一般管理費、営業外費用、③は企業

会計上の臨時的に発生した特別損失のことです。つまり、法人税法上の損金は、「別段の定め」を除けば、企業会計上の費用や損失と何ら変わりがありません。③における資本等取引とは、簡単にいえば会社の行う減資や剰余金の配当に関する取引を指します。これらは、損益取引に含めるものではありませんので、除外しているのです。

　また、法人税法においては、費用を計上する際には、償却費以外の費用は債務の確定しているものに限定しています。債務の確定とは次の要件のすべてに該当することをいいます。

・期末までにその費用に対する債務が成立していること
・期末までにその債務に基づく具体的な給付をすべき原因となる事実が発生していること
・期末までに金額を合理的に算定できること

　企業会計においては発生主義や保守主義の原則（予想される費用は早期に計上する）などから、費用の見越計上や引当金の計上を積極的に行わなければなりません。

　一方、法人税法が債務確定基準を採用しているのは、課税の公平を図るためです。

● 「別段の定め」について

　法人税法は、会社の確定した決算を基礎に、課税の公平や諸政策等に基づく独自の調整項目による調整を行って、「所得金額」を計算するしくみをとっています。税法では、この調整項目を「別段の定め」として規定しています。損金の額を計算する上での調整項目は、「損金算入」と「損金不算入」です。申告調整の際、損金算入は利益から「減算」、損金不算入は利益に「加算」して、所得金額を計算します。

　損金算入とは、企業会計上の費用として計上されていないが、法人税法上損金として計上する項目です。具体的には、この項目には、①国庫補助金等で取得した固定資産等の圧縮額、②災害により生じた損失に関する欠損金額、③収用換地処分等の特別控除、④繰越欠損金などがあります。

　一方、損金不算入とは、企業会計上の費用として計上しているが、法人税法上損金として計上しない項目です。この項目には、①減価償却資産及び繰延資産の償却超過額、②資産の評価損（一定の場合を除く）、③寄附金及び交際費等の損金不算入額、④法人税、住民税、罰金等、⑤各種引当金の繰入、⑥役員給与、役員退職金の過大支払分などがあります。

　たとえば③の寄附金及び交際費等の損金不算入ですが、企業がその事業を営む際に、交際費や寄附金を支出することはほとんど不可避と考えられます。したがって、企業会計上、交際費や寄附金の支出が費用となることについては特に問題はありません。

　これに対して、法人税法では、交際費及び寄附金については、本来損金算入すべきでないと考え、その全部又は一部が損金不算入となる制度が設けられています。また、このような支出に歯止めをかけることによって、税収を確保することも大きな目的です。

法人の損金

販売費、一般管理費その他の費用の額
（償却費以外の費用で、事業年度末日までに債務の確定していないものを除く）

法人の損金とは

損失の額で資本等取引以外の取引によるもの

収益に対応する売上原価、完成工事原価などの原価の額

経費の種類と管理の方法

経費の適切な管理が利益を左右する

●経費をどのように分類するか

　日常的に発生する経費の支払は、経理の主要業務のひとつです。経費には、取引が発生するたびに現金で支払う、いわゆる都度払いをするものもあれば、銀行口座から自動的に引き落されるもの、また、購入や利用した1か月分を締切ってまとめて銀行振込によって支払うものもあります。例を挙げると、切手ハガキ類の購入、水道光熱費や電話料金の支払、家賃の支払、給与の支払等、実に多岐に渡る費用が日々発生します。これらの経費をどのように分類するかで、経費の管理が適切に行えるようになります。経費の分類方法としては、形態別分類（費目別分類）と機能別分類があります。

　形態別分類とは、経費の性質やその発生形態に基づく分類方法で、材料費、労務費（人件費）、経費といった費目（勘定科目）別に分類する方法です。一方、機能別分類とは、経費が擁する機能に基づく分類方法です。売上原価、販売費、一般管理費といった財務諸表に表示するために分類する方法です。実務上はさらに予算管理目的、部門管理目的、利益計画目的等の経営管理目的のための分類や、税法上の適正な課税所得計算のための分類などが

あります。

●経費をどのように管理するか

　事業を遂行する目的は、より多くの利益を獲得することです。つまり、次の等式の右辺を最大にすることです。

収益 － 費用 ＝ 利益

　そのためには、収益を増やすか、費用を減らすしかありません。

　経費を管理するためには、以下のような観点が必要になります。

・予算管理目的

　部門別に予算を組む上で、経費を管理可能費（責任者の権限で増減を管理できる費用）と管理不能費（人員、法令、契約などにより発生額がほぼ決まっており増減を容易にコントロールできない費用）に区分します。管理可能費には旅費交通費、交際費、水道光熱費、広告宣伝費などがあります。一方、管理不能費には法定福利費、租税公課、減価償却費など、というように区分して管理します。

・利益計画目的

　経費を変動費と固定費に区分します。利益計画を立てる際には、利益＝ゼロつまり、売上＝変動費＋固定費となる

状態の売上高を基準にして、いかに変動費あるいは固定費を削減できるかがポイントになります。

●固定費・変動費とは

固定費とは、売上高や生産数量の増減に左右されないで一定に発生する費用であり、人件費（従業員の給料など）と経費が主なものです。経費には広告宣伝費や交際費、社屋の地代家賃や減価償却費、リース料などが含まれます。つまり、固定費とは売上がゼロであったとしても発生する費用です。したがって、固定費が少なければ会社は赤字を回避できる可能性が高くなります。

次に、変動費とは、売上高や生産数量の増減に応じて変動する費用のことです。商品の売上原価、製造業の場合には材料費や外注加工費などが変動費に該当します。この変動費を売上高で割ったものを変動費率といいます。

●限界利益とは

限界利益とは、売上の増加に比例して発生する変動費を売上高から差し引いて求められる利益のことです。つまり、単位あたりの売上高から一単位売り上げるのに直接要した費用を差し引いた額のことです。たとえば、1個1,000円で仕入れた商品を1,200円で販売した場合、売上高は1,200円、変動費は仕入代金の1,000円ですから、限界利益は200円になります。限界利益がそのまま会社の儲けとなるのではなく、限界利益からその商品の販売にかかった人件費や広告宣伝費、地代家賃、減価償却費などの固定費を差し引き「営業利益」が求められます。

また、たとえば、売上高が2,000円で、この売上高に対応する変動費が1,900円の商品があったとします。この商品における限界利益は100円となりますから、売上高が1,200円しかなくても限界利益が200円ある商品の方が収益性が高いといえます。限界利益は会社の儲けの基本となる値です。

売上高・変動費・限界利益・固定費・営業利益

売上高	限界利益	変動費	
		固定費	
		営業利益	

10 リベートや交際費の取扱い

税務上の損金として取扱いに注意する

● リベートの処理方法

代理店などが販売目標を達成することなどを条件に、売上で受け取ったお金の中から、あらかじめ取り決めておいた金額を支給することがあります。これをリベートといいます。リベート契約は、「販売報奨金」「奨励金」など、様々な名称で行われています。リベートを支払った場合は、売上割戻しとして、売上額から控除されます。

リベートを支払うと、売上高が減ることになりますので、税務上は全額損金（法人税法上、課税される収入から差し引くことができる支出）として取り扱うことができます。しかし、リベートの額の算定基準がはっきりしていないときや、社会通念上合理的とはいえない額が計上されている場合、税務当局から損金算入を否認（経理処理上は経費としているが、税法上は収入から差し引く支出とは認められないこと）されることがあります。リベート（売上割戻し）として認められない場合、寄附金、あるいは後に説明する交際費とされて、損金算入額が大幅に制限されてしまうことがありますので、注意しましょう。

損金処理をするためには、まず客観的な基準でリベートの額が算定されて

いることが条件になりますので、契約書などの整備をしっかり行う必要があります。

● 交際費はどのように処理するのか

会社を経営していると、必ず取引先や営業先とのお付き合いがあります。その際は、食事やゴルフ、贈り物など、会社のお金で接待の費用を支出することになります。これらの費用は、交際費として処理します。交際費は、役員や従業員の私的な支出がまぎれこみやすいこともあり、税務上は損金算入が大きく制限されています。

交際費を損金算入できる額は、大企業と中小企業で異なります。まず、大企業は資本金が1億円超の法人ですが、さらに資本金が100億円以下の場合においては、飲食のために支出する費用の50％のみが損金に算入できます。それ以外の大企業、つまり資本金が100億円超の場合は全額損金不算入です。中小企業（資本金1億円以下）の場合は、飲食のために支出する費用の50％、あるいは年間800万円までは損金算入が可能です。

また、交際費であっても、上記の損金算入が制限される枠から除外してよいものがあります。それは「1人あた

り5,000円の飲食費」です。社外の人と、飲食店等で会食を行った場合には、一度の飲食代を参加者の人数で割った金額が5,000円以下であれば、全額損金算入が可能です。これは大企業でも中小企業でも同じ扱いとなります。

●広告宣伝費、会議費などとの違い

交際費と紛らわしい支出として、全額損金算入が可能な、広告宣伝費、会議費、福利厚生費などがあります。交際費は特定の人への接待、贈答などに使った費用です。たとえば、不特定多数の人に、試供品や景品として商品を配った場合は広告宣伝費と考えられます。

また、社外の人と商談、打ち合わせ等を行う場合で、お茶菓子や昼食程度の支出を行った場合であれば会議費として処理できることもあります。社内での式典、従業員やその家族に不幸があった場合などに、社内規程に準拠した額の香典、見舞金などを支払った場合は、福利厚生費になります。

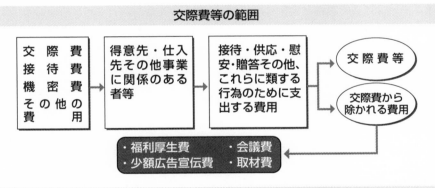

交際費等の範囲

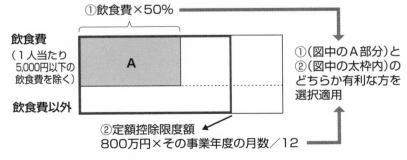

中小法人の損金の額に算入される交際費の額

①は資本金が100億円以下の大法人にも適用あり

寄附金の取扱い
寄附金として扱われるものを把握することが重要

◉寄附金とは

　寄附金の額とは、金銭その他の資産又は経済的な利益の贈与等をした場合におけるその金銭の額あるいは金銭以外の資産の価額等をいいます。寄附金、拠出金など、どのような名称で行うのかは関係ありません。また、金銭以外の資産を贈与した場合や経済的利益の供与をした場合には、その贈与時の価額あるいは経済的利益を供与した時の価額が寄附金の額とされます。

　なお、一般常識に比べて明らかに低額で譲渡を行った場合にも、譲渡時の価額と時価との差額が寄附金の額に含まれます。寄附金の額に含まれないものもあります。広告宣伝費、交際費、福利厚生費とされるものについては、寄附金の額に含まれません。また、子会社の整理費用や被災者に対する災害義援金は、損失や費用の額として損金の額に算入されます。

◉損金算入時期はいつになるのか

　寄附金は、損金の額に算入するのが原則です。ただし、寄附金の額は、実際に金銭等により支出した時にはじめて、その支出があったものと認識されます。したがって、未払計上や手形の振出しによる寄附金で、未決済のもの

については、損金に算入することはできません。また、法人が利益の処分として経理処理した寄附金については、国等に対する寄附金、指定寄附金及び特定公益増進法人に対する寄附金などを除き、損金の額には算入されません。

◉損金算入には限度額がある

　寄附金には、事業の円滑化や広報活動、公益的な慈善事業に対するものなど、社会一般の考え方から見てそれを損金として認めるべきものもあることから、目的によって損金算入できる金額が規定されています。寄附金の取扱いは、①国や地方公共団体等に対するもの、②特定公益増進法人等に対するもの、③それ以外のもの（以下「一般の寄附金」といいます）と、大きく分けて３つに分類されます。国等に対する寄附金及び財務大臣の指定した寄附金は、全額損金算入されます。

　しかし、一般の寄附金及び特定公益増進法人等に対する寄附金のうち、一定限度額を超える部分の金額は、損金の額に算入されません。損金として算入できる寄附金の限度額は、以下の計算式で算定されます。

・一般の寄附金

　（期末資本金等の額 ×12/12×

2.5/1,000＋寄附金支出前の所得金額×
2.5/100）×1/4

・特定公益増進法人等

（期 末 資 本 金 等 の 額 ×12/12×
3.75/1,000＋寄附金支出前の所得金額
×6.25/100）×1/2

●寄附金とされてしまう場合がある

　会社の経理上、寄附金以外の名目で
行った支出が、税法上の寄附金とみな
され、損金算入が制限されてしまうこ
とがあることに注意が必要です。たと
えば、会社の商品を社外の人に無償で
提供し、それが事業と直接関係なく、
宣伝のためといった合理的な理由が認
められない場合は、寄附金と判断され
ることがあります。

　また、社外の人に時価よりも安く不
動産等を売り渡した場合、逆に時価よ
りも高く購入した場合、無利息、低利
で金銭を貸し付けた場合も、通常の取
引による価格、利息との差額が寄附金
として認定されてしまうことがありま
す。

●なぜ損金算入が制限されるのか

　通常の経費と同じように支払ってい
る寄附金がなぜ、その損金算入を一部
しか認めてもらえない場合があるので
しょうか。寄附金を支払うときは、慈
善的あるいは社会貢献の意識で支払う
ケースも少なくありません。

　しかし、法人とは一部の特定された
法人を除いて、営利を追求する目的で
経済活動を行うことが大前提です。法
人税法もその観点から、営利を追求す
るための営業活動において要した支出
については、損金として益金から差し
引くことを認め、差引した結果の利益
に対して、税金を課しています。

　また、一方では寄附金は営利を追求
するために必要な支出とはいいきれま
せん。寄附金は簡単に言ってしまうと、
見返りを求めていない支出であり、支
払ったことで直接的な収益を生み出す
ものとはいえません。そこで前述した
ように、寄附金の性質を３つに区分け
し、その性質に応じて損金にできる範
囲を個別に定めているのです。

寄附金の範囲

| 寄附金・拠出金・見舞金その他いずれの名義をもってするかを問わず、金銭その他の資産又は経済的な利益の額 | → | 贈与・無償の供与 | → | 贈与又は供与の時の時価で評価した額 | → | 寄附金 |
| | | 低額譲渡 | → | 譲渡時の時価と譲渡価額との差額 | → | |

12 広告宣伝や物流に関わる費用の取扱い
税法上費用として認められないものがある

● 広告宣伝費の取扱上の注意点

　広告宣伝費は、一般消費者を対象に、抽選や購入に対する謝礼として景品を配るためや旅行や観劇に招待するために要した費用です。これに対し、特定の人々を対象に経費を使った場合は交際費になります。

　広告宣伝費は、事業遂行上優先的に行われる販売促進活動で使われる費用であるため、抑制しにくい経費のひとつに挙げられます。しかし、広告宣伝の効果が売上成績に表われているかどうかの判別は非常に困難です。さらに、交際費とみなされない配慮が必要ですので、支出する際には慎重さが要求されます。また、広告看板や広告塔といった形で自社の宣伝を行う場合、それにかかる費用は比較的高額になります。①使用期間が1年以上の看板代、広告塔、②10万円以上の看板代、広告塔代、については費用として処理できず、原則的には資産として計上します。

● 物流費の取扱いで気をつけること

　大手ネット通販会社などでは、巨大な物流センターを擁し、全国にハイスピードの流通ネットワークを構築しています。私たちの社会にとって、物流は必要不可欠のものだといえます。物流にかかる経費には以下のようなものが挙げられます。

・商品出荷、引取にかかる運賃
・商品の梱包資材費、運搬資材費
・倉庫管理を外部委託した場合の委託料

　これらの物流費は変動費に分類されます。変動費は、売上が伸びるほどに増加するため、多額に上る物流費の削減が経営管理上重要になります。物流費は財務諸表上、販売費及び一般管理費に費用分類されますが、以下の場合は資産に計上して費用処理しません。

① **商品や材料等の棚卸資産の仕入に関する運賃等**

　棚卸資産の取得に要したその購入本体価額以外の付随費用は原則として棚卸資産の取得価額に含めて処理します。

② **設備機械等の固定資産の購入に関する運賃等**

　固定資産の取得に要した運賃等の付随費用は、原則として固定資産の取得価額に含めて処理します。

　①の場合、その棚卸資産が外部に販売されたときに、②の場合は減価償却を通じて、徐々に費用化されます。

13 研究・開発にかかる費用の取扱い

細かい処理の積み重ねが大きな節税効果になる

● 研究・開発にかかる費用とは

研究開発にかかる費用は、会計上と税務上では、その性格が異なります。会計上では、研究開発にかかる費用は研究開発費といい、従来にないものを創り出すための支出を指します。また、それに付随する調査費用や新たなしくみ作りの研究費用など、成果がまだ表われていない支出も含みます。

他方、税務上は、研究開発にかかる費用を試験研究費といいます。税務上の試験研究費は、会計上の研究開発費より範囲が限定され、試験研究を行うために要する原材料費・専門的知識をもって専ら従事する者の人件費や経費、外部への委託費などです。

● 費用処理について

会計上では研究開発費はすべて発生時に費用処理しなければなりません。税務上では、その試験研究費は費用処理を強制はしていませんが、試験研究費として発生時に費用処理できます。ただし、その支出が製品の製造に直接関わる費用の場合は、製造原価に組み込まれ、売上原価又は棚卸資産として計上されます。固定資産として処理した場合は、耐用年数に応じ減価償却費として費用計上されます。

● 税法の優遇措置の活用

試験研究費には税制上の優遇措置があります。法人税額から直接控除できる制度で、大きな節税効果があります。比較試験研究費（過去3年の試験研究費の平均値）、試験研究費割合（過去3年及び今期も含めた4年分の平均売上高に対する試験研究費の占める割合）、増減試験研究費割合（試験研究費÷比較試験研究費−1）などの指標を用いて、一定の要件を満たす場合には、令和5年度税制改正により、その事業年度中の試験研究費に対し1％〜14％を掛けた金額と、その事業年度の法人税額の25％〜35％（研究開発を行う一定のベンチャー企業の場合には40％〜50％）のいずれか小さい額を税額控除できます。

● より精緻な経理処理が重要になる

研究開発にかかる費用は、通常金額は多額となることが想定されます。税法上の優遇措置を享受するためにも、これらの支出をより細かく管理するための工夫が必要になります。たとえば、研究開発に対する予算設定と進捗管理など、明確な管理方法の策定は、一見複雑に思われる試験研究費の税額控除制度を有効に適用できることにつながっていきますので重要です。

第4章 法人税のしくみ

147

税金や賦課金などの取扱い

税務上は経費として認められないものもあるため注意が必要

● 様々な種類がある

会社が支払う税金や賦課金は一般的に租税公課と呼ばれます。国や地方公共団体などが強制的に徴収する国税や地方税などの租税と、賦課金や罰金など租税以外のものである公課とをあわせた税金等の支払についての総称です。租税公課はその内容によって税務上、経費として認められないものもあるため、経理処理する上で注意が必要です。

税務上、経費として認められる租税公課の代表的なものとしては、印紙税、固定資産税、都市計画税、不動産取得税、自動車税、軽油引取税、法人事業税、事業所税、確定申告書の提出期限延長に対する利子税などがあります。これらは損益計算書上の販売費及び一般管理費（法人事業税のうち所得割は「法人税、住民税及び事業税」）に計上されます。

一方、税務上、経費として認められない租税公課は大きく３つに分類されます。まず、会社の税引前当期純利益から支払われるものがあります。法人税や法人住民税がそれにあたります。これらは経理処理する勘定科目も租税公課ではなく、法人税、住民税及び事業税といった勘定科目を用いて、税引前当期純利益の計算には含まないのが

一般的です。

次に、罰則に該当するものがあります。法人税や法人住民税の納付を延滞していた場合に課される延滞税や延滞金、加算税や加算金の他、交通違反時に発生する罰金などです。これらの罰則的なものは、経費として認められる他の租税公課と明確に区別するために、勘定科目を租税公課ではなく雑損失といった別の勘定科目で処理する場合もあります。さらに、法人税の予納と考えられるものがあります。法人税や法人住民税、消費税の予定納税額や、預金利子や配当の受取時に生じる源泉所得税があります。予定納税額は決算申告時に確定税額から差し引くため、仮払金勘定などを用いるのが一般的です。

● 損金に算入する時期はいつか

たとえば法人事業税の場合、前期の決算から生じた税金を当期に納めます。この場合、損金に算入する時期は前期でしょうか。それとも当期でしょうか。

租税公課の損金算入時期は租税公課の性質によって３種類あります。

① 申告に基づいた納税であれば、申告をした日の属する事業年度が損金算入時期です。法人事業税は前期決算の申告を、決算日以降２か月以内に申告

し、同じ期間内に納税しますので、当期の損金算入となります。法人事業税の他、事業所税や酒税なども同じです。

② 賦課決定があって初めて納税する租税公課は、賦課決定があった日の属する事業年度が損金算入時期です。固定資産税や都市計画税、不動産取得税、自動車税が該当します。なお、固定資産税は年4回の分納をするケースが多いようです。この場合でも賦課決定があった期に、4回分の金額を損金として算入できます。

③ 特別徴収される軽油引取税などは申告をした日の属する事業年度が損金算入時期です。軽油引取税の場合、徴収した1か月分をまとめて翌月に申告し納付しますが、この申告した日の属する事業年度に損金算入できます。

● 消費税の取扱い

消費税については会社の経理処理方法が税込経理か税抜経理であるかによって取扱いが変わってきます（208、209ページ）。税込経理の場合には、売上時及び仕入時などは消費税を含んだ金額で売上高や仕入高などとし、決算において納付する消費税額を租税公課として費用処理します。この費用処理をした消費税額は税務上経費として認められます。税抜経理の場合には、売上時などに預かった消費税は仮受消費税、仕入時などに支払った消費税は仮払消費税という勘定科目を用いて経理処理し、決算においては仮受消費税から仮払消費税を差し引いた額を納税するため、納付する消費税額を租税公課勘定で処理することはありません。

租税公課の種類と経理上の取扱い

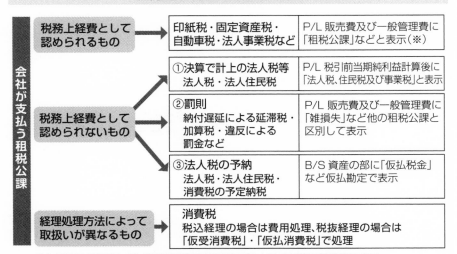

会社が支払う租税公課	税務上経費として認められるもの	印紙税・固定資産税・自動車税・法人事業税など	P/L 販売費及び一般管理費に「租税公課」などと表示（※）
	税務上経費として認められないもの	①決算で計上の法人税等 法人税・法人住民税	P/L 税引前当期純利益計算後に「法人税、住民税及び事業税」と表示
		②罰則 納付遅延による延滞税・加算税・違反による罰金など	P/L 販売費及び一般管理費に「雑損失」など他の租税公課と区別して表示
		③法人税の予納 法人税・法人住民税・消費税の予定納税	B/S 資産の部に「仮払税金」など仮払勘定で表示
	経理処理方法によって取扱いが異なるもの	消費税 税込経理の場合は費用処理、税抜経理の場合は「仮受消費税」・「仮払消費税」で処理	

※法人事業税の所得割は、P/L 税引前当期純利益計算後に「法人税、住民税及び事業税」と表示

15 法人税の課税対象と税率
法人税は各事業年度の所得に対して課税される

● 法人税の課税対象

　法人税は、基本的には各事業年度の所得（課税所得）に対して課税されます。

　この他、令和4年4月1日以降に開始する事業年度より適用されている、従来の連結納税制度に代わる「グループ通算制度」があります。この制度は、100％の子会社を含めた会社グループでの法人税計算の調整を行うことができるため、赤字の子会社があった場合には、親会社や他の子会社の黒字との相殺を通じて、グループ全体の法人税を減らすことができます。具体的には、親会社及び100％子会社各社でいったん法人税額を算定し、その後所定のルールに基づいて調整計算を行います。

　なお、令和4年4月1日以降は新規での連結納税制度の加入はできませんが、従来より連結納税制度を適用していた会社が引き継き連結納税制度を適用することが認められています。

　また、保険会社などが企業などから集めた退職年金等積立金に対して課税される「退職年金等積立金に対する法人税」というものもあります。

● 法人税の税率

　各事業年度の所得に対する法人税は、その事業年度の法人の課税所得（利益）に税率を掛けて求めます。この税率は、下図のように、法人の種類と資本金の規模及び所得金額により決められています。たとえば普通法人の場合、税率は一律23.2％（地方法人税を含め

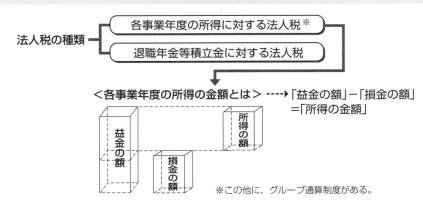

法人税と各事業年数の所得の金額

法人税の種類 ─ 各事業年度の所得に対する法人税※

退職年金等積立金に対する法人税

＜各事業年度の所得の金額とは＞ ----▶「益金の額」-「損金の額」
　　　　　　　　　　　　　　　　　　＝「所得の金額」

益金の額　損金の額　所得の額

※この他に、グループ通算制度がある。

25.59%）です。ただし、期末資本金が1億円以下で、資本金5億円以上の大法人に完全支配されていない中小法人等の場合は、特例で一部に軽減税率が適用されます。また、人格のない社団等及び公益法人などについては、収益事業から生じたものに対してのみ課税されます。中小法人等の軽減税率は、令和5年度税制改正により、令和7年3月31日までに開始する事業年度について適用されます。

●留保金課税について

同族会社が一定の限度額を超えて各事業年度の所得を留保した場合には、その超える金額に応じた特別税率による法人税が課税されます。これは同族

会社の役員への賞与や配当を控えることで、意図的に会社に利益を貯めて、役員個人にかかる所得税や住民税などの課税を免れる行為を防ぐための措置です。ただし、期末資本金額1億円以下で、資本金5億円以上の大法人に完全支配されていないなどの中小法人等については、適用対象から除外されています。

●使途秘匿金について

交際費、機密費、接待費等の名義をもって支出した金銭で、その費途が明らかでないものについては、使途秘匿金として課税されることもあります。使途秘匿金には40%の特別税率による法人税が課税されます。

法人税の本則税率

法人の種類	所得金額の区分		税率	
			原則	中小法人等の特例（注）
普通法人	中小法人	年800万円以下の金額	19%	15%
		年800万円超の金額	23.2%	23.2%
	大法人	所得金額	23.2%	―
協同組合等		年800万円以下の金額	19%	15%
		年800万円超の金額	19%	19%
		特定の協同組合等の年10億円超の金額	22%	22%
公益法人等		年800万円以下の金額	19%	15%
		年800万円超の金額	19%	19%
特定の医療法人		年800万円以下の金額	19%	15%
		年800万円超の金額	19%	19%
人格のない社団等		年800万円以下の金額	19%	15%
		年800万円超の金額	23.2%	23.2%

（注）中小法人等の税率の特例は令和7年3月31日までに開始する事業年度。

● 税額控除とは

納付すべき法人税を計算する際に、法人税の課税所得金額に税率を掛けた法人税額から直接控除するものを税額控除といいます。税額控除は、二重課税の排除のために法人税法で定められている所得税額控除や外国税額控除、そして特定の政策推進などの目的で設けられている租税特別措置法に基づく税額控除があります。

● 所得税額控除

法人が支払いを受ける利子等や配当等について、所得税法の規定により源泉徴収された所得税額は、法人税の前払いとして、法人税額から控除することができます。これを所得税額控除といいます。

株式出資、一定の投資信託などを元本とする場合、元本の所有期間に応じて利子や分配金が決まるため、所得税額は全額控除対象とはなりません。元本を所有していた期間に対応する部分の金額を控除することができます。期間に対応する部分の所得税等の額の計算方法には、元本の銘柄ごと、所有期間の月数ごとに計算する原則的な方法と、元本の種類に応じてグルーピングを行い、計算期間が1年を超えるもの

と1年以下のもとに区分して計算する簡便法があります。これらの方法は、事業年度ごとにいずれかを選択することができます。

● 外国税額控除

日本の法人税法は、内国法人（国内に本店又は主たる事務所をもつ法人）については、その所得の生じた場所が国内であるか国外であるかを問わず、すべての所得の合計額に課税することとしています。

一方、その所得が生じた場所が国外である場合には、外国でも課税を受けているのが一般的です。そのため、所得の生じた場所が国外である所得については、日本と外国の双方で課税されますので、国際的な二重課税という問題が生じます。このような二重課税を排除する目的で、外国税額控除という制度が設けられています。

控除できる外国税額には、限度額が設けられています。負担した外国税額のうち、この控除限度額までを、納付すべき法人税から控除できるわけです。

なお、税率が一定水準を超えて高率である場合は、その水準を超えている部分については、外国税額控除の対象から除外されます。税率が35％を超え

ていれば、高率であると判定されます。

　控除限度額は、控除前の法人税額を基礎に計算します。まず当期の所得金額のうち国外所得金額の占める割合を算出し、この割合を法人税額に掛けたものが控除限度額です。国外所得金額は、①国外源泉所得に対する所得金額と②当期の所得金額の90％のうち少ない方となります。

　当期の法人税額から控除することができる外国法人税額は、控除限度額と控除対象外国法人税額のうち少ない方となります。なお、控除対象外国法人税額とは、①納付する外国法人税と②その外国法人税の課税標準額の50％のうち少ない方です。

●租税特別措置法による税額控除

　この他、その時々の投資や雇用の促進など政策目的のため、租税特別措置法で臨時的に税額控除を設けることがあります。税額控除は、直接納めるべき法人税額から控除できる非常に有利な制度です。該当する制度があるかど

うか、確認しておくことが大切です。

　税額控除の具体例を挙げてみますと、中小企業投資促進税制という制度があります。これは、資本金1億円以下の中小企業が、一定の生産性を向上させる設備を購入した場合、税額控除又は特別償却（156ページ）のいずれかを選択適用できます。この他、以下のような税額控除の制度があります。

・試験研究費の特別控除
・中小企業経営強化税制
・地方活力向上地域等において雇用者の数が増加した場合の特別控除
・復興産業集積区域等において機械等を取得した場合の税額控除など
・国家戦略特別区域において機械等を取得した場合の特別控除
・沖縄の特定地域において工業用機械等を取得した場合の特別控除
・給与等の支給額が増加した場合の特別控除

税額控除の種類

二重課税を排除する目的から設けられているもの	産業育成促進等特定の政策目的から設けられているもの
・所得税額控除 ・外国税額控除	・雇用促進税制 ・中小企業投資促進税制 ・研究開発税制　など

減価償却

定額法や定率法などの償却方法がある

● 固定資産とは

固定資産とは、会社が長期にわたって所有し、事業を行うために使用するものです。経理上の固定資産とは、目に見える物だけではありません。

固定資産は、有形固定資産、無形固定資産、投資その他の資産に分かれます。有形固定資産とは、事務所や工場などの建物、生産用の機械設備など、いわゆる「物」です。無形固定資産とは、会社の有する資産ではありますが、ソフトウェアのように形のないものです。特許権や借地権などの法的あるいは経済的な権利も含まれます。そして、投資その他の資産は、投資のための株式や債券など有価証券の他、回収期間が長期にわたる貸付金などを指します。

なお、固定資産の判定で長期、短期という場合、通常は1年を基準にしています。

● 減価償却の対象

減価償却とは、時間が経つにつれて会社が保有する資産の価値が減っていくという考えを前提にした計算方法です。たとえば機械設備は、使っているうちに古くなり、性能も落ちてきます。したがって、それに伴って機械設備そのものの価値も減っていくと考えます。100万円で買った機械設備は買った当初は100万円の価値がありますが、長い間使っていくうちに徐々に価値が減り、最後には、資産としての価値がなくなります。減価償却とは、このように時間の経過に伴う資産価値の目減り分を、資産の価値から引いていくことです。引いていく価額を減価償却費と呼びます。

したがって、同じ固定資産でも、土地や返済期間が長期にわたる貸付金などのように時間が経過しても価値が減

減価償却とは

機械や建物などの価値は、使用又は期間の経過により減少する

取得価額を購入時に費用化するのではなく、耐用年数にわたって費用化する

| 会計期間Ⅰ | 会計期間Ⅱ | 会計期間Ⅲ | 会計期間Ⅳ | 減価償却 |

機械等の取得価額

らないものには適用されません。また、1年未満しか使えないものや、10万円未満の資産に関しても適用されません。短期の使用や価格の安い資産まで減価償却の対象にすると経理の手続きが煩雑になってしまうこともあり、資産ではなく費用として処理できます。

● 減価償却の方法

減価償却の仕方には、主に定額法と定率法の2つがあります。定額法は毎年一定の金額を費用計上する方法です。定率法は毎年の資産の価値に一定の割合を掛けて費用を計上する方法です。費用計上を続けてその資産の価値がゼロになるまでの期間を耐用年数といいます。耐用年数は、税法や省令などで資産の種類によって細かく決められています。したがって、経理の実務では、法令に従って耐用年数を確認した上で、その期間中に定率法や定額法などの方法で減価償却を行います。

たとえば、100万円で購入した物の耐用年数が10年だった場合、定額法では、毎年、資産を購入したときの価格の10%、つまり、10万円ずつを減価償却します。定率法では、取得価額から前年までに償却した額を引いた残額に20%を掛けた金額を減価償却費とします。なお、実際には200％定率法という少し複雑な方法が定められています。

減価償却費を算出する際に使う償却率（上記の場合、定額法の10%、定率法の20%）も耐用年数ごとに法令で決まっており、それに従った減価償却費が損金算入されます。

決算では、損益計算書に減価償却費、貸借対照表に減価償却後の資産の価額を耐用年数が終わるまで記載していきます。この資産の価額を帳簿価額といいます。また、過年度の減価償却費を合計した金額を減価償却累計額といいます。

減価償却方法

償却方法	償却限度額の算式		
定額法	取得価額 ×	耐用年数に応じた定額法の償却率	※平成19年4月1日以降取得分
定率法	（取得価額－既償却額）× 耐用年数に応じた定率法の償却率		
生産高比例法	$\dfrac{\text{取得価額－残存価額}}{\substack{\text{耐用年数と採堀予定年数のうち短い方の}\\\text{期間内の採堀予定数量（見積総生産高）}}}$ ×	$\substack{\text{採堀数量}\\\text{（当期実際生産量）}}$	
リース期間定額法	$\left(\substack{\text{リース資産}\\\text{の取得価額}} - \substack{\text{残価}\\\text{保証額}}\right) × \dfrac{\text{当該事業年度のリース期間の月数}}{\text{リース期間の月数}}$		

18 特別償却・特別控除

損金算入や税額控除で税制上のメリットがある

● 特別償却・割増償却とは何か

特別償却とは、特定の機械や設備を購入し利用した場合に、税法で認められた通常の償却額に加えて、取得価額に一定割合を乗じて算出した金額を上乗せして償却ができることをいいます。また、特定の機械や設備については、一定の要件が定められています。

一方、割増償却とは、税法で認められた通常の方法による償却に加えて、通常の償却額に一定割合を乗じて算出した金額を上乗せして償却ができることをいいます。

ただ、特別償却も割増償却もその時々の経済情勢によって適用を受けられる企業や業種、機械・設備の要件が変わりますので、恒久措置ではありません。特別償却及び割増償却の適用の対象となる法人は、サービス付き高齢者向け優良賃貸住宅の割増償却以外は、すべて青色申告法人であることが要件です。

特別償却、割増償却は、初年度に普通償却と別枠で減価償却が行えるので、初年度の税負担は軽減できます。しかし、その後の減価償却費は、先取りした分だけ減少するので、期間を通算すれば、全体として償却できる額は同じですから、課税の繰り延べ措置といえます。

● 特別控除と特別償却

特別控除とは、納めるべき税額から一定額を特別に控除することができる特例のことです。特別控除制度の多くは、前述の特別償却制度との選択適用が認められています。特別控除の適用の対象となる法人は、青色申告法人であることが要件です。

特別償却は、償却を前倒しして計上する課税の繰り延べであるのに対し、特別控除は一定額の法人税を控除する一種の免税です。長期的に見れば、通常は特別控除の方が有利です。

では税額控除がなぜ有利なのか、具体例で見てみましょう。たとえば中小企業投資促進税制では、取得価額全額の即時償却又は取得価額の7％（特定の中小企業については10％）の税額控除の選択ができます。200万円の機械を購入した場合、特別償却を選択すると200万円を当期の損金に算入することができます。中小法人の税率を適用して15％とすると、納める法人税が200万円×15％＝30万円分少なくなることになります。ただし、翌年以後については、機械の減価償却費は損金に算入することはできません。取得価額は、当期に全額費用化してしまっているからです。

一方、税額控除を選択すると、200万円の機械であれば、200万円×7％＝14万円を、納めるべき法人税額から直接控除することになります。特別償却を選択した場合の30万円と比較すると、当期の節税効果は小さいといえます。ただし税額控除とは別に、取得価額200万円に対する減価償却を通常通り行うことができます。200万円分の取得価額については、長い目で見れば、耐用年数に応じて全額損金に算入することができるということです。つまり、税額控除を受けた金額については、特別償却を選択した場合よりも多く節税できたということになります。実際どちらを選択する方がよいのかについては、よく検討してみるとよいでしょう。

◉ 中小企業経営強化税制

特別償却・特別控除の種類は数多くあります。たとえば、「中小企業経営強化税制」は、青色申告書を提出する法人が、中小企業等経営強化法に定める一定の生産性向上設備等を取得又は製作し、事業用として利用した場合に認められる税の優遇制度です。対象となる設備等の取得価額全額の即時償却又は7％の税額控除とのいずれかを選択適用することができます。この特例は、前述の中小企業投資促進税制と共に、令和元年4月1日から令和7年3月31日までに対象資産を取得等した場合に適用されます。

対象となる設備には、大きく分けて「生産性向上設備」と「収益力強化設備」と「デジタル化設備」があり、いずれも一つ当たりの価額が一定（機械装置：160万円、工具及び器具備品：30万円、建物附属設備：60万円、ソフトウェア：70万円）以上であることが要件になっています。

・生産性向上設備

設備の販売時期が一定期間以内（機械装置：10年、工具及びソフトウェア：5年、器具備品：6年、建物附属設備：14年）に販売されており、旧モデル比で経営力を示す指標（生産効率、エネルギー効率、精度等）が年平均1％以上向上する設備のことです。メーカーが発行する証明書を受け取れば適用できるため、比較的簡単な手続きで済ませることができます。

・収益力強化設備

投資計画における年平均の投資利益率が5％以上となることが見込まれるものであることにつき、経済産業大臣の確認を受けた投資計画に記載された設備のことです。複数の機械が連結した一連の設備が丸ごと適用の対象となり優遇金額も大きくなります。

・デジタル化設備

事業プロセスの遠隔操作、可視化又は自動制御化のいずれかを可能にする設備として、経済産業大臣の確認を受けた投資計画に記載された設備のことです。

19 圧縮記帳

帳簿価額を利益分だけ下げる処理方法である

● 圧縮記帳とは

圧縮記帳とは、固定資産の帳簿価額を切り下げ、課税所得を小さくする方法です。

圧縮記帳制度には、法人税法で規定しているものと、租税特別措置法で規定しているものがあります。

代表的なものとしては、法人税法では、①国庫補助金等で固定資産等を取得した場合、②保険金等で固定資産等を取得した場合の圧縮記帳があり、租税特別措置法では、③収用等により資産を取得した場合、④特定資産の買換え等により資産を取得した場合の圧縮記帳があります。

たとえば、①の場合で説明すると、国や地方自治体から国庫補助金として500万円をもらって、これに100万円の自己資金を加えて600万円の機械を購入したとします。この場合、もらった国庫補助金500万円は会社の収益に計上され、税金が課税されます。一方、機械の取得価額600万円は固定資産に計上され、耐用年数に応じて毎期減価償却費が計上されます。

国などが補助金を渡すということは、その対象となる設備投資等を国などが産業政策的に推奨しているということです。このような目的があるにも

かかわらず、その補助金に税金が課税されてしまったらどうなるのでしょうか。法人税や事業税、住民税などで補助金の約半分は税金で減ってしまうので、これでは機械の購入が困難になってしまいます。

そこで考えられたのが「圧縮記帳」です。圧縮記帳によれば、この例でいうと、600万円で取得した機械を500万円圧縮して機械の帳簿価額は、100万円になるということです。補助金の額500万円相当額を圧縮損として損金に計上し、同額を機械の取得価額から控除するわけです。

このように圧縮記帳とは、会社の利益を減らし、税金を軽減する有利な制度です。

次に、②の保険金等で固定資産等を取得した場合の課税の特例ですが、法人が火災等で固定資産を損壊して保険金の支払いを受けたとき、その保険金で再度取得した資産が損壊前と同一種類の場合には、一定の条件の下に圧縮記帳の適用を受けることができます。

この制度が認められている理由は、保険金に対して課税すると、代わりの資産を取得することができず、火災等から立ち直ることが困難になる可能性が高いからです。なお、商品の焼失に

対する保険金は、圧縮記帳の対象外になります。

また、③の資産（棚卸資産を除く）が収用等されたことにより、補償金等を取得した場合の課税の特例ですが、この課税の特例が認められる理由としては、公共事業の用地買収の円滑を図るため、収用等による譲渡益はいわば強制的に実現したものであることなどが挙げられます。固定資産が土地収用法等により収用等され、その対価として補償金を取得し、収用された事業年度に代わりとなる資産（譲渡した資産と同種の資産）の取得等をした場合、国庫補助金等で固定資産等を取得した場合のように圧縮記帳の適用が受けられます。

このように圧縮記帳は、会社の利益を減らし税金を軽減する、納税者に有利な制度です。これ以外の圧縮記帳に

ついても、考え方はすべて同じです。

●圧縮記帳の効果

圧縮記帳によった場合は、一時的に税金は軽減されますが、いずれその軽減された税金分は取り戻されることになります。このため圧縮記帳は、課税が免除されたのではなく、単に「課税の延期」をしてもらえる制度ということになります。

なぜなら、先ほどの例でいうと、圧縮記帳により機械の簿価は100万円に下がっているため、毎期計上される減価償却費は600万円のときと比べて少なくなります。ということは、利益が多くなり、結果として税金も多くなるからです。また、途中で売却したときも、簿価が圧縮されている分、売却益が多くなり、税金も多くなる結果となります。

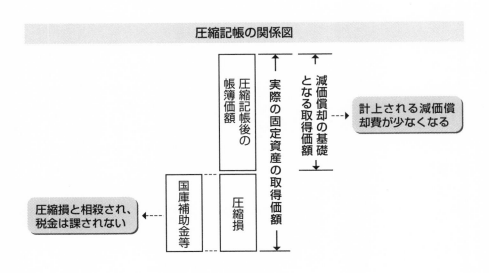

圧縮記帳の関係図

20 繰延資産
支出の効果が１年以上に及ぶものをいう

● 資産の部に計上する費用である

　繰延資産とは、法人が支出する費用のうち、その支出の効果が１年以上に及ぶもの（資産の取得費用及び前払費用を除く）をいいます。いったん資産計上し、その支出の効果が及ぶ期間にわたり、償却費として必要経費に算入します。また、無形固定資産のように直接償却を行い、残存価額はありません。

　繰延資産は、将来の期間に影響する特定の費用であって、次期以後の期間に配分して処理するため、便宜的に貸借対照表の「資産の部」に記載されます。

● 会計上と税法上特有の繰延資産

　繰延資産は「資産」ですが、換金性のある財産ではありません。このような資産は、会計上も基本的には資産性を積極的に認めているものではありませんが、平成18年８月に企業会計基準委員会が公表した「繰延資産の会計処理に関する当面の取扱い」では、①株式交付費、②社債発行費等、③創立費、④開業費、⑤開発費の５つの項目を繰延資産として取り扱うことになっています（次ページ図参照）。会計上は、原則的に会計処理は任意（資産計上してもよく、支出した期に全額を費用として処理してもよい）とし、資産計上

したときは、比較的短期間（３年～５年。社債発行費は発行した社債の償還期間）での償却を求めています。

　一方、法人税法による繰延資産は、大別して次の２つからなります。１つは、会計上でも規定されている前述の５つの繰延資産であり、もう１つは、税法上特有の繰延資産です。具体的には、以下の費用が該当します。

① 自己が便益を受ける公共的施設又は共同的施設の設置又は改良のために支出する費用

② 資産を賃借し又は使用するために支出する権利金、立退料その他の費用

③ 役務の提供を受けるために支出する権利金その他の費用

④ 製品等の広告宣伝目的に利用する資産を贈与したことで生ずる費用

⑤ ①から④までに掲げる費用の他、自己が便益を受けるために支出する費用（資産の取得に要した金額及び前払費用を除く）のうち支出の効果がその支出の日以後１年以上におよぶもの

　これらについては、その支出の効果の及ぶ期間を税法で定めており、その期間にわたって償却していきます。

損金経理要件はどうなっているのか

　法人税法上、償却費として損金の額に算入される金額は、確定した決算において償却費として損金経理した金額のうち、償却限度額に達するまでの金額とされています。なお、税務上特有の繰延資産で20万円未満の支出については、支出時に全額損金算入することができます。

繰延資産の取扱い

　繰延資産については、すでに代価の支払が完了し、又は支払義務が確定し、これに対応する役務の提供や財の費消が完了しているにもかかわらず、支出の効果が将来にわたって期待されるという理由から、貸借対照表に資産として計上します。流動資産や固定資産は、将来にわたる利用価値も含めて、財産的な価値のあるものです。これに対して、繰延資産は、財産的な実体もなければ価値もありません。それではなぜ、資産に計上する必要があるのか疑問に思うかもしれません。繰延資産は、その支出の効果が、将来にわたって長期的に期待されるために計上します。

　また、会計原則では、支出した費用は、支出の効果である収益に対応させることを求めています。そのため繰延資産については、いったん資産に計上して、少しずつ費用化することが認められています。

会計上の繰延資産の種類

項　目	内　　　容
株式交付費	株式募集のための広告費、金融機関の取扱手数料、証券会社の取扱手数料、目論見書・株券等の印刷費、変更登記の登録免許税、その他株式の交付等のために直接支出した費用をいう。
社債発行費等	社債募集のための広告費、金融機関の取扱手数料、証券会社の取扱手数料、社債申込証・目論見書・社債券等の印刷費、社債の登記の登録税その他社債発行のため直接支出した費用をいう。また、新株予約権の発行費用も含まれる。
創立費	会社の負担に帰すべき設立費用。たとえば、定款及び諸規則作成のための費用、株式募集その他のための広告費、株式申込証・目論見書・株券等の印刷費、創立事務所の賃借料、設立事務に使用する使用人の手当給料等、金融機関の取扱手数料、証券会社の取扱手数料、創立総会に関する費用その他会社設立事務に関する必要な費用、発起人が受ける報酬で定款に記載して創立総会の承認を受けた金額、設立登記の登録税等をいう。
開業費	土地、建物等の賃借料、広告宣伝費、通信交通費、事務用消耗品費、支払利子、使用人の給料、保険料、電気・ガス・水道料等で、会社設立後営業開始までに支出した開業準備のための費用をいう。
開発費	新技術又は新経営組織の採用、資源の開発、市場の開拓等のために支出した費用、生産能率の向上又は生産計画の変更等により、設備の大規模な配置替を行った場合等の費用をいう。ただし、経常費の性格を持つものは開発費には含まれない 。

21 貸倒損失

貸倒損失の計上は簡単には認められない

● 貸倒損失とは

取引先の財政状態の悪化や倒産などにより、まだ回収していない売掛金や貸付金などの金銭債権が戻ってこないことになると、その金額はそのまま会社の損失ということになります。いわゆる焦げ付きですが、これを貸倒損失といいます。

ただ、回収の努力もせずに貸倒れとして損失計上するのを認めてしまうと、課税が不公平になりますので、法人税法では、貸倒れとして損金計上できる場合を限定しています。一定の要件を満たさない貸倒処理は、状況により贈与（寄附）として扱われる場合がありますので注意が必要です。

税務上、貸倒損失が計上できるのは、次の場合です。

① 法律上の貸倒れの場合

債権自体が法律上消滅してしまったため回収不能となった場合の貸倒れです。具体的には、会社更生法による更生計画の認可の決定又は民事再生法の再生計画の認可の決定により債権が切り捨てられたときや、債権者集会の協議決定で債権が切り捨てられたときなどです。

② 事実上の貸倒れの場合

債務者の資産状況、支払能力などから見て、全額が回収不能を認められる場合の貸倒れです。この貸倒れの判定が、実務上は一番難しいといえます。この規定は「全額が回収不能」の場合に限っていますので、一部でも回収の見込みがあれば貸倒処理することはできません。

また、債務者の資産状況や支払能力などを判断しなければならないので、それなりの回収努力が必要です。たとえば、債務者の財務諸表、不動産登記簿、借入状況、課税証明、回収経過記録、場合によっては信用調査会社による報告書など、できる限りの書類を収集して税務署に「全額回収不能の事実」を明らかにしなければなりません。

なお、この場合に、その債権について担保物があるときには、その担保物を処分した後でなければ貸倒処理することはできません。

③ 形式上の貸倒れの場合

売掛債権について取引停止など一定の事実が生じた場合の貸倒れです。この規定が適用される債権は、売掛金や受取手形などの売掛債権に限られます。貸付金などの貸付債権には適用されないので注意が必要です。

債務者との取引停止時（最終弁済期日とのいずれか遅い時）以後1年以上

経過した場合や、同一地域の債務者に対して持っている売掛債権の総額が旅費などの取立費用に満たない場合で、督促しても支払われないときなどに、その売掛債権の額から備忘価額（帳簿から売掛債権の事項が消えてしまわないように価値がゼロでも、残しておく金額。一般的には１円）を控除した残額を貸倒損失として損金経理（費用として処理すること）します。

● 貸倒損失の仕訳

金銭債権は、貸借対照表上では資産として表示されます。お金が回収される見込みがないということは、その金銭債権は不良債権として残ったままとなってしまい、会社の正しい財政状態を表わすことができません。そこで、貸倒れが発生した時に、次の仕訳で費用・損失の科目に振り替えます。

（借方）貸倒損失／
（貸方）売掛金・貸付金などの金銭債権

この処理により、貸倒損失分の会社の資産及び儲けが減少します。貸倒損失として処理をした後にお金が回収できた場合は、「償却債権取立益」という収益の科目に振り替え、その年度の収入として取り扱います。

● 損益計算書の表示

貸倒損失の損益計算書上の表示場所は、販売費及び一般管理費・営業外費用・特別損失のいずれかになりますが、その貸倒損失の性質により異なります。

売掛金など営業上の取引先に対する貸倒損失は「販売費及び一般管理費」に、貸付金など通常の営業以外の取引で生じた貸倒損失は「営業外費用」に、損益計算書に大きく影響を与えるような、臨時かつ巨額な貸倒損失は「特別損失」に表示します。

貸倒損失の計上が認められる３つの場合

1. **法律上の貸倒れ**
   --- 法律上債権が消滅 し回収不能となった場合

2. **事実上の貸倒れ**
   --- 債務者の資産状態などから見て 全額が回収不能 と認められる場合

3. **形式上の貸倒れ**
   --- 売掛債権 について取引停止など一定の事実が生じた場合

回収の努力もしない安易な貸倒損失計上は、税務署から贈与（寄付）として扱われるリスクがある

22

引当金・準備金

税務上認められている引当金・準備金は限定されている

● 債務確定主義の例外である

税法では、販売費及び一般管理費などの費用については、減価償却費を除き、期末までに債務が確定していないものは損金（費用）に算入できません。

たとえば、来期予定されている固定資産の撤去のための費用の見積額について、期末に企業会計上で費用計上しても、税務ではその費用を損金として認めません。これは、実際に固定資産の撤去が期末までに行われているわけではなく、その撤去費用を支払うべき債務が確定していないためです。このように、債務が確定した時点で費用に算入すべきであるという考え方を債務確定主義といいます。

税法では、債務確定主義が採られます。なぜなら、見積費用の計上は、恣意的にできる余地が大きいからです。もし、税務上もこのような見積費用を認めてしまうと、課税の公平を保つことができなくなります。

引当金・準備金は、将来発生する費用又は損失に対して事前に手当しておくものです。税務上、債務確定主義の観点から、見積費用は原則として認められません。しかし、限定的に税務上定められた一定の引当金・準備金についてだけ、繰入額である見積費用の損

金算入を認めています。

● 引当金・準備金とは

会社の経営には様々なリスクがつきものです。将来突然発生するかもしれない費用や損失を見積り計算し、あらかじめ準備するための金額のことを引当金といいます。企業会計上、引当金は、①将来の特定の費用または損失であること、②発生が当期以前の事象に起因すること、③発生の可能性が高いこと、④金額を合理的に見積もることができることの4要件を満たしたときに計上します。次の処理で新たに見積った金額は費用として計上します。引当金については「資産の部」のマイナス項目や「負債の部」として貸借対照表に表示されます。

（借方）○○引当金繰入／

**　　　　（貸方）○○引当金**

また、準備金とは、経済政策などの要請から租税特別措置法によって認められているものです。引当金の計上とは異なり、青色申告法人に限って認められています。

● 税務上認められている引当金

企業会計は、正しい期間損益計算をすることが主な目的です。「当期の収益

に対応する費用の計上」という費用収益対応の考え方から、以下の記述にもある貸倒引当金の他、賞与引当金、退職給付引当金など様々な引当金の計上が求められます。中でも貸倒引当金は、最も身近な引当金だといえます。

しかし、税務上は、課税の公平という見地から、原則的に引当金の計上は認めていません。会計との違いを調整するため、税法では計上できる金額の上限を設けた上で、一部の引当金については、会社側の任意で計上することが認められています。

例外として税務上認められる引当金に貸倒引当金があります。貸倒引当金は、売掛金などの将来の貸倒損失に備えるために計上するものです。ただし、貸倒引当金は、中小法人等、銀行や保険会社などの金融機関といった一部の法人にしか計上が認められていません。

このように、一部の引当金を設定することは認められていますが、その金額については、会社が計算した金額がそのまま認められるわけではありません。金額の算出方法については、法人税法で細かく規定しています。この規定によって算出された金額（繰入限度額）までが損金算入できるということになります。会社が限度額を超えて計上していた場合、超過部分は損金不算入となり、申告調整により利益に加算します。

税務上の引当金・準備金

● **税務上の引当金**

⇒ 現在では貸倒引当金のみで、また中小法人等その他一部の法人しか計上が認められない

$$\boxed{繰入限度額} = \boxed{\begin{array}{c}個別評価債権に対する\\回収不能見込額\end{array}} + \boxed{\begin{array}{c}一般評価債権に対する\\回収不能見込額\end{array}}$$

$$\boxed{\begin{array}{c}期末の一括評価\\金銭債権の帳簿価額\end{array}} \times \boxed{貸倒実績率}$$

● **税務上の準備金**

⇒ 租税特別措置法により準備金を積み立てて損金算入が認められる

特定の事業等に対して設定する準備金 … 　海外投資等損失準備金など

特別償却を行うために設定する準備金 … 　特別償却準備金

23

貸倒引当金
税法上貸倒引当金を適用できるのは一定の法人等のみ

● 貸倒引当金とは

取引先の倒産などによる貸倒れもリスクのひとつといえるでしょう。会社が保有する売掛金や貸付金などの金銭債権の中に、回収できない恐れのあるものが含まれている場合には、これに備えて引当金を設定します。これを貸倒引当金といいます。

では、会計上の貸倒引当金と税法上の貸倒引当金は違うのでしょうか。

会計上は、債権を①一般債権、②貸倒懸念債権、③破産更生債権等、の3つに区分し、その区分ごとに貸倒見込額を計算することで貸倒引当金を計上します。

① 一般債権

経営状態に重大な問題が生じていない債務者への債権です。

② 貸倒懸念債権

経営破たんの状態には至っていないが債務の弁済に重大な問題が生じている又はその可能性の高い債務者への債権です。

③ 破産更生債権等

経営破綻又は実質的に経営破たんに陥っている債務者への債権です。

一方、法人税法上は、金銭債権を「個別評価金銭債権」と「一括評価金銭債権」の2つに区分し、その区分ごとに計算します。

特にリスクの高い金銭債権を「個別評価金銭債権」、その他は「一括評価金銭債権」とする比較的シンプルな考え方です。会計上の債権区分の判断や見込額の計算はやや複雑であるため、明らかに金額がかけ離れている場合を除き、税法上の計算方法をとることができます。

● 貸倒損失とはどう違うのか

貸倒引当金はまだ予測段階である一方、貸倒損失は、客観的にその事実が存在している損失であるという違いがあります。

たとえば、ある取引先が会社更生法の適用により、当社に対する売掛金100万円のうち半分を切り捨て、残り半分は10年間の分割払いとする決定があったとします。切り捨てが決定された50万円については、回収できないことが明らかなので「貸倒損失」となります。残りの50万円についてですが、支払いを受ける決定がされたものの、会社更生法が適用されたことで、もはや健全な取引先とはいえません。

そこで回収不能を予測して設定するのが「貸倒引当金」です。まだ予測の段階なので、順調に支払いを受けた場

合は、毎期その設定金額を見直していきます。

●税務上貸倒引当金が認められる場合

税務上貸倒引当金の計上は、原則的には認められないことになっています。現段階で貸倒引当金の損金算入が認められるのは、以下に記述するような一定の法人のみとなりますので注意が必要です。

一定の法人等とは、①中小法人等、②銀行や保険会社などの金融機関、③リース会社など「一定の金銭債権を有する法人等」です。①の中小法人等とは、資本金等の額が1億円以下である普通法人のうち資本金等5億円以上の大法人等に完全支配されていないもの、公益法人等、協同組合等、人格のない社団等をいいます。③の「一定の金銭債権を有する法人等」とは、リース会社、債権回収会社、質屋、クレジット会社、消費者金融、信用保証会社などが該当します。

会計上の貸倒引当金と法人税法上の貸倒引当金の違い

会計上の貸倒引当金	貸倒れの危険性に応じて3つの段階に債権を分類段階別に会計処理	
貸倒れの危険性 ↓ 高い	一般債権	債務者の経営状態に重大な問題なし →貸倒実績率法により計算
	貸倒懸念債権	債務者は債務の弁済に重大な問題が生じている可能性あり→キャッシュ・フロー見積法又は財務内容評価法により計算
	破産更正債権等	債務者は経営破たんの状態 →財務内容評価法により計算

法人税法上の貸倒引当金	会社更生法をはじめとする法律上の観点などから債権の貸倒れの危険性を分類
個別評価金銭債権	（法的な長期棚上げ）会社更生法等の法律の決定に基づくもの（実質基準）債務超過の状態が継続している等（形式基準）手形交換所の取引停止等（外国政府等）回収が著しく困難な一定の外国政府等の債権
一括評価金銭債権	個別評価金銭債権以外の債権

24 役員報酬・賞与・退職金の処理
税務上、役員とは会社経営に従事している人をいう

税法上の役員とは

　法人税法では、役員を「法人の取締役、執行役、会計参与、監査役、理事、監事、清算人及び法人の使用人以外の者でその法人の経営に従事している者」としています。つまり、会社法上の役員はもちろん、使用人以外の相談役、顧問など会社の経営に従事している人、あるいは同族会社の使用人で、その会社の経営に従事している者のうち、一定の条件を満たす者も役員とみなされます。これら税法独自の役員をみなし役員と呼んでいます。

　また、会社法上の役員であっても、取締役経理部長のように使用人の地位を併せ持つ人のことを、税法上は特に「使用人兼務役員」といい、他の役員と区別しています。

損金算入できる役員給与の範囲

　法人がその役員に対して支給する給与（退職給与等を除く）のうち、損金算入されるものの範囲は、次の①〜③の通りとなっています。役員とは、前述の税法上の役員のことをいいます。
① 支給時期が1か月以下の一定期間ごとで、かつ、その事業年度内の各支給時期における支給額が同額である給与（つまり定期同額給与）の場合
② 所定の時期に確定額を支給する届出に基づいて支給する給与など（つまり事前確定届出給与）の場合
③ 非同族会社の場合又は非同族会社の完全子会社の業務執行役員に対す

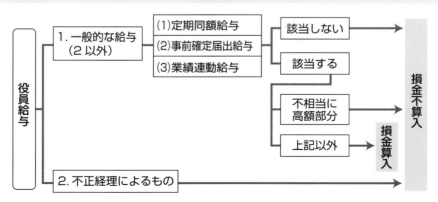

役員給与

- 役員給与
  - 1. 一般的な給与（2以外）
    - (1)定期同額給与
    - (2)事前確定届出給与
    - (3)業績連動給与
      - 該当しない → 損金不算入
      - 該当する
        - 不相当に高額部分 → 損金不算入
        - 上記以外 → 損金算入
  - 2. 不正経理によるもの → 損金不算入

る業績連動給与で、算定方法が利益などの客観的な指標に基づく場合

①の定期同額給与では、原則的に期中の役員報酬の支給額は一定でなければなりません。ただし、例外として支給額の改定が認められる場合があります。それは、期首から3か月以内の改定と、臨時改定事由や業績悪化による改定です。その場合、改定以後の支給額が同額であれば、定期同額給与に該当します。

たとえば役員に対して無利息での金銭の貸付けや無償での社宅の貸出しなど、現金以外の現物給を支給する場合もあります。その場合、現物給与の額がおおむね一定であれば定期同額給与に該当します。

②の事前確定届出給与とは、役員賞与を支給する場合、事前に届け出が必要であるということです。たとえば、年2回、特定の月だけ通常の月額報酬より増額した報酬（臨時給与、賞与）を支払う場合、支給額、支給時期等を事前に届け出ていれば損金算入が認め

られます。

なお、これらの給与であっても、不相当に高額な部分の金額や不正経理をすることにより支給するものについては、損金の額に算入されません。

一方、役員に対して支給する退職給与については、原則として損金の額に算入されます。ただしこの場合も、不相当に高額な部分の金額は損金の額に算入されません。

●役員退職金の損金算入

法人が役員に支給する退職金で適正な額については、損金の額に算入されます。その退職金の損金算入時期は、原則として、株主総会の決議等によって退職金の額が具体的に確定した日の属する事業年度となります。

ただし、法人が退職金を実際に支払った事業年度において、損金経理（費用として処理すること）をした場合は、その支払った事業年度において損金の額に算入することも認められます。

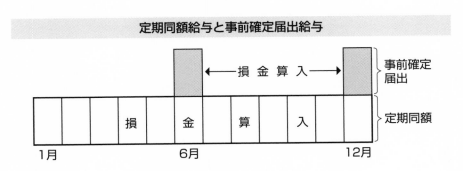

定期同額給与と事前確定届出給与

25 欠損金の繰越控除

欠損金を利用すれば法人税を少なくすることができる

● 欠損金とは「赤字」のことである

欠損金とは、その事業年度の損金の額が益金の額を超える場合のマイナスの所得、つまり赤字のことをいいます。会社は継続的に事業活動を行いますので、黒字の年もあれば赤字の年もあります。中には、不動産売却など臨時的な取引により、たまたまその年度だけ黒字がでたり、反対にマイナスとなったり、ということもあります。このような場合に、黒字のときだけ税金が課税され、赤字のときは何の措置もないというのでは不公平です。そのため、マイナスの所得である欠損金が生じた場合には、欠損金の繰越控除によって、税負担の調整を図っています。

では、欠損金の繰越控除とは、どのような調整方法なのか、以下で見ていきましょう。

● 向こう10年間に生じる黒字から控除できる

今期の事業年度の所得金額が黒字だった場合において、その事業年度開始の日の前から10年以内（平成30年3月31日以前に開始した事業年度は9年以内）に開始した事業年度に生じた赤字の所得金額、つまり欠損金額があるときは、今期の黒字の所得金額を限度

として、その欠損金額を損金の額に算入することができます。これを欠損金の繰越控除といいます。つまり、欠損金が生じた場合は、将来10年間に生じる黒字の所得金額から控除することができるのです。

ただし、中小法人等を除き、所得から控除できる金額は黒字の事業年度の所得の50％までに限られています。中小法人等とは、普通法人（投資法人、特定目的会社および受託法人を除く）のうち、期末資本金もしくは出資金が1億円以下で、資本金5億円以上の大法人による完全支配関係がないなどの一定の要件に該当する法人、または資本金もしくは出資金を有しないもの、公益法人等、協同組合等、人格のない社団等をいいます。

この制度を適用するためには、欠損金が生じた事業年度において青色申告書を提出し、かつ、欠損金の生じた事業年度以降連続して確定申告書（青色申告書でなくてもよい）を提出していること、欠損金が生じた事業年度の帳簿書類を保存していることが条件です。

● 中小法人は税金を還付してもらえる

今期の事業年度が赤字だった場合（欠損事業年度といいます）、その欠損

金を、今期事業年度開始の日前1年以内（前期）に開始した事業年度に繰り戻して、その欠損金に相当する法人税の全部又は一部を還付してもらうことができます。これを欠損金の繰戻しによる還付といいます。つまり、「今期と前期の所得金額を通算すると、前期の法人税は納めすぎだった」という場合に、納めすぎた分を還付してもらうことができるのです。

　この制度は、主に中小法人等が適用できます。中小法人等とは、期末資本金もしくは出資金が1億円以下で、資本金5億円以上の大法人による完全支配関係がないなどの一定の要件に該当する法人、または資本金もしくは出資金を有しないものをいいます。

　なお、中小法人等以外の法人に関しては、平成4年4月1日から令和6年3月31日までの間に終了する各事業年度において生じた欠損金額についてはこの制度は適用しないとされています。ただし、中小法人等以外の法人であっても、①清算中に終了する各事業年度の欠損金額、②解散等の事実が生じた場合の欠損金額、③災害損失欠損金額および④銀行等保有株式取得機構の欠損金額については、欠損金の繰戻しによる還付制度を適用できるとされています。

　制度が適用されるためには、ⓐ前事業年度（前期）及び欠損事業年度（当期）共に青色申告書を提出していること、ⓑ欠損事業年度の青色申告書を期限内に提出していること、ⓒ欠損事業年度の青色申告書と同時に欠損金の繰戻しによる還付請求書を提出していること、という条件を満たすことが必要です。ただし、この制度は法人地方税にはありませんので、還付されるのは国税である法人税の額のみです。

欠損金とその調整

欠損金の繰越控除

各事業年度の開始の日前10年以内（平成30年3月31日以前に開始した事業年度で生じた欠損金は9年以内）の欠損金額を各事業年度の所得の金額の計算上、損金の額に算入が可能

➡「前期赤字、今期黒字」の場合は欠損金の繰越控除が可能。

欠損金の繰戻しによる還付

欠損金額を欠損事業年度開始の日前1年以内に開始した事業年度に繰り戻して還付を請求できる

➡「前期黒字、今期赤字」の場合には欠損金の繰戻しによる還付（中小法人等のみ）が可能。

同族会社

3つの株主グループに50%超保有されている会社である

● 同族会社とは

一般に同族会社とはオーナーが社長となっている会社のことを指しますが、法人税法では、同族会社をより細かく定義されています。3人以下の会社の株主等とそれら株主等と特殊関係にある個人・法人（株主グループ）の持つ株式総数又は出資の合計額が、その会社の発行済株式総数又は出資総額の50%を超える会社が同族会社です。

同族会社は、個人的な色彩が強く、恣意的な経営が行われやすいため、次に掲げるような規制が設けられています。

同族会社にあっては、通常の法人に比べ、恣意的に課税を免れようとする行為が行われやすい環境にあります。こうした行為のうち多くのものは、過大な役員給与の損金不算入など、法人税法で損金算入が認められない規定（否認規定）が設けられていますが、中にはそのいずれにも該当しない行為もあります。そのような行為について、課税上弊害がある場合の抑止力としての役割を果たしているのがこの規定です。

つまり、同族会社が行った行為・計算が租税回避につながると認められる場合、通常の法人が行う行為・計算に引き直して所得計算が行われます。

したがって、法令上や企業会計上で有効だとしても、税務上は否認されるといったケースも起こり得ます。

● 同族会社の留保金課税とは

同族会社においては、経営者がオーナーである場合が多く、会社に利益が出てもオーナー個人の所得税等のバランスから配当に回すことを避けるため、会社に利益を留保（株主に対する配当などを行わないこと）する傾向が強くなります。つまり、利益を配当するとオーナーの所得が増え、所得税が課されてしまうので、それを避けるために利益を留保するわけです。これでは、会社員や個人事業主との課税のバランスがとれませんので、留保金額が一定金額以上になると、通常の法人税とは別に10%から20%の特別の法人税が課税されます（同族会社の留保金課税）。

同族会社の留保金課税が課されるのは、特定同族会社（1株主グループの持株割合などが50%を超える会社のこと）が必要以上の利益を内部留保した場合です。ただし特定同族会社であっても、期末資本金額1億円以下で、資本金5億円以上の大法人に完全支配されていないなどの中小企業については、適用対象から除外されています。

27 法人税の申告納税

申告納付期限は原則として決算日後2か月以内である

●法人税の確定申告

　会社（法人）の利益に対する課税は、申告納税です。そのため、各事業年度終了の日の翌日から原則として2か月以内に、所轄の税務署長などに対し、確定した決算に基づき、その事業年度の課税標準である所得金額又は欠損金額、法人税法により計算した法人税額等を記載した申告書を提出しなければなりません。法人税額は、確定申告書の提出期限までに納付しなければならないとされています。これが、法人税の確定申告納付です。

　なお、法人税は、株主総会等の承認を得た確定決算を基に計算しますが、会計監査人監査などの必要性から、2か月以内に決算が確定しない場合があります。このような場合には、届出書を提出し、1か月間の申告期限の延長をします。ただし、納付税額には、決算日後2か月目から納付日までの間、利子税がかかります（2か月目に納付税額を見積もり予定納税することで、利子税がかからないようにする方法があります）。

●中間申告をするケース

　会社（法人）事業年度が6か月を超える場合には、その事業年度開始の日

以降6か月を経過した日から2か月以内に中間申告をしなければなりません。ただし、新設法人の設立第1期の事業年度の場合は、中間申告は必要ありません。中間申告には、次のような2つの方法があります。

① 前年実績による予定申告

　前期事業年度の法人税の6か月換算額で申告する方法です。ただし、前期の法人税額×1/2が10万円以下の場合は予定申告納付の必要はありません。

② 仮決算による中間申告

　その事業年度開始の日から6か月の期間を1事業年度とみなして申告する方法です。

　どちらの方法により申告するかは法人の任意となっています。中間申告に関する法人税額も、確定申告と同様、中間申告書の提出期限までに納付しなければなりません。

●修正申告と延滞税

　申告した法人税が少なかった場合、正しい税額を申告し直すことが必要になってきます。この申告を修正申告といいます。この場合、この申告により増加した税額に対して、延滞税等が課税される場合があります。

第4章　法人税のしくみ

173

28 法人税の確定申告書の作成

必ず作成が必要なものと、必要に応じて作成するものがある

●別表の作成

　法人税の確定申告書は、別表と呼ばれる複数の書式で構成されています。別表には必ず作成が必要なものと、必要に応じて作成するものとがあります。どの法人も必ず作成が必要な別表は、別表一、二、四、五㈠、五㈡の５枚です。これ以外の別表は、必要に応じて作成することになります。計算の結果、差異が生じて調整計算を行う必要がある場合、別表四の「加算」または「減算」の欄へ転記します。翌期以降の損

金や益金として繰り越す場合、別表五㈠にも転記します。

　「確定申告書」には、「貸借対照表」「損益計算書」「株主資本等変動計算書」などの決算書を添付します。また、決算書以外の添付書類として、「勘定科目内訳明細書」と必要事項を記入した「法人事業概況説明書」を提出します。税額控除や軽減税率など、租税特別措置法の適用を受ける場合には、「適用額明細書」の添付も必要です。

別表同士の関係図

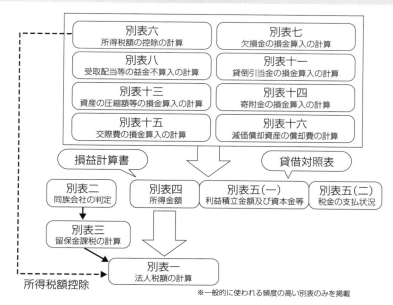

※一般的に使われる頻度の高い別表のみを掲載

29 青色申告

所得税と法人税に認められている申告方法である

● 青色申告の特典

　法人税は、会社が自らその所得と税額を確定申告して納付するという、「申告納税制度」をとっています。確定申告の仕方には、申告用紙の色に由来する「青色申告」と「白色申告」という2種類の申告形式があります。政府は帳簿書類の備付けを促し、申告納税制度を普及させる目的から、「青色申告」を奨励しています。

　青色申告とは、一定の帳簿書類を備えて日々の取引を複式簿記の原則に従い整然かつ明瞭に記録し、その記録に基づいて申告することをいいます。

　白色申告とは、青色申告以外の申告を指します。簡易な方法による記帳が認められ、青色申告では必要とされる仕訳帳や総勘定元帳の作成は義務付けられません。

　両者の間には、記帳する帳簿の種類や認められる特典などに大きな違いがあります。青色申告には様々な特典がありますので、青色申告の承認を受けておく方が会社にとっては節税効果があるので有利です。

　たとえば設立の第1期目は赤字、つまり「欠損」になりがちです。そこで青色申告であれば、その欠損金を翌年度以降の黒字の所得金額と相殺するこ

とができるという「欠損金の繰越控除」（170ページ）という特例が認められています。ただし設立第1期目から青色申告にしておく手続きが必要です。

　青色申告をすると、白色申告に比べて税負担を軽くすることのできる特典を受ける「権利」がある一方、それに相応する水準の記帳をする「義務」があります。青色申告を選択するためには、税務署長に一定の「申請書」を提出して、あらかじめ承認を受ける必要があります。

　青色申告には、白色申告にはない次のような特典があります。

① 青色申告書を提出した事業年度に生じた欠損金の繰越控除
② 欠損金の繰戻しによる還付
③ 帳簿書類の調査に基づかない更正の原則禁止
④ 更正を行った場合の更正通知書への理由附記
⑤ 推計による更正又は決定の禁止
⑥ 各種の法人税額の特別控除など
⑦ 青色申告をする者と生計を共にする従業員（控除対象の配偶者及び扶養家族を除く）の給与の必要経費算入
⑧ 個人の青色申告特別控除

30 青色申告をするための手続き①
一定期限内に「青色申告の承認申請書」を提出する必要がある

●青色申告の要件は2つある

　所得税では、青色申告ができる者を「不動産所得・事業所得・山林所得」を生ずべき業務を行う者に限定していますが、法人税については、業種を問わず、下図の2つの要件を満たすことで青色申告をすることができます。青色申告の承認を受けようとする法人は、その事業年度開始の日の前日までに、「青色申告承認申請書」を納税地の所轄税務署長に提出しなければなりません。

　ただし、設立第1期の場合には、設立の日以後3か月を経過した日と、設立第1期の事業年度終了の日とのどちらか早い日の前日までに申請書を提出することになっています。申請書を期限内に提出することができなかった場合、その事業年度は青色申告をすることができませんので注意が必要です。

　青色申告法人は、その資産・負債及び純資産に影響を及ぼす一切の取引を複式簿記の原則に従い、整然かつ明瞭に記録し、その記録に基づいて決算を行わなければならないことになっています。また、青色申告法人は、仕訳帳・総勘定元帳・棚卸表その他必要な書類を備えなければならないことになっており、かつ、その事業年度終了の日現在において、貸借対照表及び損益計算書を作成しなければなりません。

　仕訳帳・総勘定元帳・棚卸表には、次の事項を記載します。

① 　仕訳帳：取引の発生順に、取引の年月日・内容・勘定科目及び金額

② 　総勘定元帳：その勘定ごとに記載の年月日・相手方勘定科目及び金額

③ 　棚卸表：その事業年度終了の日の商品・製品等の棚卸資産の種類・品質及び型の異なるごとに数量・単価及び金額

青色申告をするには

| 青色申告の承認を受けようとする法人 | | 一定期限内に「青色申告の承認申請書」を提出 |

青色申告の要件

1．法定の帳簿書類を備え付けて取引を記録し、かつ保存すること
2．納税地の税務署長に青色申告の承認の申請書を提出して、あらかじめ承認を受けること

31 青色申告をするための手続き②

帳簿書類を7〜10年間保存することが必要

● 帳簿書類の保存期間

　青色申告法人については資本金の大小にかかわらず、帳簿書類をその事業年度の確定申告提出期限から7年間、保存することが原則です。

　「帳簿書類」には、総勘定元帳、仕訳帳、現金出納帳、売掛金元帳、買掛金元帳、固定資産台帳、売上帳、仕入帳、棚卸表、貸借対照表、損益計算書、注文書、契約書、領収書などがあります。

　また、消費税法では、仕入税額控除が受けられる要件として、「帳簿及び請求書等」の保存が義務付けられています。

　ただし、10年間の欠損金の繰越控除（170ページ）の適用を受ける場合には、10年間保存しておく必要があるので注意が必要です。

　なお、商行為に関する法規である商法においては、19条で、商人（会社などの事業者）は10年間商業帳簿や営業に関する重要書類を保存する旨を定めていますので、最低10年ということになります。決算書・申告書、定款、登記関連書類、免許許可関連書類、不動産関連書類、その他重要な契約書・申請願・届出書などについては、保存期間が定められていても、重要書類として永久保存した方がよいでしょう。

● 電磁的記録による保存制度

　帳簿書類の保存は紙による保存が原則です。

　ただし、「電子計算機を使用して作成する国税関係帳簿書類の保存方法等の特例に関する法律」（電子帳簿保存法）により、コンピュータを使って作成した帳簿書類について、一定の要件の下に、磁気テープや光ディスクなどに記録した電磁的記録のままで保存することができるようになっています。

　また、領収書や請求書など原本が紙の書類についても、一定の要件の下にスキャナを利用して作成した電磁的記録により保存できます。電磁的記録を利用することで保管に関する手間やコストを削減できるメリットがあります。

　ただし、いったん入手あるいは作成した電子データや電子書類などの作成又は入手した日を担保して、不当に内容が加工されないようにするしくみ（タイムスタンプ）の導入や、電磁的記録を想定した管理規定の作成と運用、電子帳簿等保存、スキャナ保存、電子取引（領収書や請求書等を紙面で作成せずに電子媒体のみでやりとりする取引）の取扱いについて、所定のルールに基づいて行う必要があります。

第4章　法人税のしくみ

32 推計課税の禁止・更正の理由の附記

青色申告法人については推計課税により更正又は決定をすることはできない

●青色申告法人と推計課税

法人税法では、推計課税といって、税務署長の推測で税額を決めることができる規定があります。現行の申告納税制度は、納税者自らの計算のもとに実額で申告し、税を納付する制度です。

このような実額のチェックが税務調査では不可能である場合に、間接資料に基づいて所得を推計し、更正・決定するというのがこの規定の趣旨です。したがって、適正な帳簿備付けを要件とする青色申告法人については推計課税により更正又は決定をすることはできません。

青色申告法人の更正は、その帳簿書類を調査し、その調査により申告に誤りがあると認められる場合に限られます。

なお、決定とは、申告書を提出すべき人がその申告書を提出しなかった場合に、調査等により税務署長がその納付すべき税額を確定させる処分のこと

です。決定は、決定通知書の送達により行われます。決定処分を行うことができるのは、原則として法定申告期限から5年間です。

●更正通知の理由附記

法人税法は、「税務署長は、内国法人の提出した青色申告書に関する法人税の課税標準又は欠損金額を更正する場合には、更正通知書にその更正理由を附記しなければならない」と規定しています。したがって、更正通知書を受領した場合には、更正の理由が正しいかどうかを検討する必要があります。検討事項としては、以下の2点があります。

① 税務当局が事実を正確に認識した更正内容になっているか

② これに対する法令解釈が妥当か場合によっては、不服申立てを行うことも可能です。

青色申告と推計課税の禁止

推計課税の禁止

帳簿書類の調査による更正

} 帳簿書類の調査に基づかない推計による更正・決定はできない

更正通知の理由附記 ---- 更正の理由を更正通知書に附記しなければならない

第5章

消費税のしくみ

1 消費税とは

消費者が広く公平に負担する間接税である

● どんな税金なのか

消費税とは、「消費をする」という行為に税を負担する能力を認め、課される税金です。「消費をする」とは、物を購入する、賃貸する、情報などのサービスを受ける、というような行為のことをいいます。

税を負担するのは法人・個人にかかわらず消費行為をした「消費者」です。税金は、消費者から商品やサービスの代金と一緒に徴収されます。消費者から代金と一緒に徴収された消費税は、実は税金を徴収した店や会社が納付することになっています。このような税の負担者が直接納付せず、負担者以外の者が納付するしくみの税金を、間接税といいます。

平成元年に３％の税率で導入された消費税は、平成９年４月１日から５％に税率が引き上げられました。その内訳は、国税４％、地方税１％という構成です。この税率が平成24年８月に成立した「社会保障の安定財源の確保等を図る税制の抜本的な改革を行うための消費税法の一部を改正する等の法律」の成立により、平成26年４月１日からは国税6.3％及び地方税1.7％で合計８％に、そして令和元年10月１日からは国税7.8％及び地方税2.2％で

合計10％に、税率が引き上げられました。また、時を同じくして一定の飲食料品や新聞については軽減税率（税率８％）も導入されました。

● 具体例で見る流通の流れ

消費税は、店や会社などの事業者が消費者の代わりに徴収して納めるということでした。買い物をしたときに店から受け取るレシートを見ると、本体○○円、消費税××円というように、内訳に消費税額が記載されています。しかし、この金額は、そっくりそのまま税務署へ納められるわけではありません。

消費税を納めるべき事業者は、商品やサービスを消費者へ供給する立場でありますが、一方で商品を仕入れたり備品を購入したりするため、消費者の立場でもあります。つまり事業者は物品の購入等と共に税を負担し、消費者からは税を徴収しているということになります。

もし徴収した税額のみを納めた場合、自身が負担した税はコストの一部となり、販売金額に上乗せされてしまいます。税額が流通ルートに乗って、雪だるま式にふくれあがってしまうわけです。消費税の計算は、このような「税

の累積」を排除するため、実は徴収した税額から負担した税額を控除して納めるしくみになっています。

　具体例を使って、商品の製造から消費者に届くまでの流れを見ていきましょう。税率は10％とします。

　ある商品が製造業者甲社、から卸売業者乙社を経て、消費者に渡るとします。製造業者である甲社は、販売価格10,000円の商品を作ったとします。ちなみに、これに対する消費税額は1,000円です。この商品を卸業者乙社に販売した場合、甲社は乙社から商品代金10,000円と同時に消費税1,000円も受け取ります。この時に徴収した1,000円の消費税は、甲社が申告、納付することになります（製造のためのコストはなかったものとします）。

　乙社は10,000円で甲社から仕入れた商品を、消費者に20,000円で販売したとします。乙社は消費者から20,000円と消費税2,000円を徴収します。乙社が受け取った消費税は2,000円ですが、ここから甲社へ支払った1,000円を控除し、残額の1,000円を申告、納付することになります。

　甲社から消費者までの納付税額の流れは以下のような算式になります。

　1,000円 ＋（2,000円 －1,000円）＝ 2,000円

　つまり、納められた消費税の合計額は、最終消費者が負担した2,000円と一致することがわかります。甲社、乙社は、消費者から預かった税金をそれぞれ分担して納付しているということになります。

消費税のしくみ

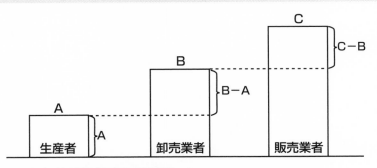

生産者が納付する消費税　A
卸売業者が納付する消費税　B－A
販売業者が納付する消費税　C－B
納付される消費税の合計　　＝A+(B－A)+(C－B)
　　　　　　　　　　　　　＝C
　　　　　　　　　　　　　＝最終消費者が負担する消費税

2 インボイス制度

令和5年10月から適格請求書等（インボイス）へ移行される

●区分記載請求書等と適格請求書等

令和元年10月以降は、軽減税率8%と標準税率10%が併存するため、経理上は主に請求書等の記載内容や会計帳簿への記載方法に留意する必要があります。具体的には、軽減税率制度が開始された令和元年10月1日から令和5年9月30日までは「区分記載請求書等制度」が導入され、令和5年10月1日より「インボイス制度（適格請求書等制度）」が導入されます。

●区分記載請求書等の記載事項

区分記載請求書等制度では、売り手は買い手からの求めに応じて次のような記載事項を完備した区分記載請求書等を買い手に交付する必要があります。

① 区分記載請求書等発行者（売り手）の氏名又は名称
② 取引年月日
③ 取引の内容（軽減税率の対象資産の譲渡等があればその旨）
④ 税率ごとに区分して合計した課税資産の譲渡等の対価の額（税込額）
⑤ 書類の交付を受ける事業者（買い手）の氏名又は名称

区分記載請求書等の主な特徴として、取引の内容には、軽減税率の対象資産があればそのことを記載する必要があ

り、対価の額には、税率ごとに区分した税込額を記載する必要があります。

なお、不特定多数の者に対して販売等を行う小売業等については、買い手の氏名等の記載を省略できます。

また、会計帳簿には「仕入先の氏名又は名称」「取引年月日」「取引の内容」「取引金額」の他に、その商品が軽減税率8%の対象であれば取引の内容に「軽減税率の対象品目である旨」を明記する必要があります。つまり、その取引が軽減税率の対象であるのかどうかを帳簿上区分しておく必要があるということです。そして、消費税の仕入税額控除を受けるには、軽減税率の対象品目と税率ごとに合計した税込価額が明記された区分記載請求書等を入手・保存しておく必要があります。

●「軽減対象資産の譲渡等である旨」の記載の仕方

軽減税率の対象となる商品がある場合には、請求書等に軽減対象資産の譲渡等であることが客観的に明らかだといえる程度の表示が必要であり、請求書に次のいずれかのように記載します。

・個々の取引ごとに8%や10%の税率を記載する
・8%の商品に「※」や「☆」といった記号や番号等を表示し、かつ、「※

（☆）は軽減対象」などと表示することで、軽減対象資産の譲渡等である旨」を明らかにする

・8％の商品と10％の商品とを区別し、8％として区別されたものについて、その全体が軽減税率の対象であることを記載する

・8％の商品と10％の商品で請求書を分けて作成し、8％の請求書には軽減税率の対象であることを記載する

● 適格請求書等の記載事項

インボイス制度では、売り手（課税事業者）は買い手からの求めに応じて次のような記載事項を完備した適格請求書等を買い手に交付し、また交付した適格請求書の写しを保存する義務が課されます。

① 適格請求書発行事業者（売り手）の氏名又は名称及び登録番号

② 取引年月日

③ 取引内容（軽減税率の対象品目である場合はその旨）

④ 税率ごとに合計した対価の額（税抜又は税込）及び適用税率

⑤ 税率ごとに区分して合計した消費税額等

⑥ 書類の交付を受ける事業者（買い手）の氏名又は名称

区分記載請求書等とは次の点が異なります。①の売り手の氏名等には、適格請求書発行事業者としての登録番号の記載が追加されます。登録番号は、法人の課税事業者の場合は「Ｔ＋法人番号（13桁）」であり、個人事業者や人格のない社団などの課税事業者は「Ｔ＋13桁」の番号となります。④の対価の額には、税率ごとの合計の対価の額が税抜又は税込で記載することになり、適用税率の記載が追加されま

区分記載請求書の記載例（令和5年9月30日まで）

株式会社〇〇御中

請求書

東京都 XX 区 XX1-23-4
〇〇株式会社

令和元年 10 月分

月日	品名		金額
10 / 1	米	※	10,800 円
10 / 8	牛肉	※	8,640 円
10 /20	ビール		6,600 円
合計			26,040 円

8% 対象　19,440 円
10% 対象　6,600 円

※軽減税率対象

す。⑤では、消費税額の記載が追加されます。

　なお、会計帳簿への記載事項は、区分記載請求書等の場合と同じです。

● 免税事業者からの課税仕入の取扱いはどう変わる

　適格請求書等を発行するには、事前に税務署へ一定の申請を行って適格請求書発行事業者として登録を受けておく必要があります。この登録は課税事業者でないと行えないルールとなっていますので、免税事業者は課税事業者に変更しない限り適格請求書等の発行ができません。

　また、課税仕入に対する仕入税額控除の適用を受けるには、適格請求書発行事業者が発行する適格請求書等を受領する必要があるため、免税事業者が発行する請求書等では、令和5年10月以降は原則として仕入税額控除を受けることができなくなります。ただし、区分記載請求書等と同様の事項が記載された請求書等を保存し、帳簿に軽減税率に関する経過措置の規定の適用を受けることが記載されている場合には、次の一定期間においては仕入税額相当額の一定割合を仕入税額として控除できる経過措置が設けられています。

・令和5年10月1日から令和8年9月30日までの期間は仕入税額相当額の80％
・令和8年10月1日から令和11年9月30日までの期間は仕入税額相当額の50％

　インボイス制度で認められる請求書等には次のものがあります。

・適格請求書又は適格簡易請求書（後述の簡易方式）
・仕入明細書等（適格請求書の記載事項が記載されており、相手方の確認を受けたもの）
・卸売市場において委託を受けて卸売の業務として行われる生鮮食品等の譲渡及び農業協同組合等が委託を受けて行う農林水産物の譲渡について、委託者から交付を受ける一定の書類
・上記の書類に関する電磁的記録（電子ファイル等）

会計帳簿の記載例

総勘定元帳（仕入）			
月　日	相手科目	摘　要	借　方
10/31	現金	○○食品㈱　※米・牛肉　10月分	19,440
10/31	現金	○○食品㈱　　　ビール　10月分	6,600
			※軽減税率対象

区分記載請求書等の場合も適格請求書等の場合も、「軽減税率の対象品目である旨」を追記する

●簡易方式とは

　不特定多数の者に対して販売等を行う小売業、飲食店業、タクシー業等については、通常の適格請求書等とは異なり次の通り記載事項を一部簡略化した「適格簡易請求書」を交付することができます。

① 適格請求書発行事業者（売り手）の氏名又は名称及び登録番号
② 取引年月日
③ 取引内容（軽減税率の対象品目である場合はその旨）
④ 税率ごとに合計した対価の額（税抜又は税込）
⑤ 税率ごとに区分して合計した消費税額等又は適用税率

●適格請求書の交付義務が免除される場合

　不特定多数の者などに対してその都度適格請求書を交付するのも実務上困難が生じる場合があり、以下の取引は適格請求書の交付義務が免除されます。

① 船舶、バス又は鉄道による旅客の運送（3万円未満のもの）
② 出荷者が卸売市場において行う生鮮食料品等の譲渡（出荷者から委託を受けた者が卸売の業務として行うもの）
③ 生産者が行う農業協同組合、漁業協同組合又は森林組合等に委託して行う農林水産物の譲渡（無条件委託方式かつ共同計算方式により生産者を特定せずに行うもの）
④ 自動販売機により行われる課税資産の譲渡等（3万円未満のもの）
⑤ 郵便切手を対価とする郵便サービス（郵便ポストに差し出されたもの）

適格請求書の記載例（令和5年10月1日以降）

株式会社○○御中

請求書

東京都XX区XX1-23-4
○○株式会社
（登録番号 TXXXXXXXXXXXXX）

令和5年10月分

月日	品名	金額
10／1	米　　　※	10,800円
10／8	牛肉　　※	8,640円
10／20	ビール	6,600円
合計		26,040円

（ 8%対象　18,000円　消費税1,440円）
（10%対象　 6,000円　消費税 600円）
※軽減税率対象

3 納税事業者や課税期間①

まずは課税事業者か免税事業者かを判定するところからはじまる

納税義務者はどうなっているのか

　税金を納める義務のある者のことを「納税義務者」といいます。消費税の納税義務者は、「事業者」と「外国から貨物を輸入した者」（輸入取引については194ページ）です。

　「事業者」とは、個人で商売を営む経営者や会社など、事業を行う者のことをいいます。ただし、すべての「事業者」が納税義務者になるわけではありません。小規模の会社や個人経営者にとっては、本業の経営を行う傍らで税金を計算するという作業は非常に負担がかかります。このような小規模事業者への配慮から、前々年度の課税売上が1,000万円以下であるなど一定要件を満たす事業者については、消費税を納付する義務がありません。

　なお、消費税を納める義務がある事業者のことを課税事業者、消費税を納める義務がない事業者のことを免税事業者といいます。

課税期間とは

　課税期間とは、消費税を申告するための計算単位となる期間のことです。個人の場合は1月から12月までの暦年、法人の場合は決算から決算までの一事業年度が、課税期間です。「課税事業者」は、この課税期間中に行った取引について、納めるべき消費税を計算して納付します。

　また、一定の手続きを行うことにより、特例として課税期間を3か月間又は1か月間ごとに短く区切ることができます。これを課税期間の短縮といいます。たとえば多額の設備投資を行った場合など、税金が還付される場合には、この制度の適用を受けると早く還付を受けることができます。ただし、いったん課税期間短縮の手続きを行うと2年間継続して適用されることになります。申告のために費やす事務負担が増えることになるので、課税期間を短縮するメリットがあるのか、慎重に検討する必要があります。

基準期間

　国内で事業を行う事業者の中にも、納税義務が免除される場合があります。納税義務が免除されるかどうかは、前々年度の課税売上で判定するということを前述しました。このように、判定の基準となる期間のことを、「基準期間」といいます。なぜ前々年度なのかというと、直前の課税期間の場合、決算を終えるまでは数値が確定しないからです。当課税期間が課税なのか免

税なのかすぐに判断できず不都合が生じるため、当課税期間の始めには数値が確定している、前々年度を基準にしているわけです。厳密にいえば、個人と法人とで基準期間は異なり、単純に2年前ではありません。

個人事業者の場合、課税期間は1月から12月までの暦年で区切られます。したがって前々年度がそのまま基準期間となります。たとえ基準期間の途中で開業した場合でも、後述の法人のように換算計算などは行いません。

一方、法人の基準期間は、1年決算法人（会計上の事業年度の期間を1年としている法人のこと）の場合、その事業年度の前々事業年度です。

基準期間が1年未満である場合は、その事業年度開始日の2年前から1年間に開始した各事業年度をあわせた期間が基準期間となります。基準期間が1年でない法人の基準期間における課税売上高については、たとえば6か月法人であれば2倍、というように1年分に換算し直して計算します。

なお、基準期間は免税事業者の判定の他に、消費税額の計算方法のひとつである「簡易課税制度」適用の可否を判定する場合にも利用します。

●納税義務が免除される場合

納税義務の免除に関する説明に戻ります。免税事業者になる場合とは、基準期間中の課税売上高が1,000万円以下である場合です。課税売上高とは、消費税の対象となる収入の合計金額をいいます。

なお、基準期間が前々事業年度であるということは、設立したばかりの法人については、基準期間がないということになります。そこで、設立1年目又は2年目で基準期間がない法人は、基準期間における課税売上高もないため、免税事業者となります。ただし後述するように、例外として課税事業者に該当する場合もありますので、注意が必要です。個人の場合、暦年で計算するため、開業以前でも基準期間は存在します。したがって、開業して2年間は、基準期間の課税売上高はゼロで免税という取扱いになります。

免税事業者となった課税期間において、多額の設備投資を行うなど、消費税の還付を受ける場合は、届出を提出することにより課税事業者の選択をすることができます。ただし、いったん課税事業者の選択を行うと、2年間は継続して適用されます。課税事業者を選択する場合、翌課税期間以降のことも考慮して、慎重に検討する必要があります。

なお、事業を相続した個人や分割、合併のあった法人については、基準期間の課税売上高に相続前、分割、合併前の売上高が加味されます。通常の開業初年度の取扱いとは異なりますので、注意が必要です。

4 納税事業者や課税期間②

基準期間の課税売上高が1,000万円以下でも課税事業者となる場合がある

◉1,000万円以下でも課税される場合

新設法人の場合や基準期間における課税売上高が1,000万円以下であるにもかかわらず、例外として課税事業者となるケースが3つあります。

①新設以後2年間の事業年度開始の日において「資本又は出資の額が1,000万円以上の法人」の場合、②「特定期間における課税売上高」が1,000万円を超える場合、③「特定の新規設立法人」に該当する場合です。

◉資本金1,000万円以上の新設法人について

①資本金が1,000万円以上ある新設法人の場合は、納税義務が生じます。新設法人は基準期間がないので、通常であれば免税事業者です。しかし、ある程度の規模の法人については、納税する資金力があるものとみなされ、特別に課税事業者にされてしまうというわけです。判定のタイミングは、「事業年度開始の日」の状態です。たとえば法人設立時の資本金は1,000万円であったが、期中に減資を行い、2年目の期首には資本金が900万円になっていたとします。この場合、1年目は課税事業者ですが、2年目は免税事業者という取扱いになります。

なお、後述のように資本金1,000万円未満であっても課税事業者となるケースもあります。

◉課税事業者となるケース

②基準期間の課税売上高が1,000万円以下でも、前事業年度開始の日から6か月間の課税売上高が1,000万円を超える場合には納税義務は免除されません。つまり課税事業者として取り扱われます。

前事業年度開始の日以後6か月間の期間のことを「特定期間」といいます。前事業年度が7か月以下である場合は、前々事業年度開始の日以後6か月間が適用されます。

なお、判定の基準については、課税売上高に代えて、支払った給与等の金額の合計額で判定することもできますので、いずれか有利な方法を選択します。

◉資本金1,000万円未満の法人のケース

③資本金1,000万円未満の法人は、通常であれば免税事業者ですが、資本金1,000万円未満であっても、次の2つの要件を満たす法人は課税事業者になるため、注意が必要です。

ⓐ　株主から直接又は間接に50％超の

株式等の出資を受けているなど、実質的にその株主に支配されている状態である

ⓑ　ⓐの株主又はその株主と一定の特殊な関係にある法人のうち、いずれかの基準期間に相当する期間における課税売上高が５億円超である

　要するに、売上が５億円を超えているような大規模な会社から出資を受けた法人は、納税する余力があるとみなされるというわけです。

● 免税事業者は有利か

　免税事業者になることがすべての場合に得になるとは限りません。なぜなら、消費税の申告をする必要がない代わりに、仕入に含まれている消費税を控除できないからです。売上にかかる消費税より仕入にかかる消費税の方が多い場合でも、還付を受けることができません。この点は把握しておく必要があるでしょう。

　また、令和５年10月から導入されるインボイス制度により、免税事業者の位置付けが大きく変わってきますので、これによっても有利・不利に関して影響を及ぼすことが考えられます。つまり、免税事業者が発行する請求書では、仕入税額控除ができなくなるため、免税事業者との取引が控えられてしまうことが考えられます。

第５章　消費税のしくみ

免税事業者となる場合

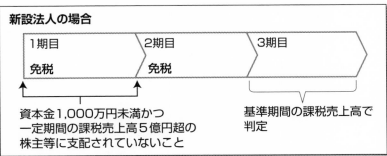

5 消費税が課される取引

課税の対象となるための要件をおさえる

● 消費税が課される取引

消費税法では、国内取引と輸入取引とに分けて考えます。まず国内取引から見ていきます。消費税の課税対象となる消費行為とは、①「国内において」、②「事業者が事業として」、③「対価を得て（代金を受け取ること）行う」、④「資産の譲渡等」、又は「特定仕入」と定められています。特定仕入とは、国外事業者が行う、インターネットを通じて提供されるサービスや俳優や芸能人等の役務の提供をいいます。

上記①〜④のうちいずれか1つでも当てはまらないような取引、又は特定仕入に該当しない取引は、消費行為として消費税が課されるべき取引ではないということです。

次に輸入取引ですが、税関から国内に持ち込まれる外国貨物については消費税が課されるというしくみです。反対に国外へ輸出する貨物等については、消費税が免除されます。これは日本国内で消費されたもののみに課税し、国際間の二重課税を防ぐためのものです。

● 課税取引とは

以下、国内取引に関する内容について、課税取引とはどのようなものをいうのか、見ていきましょう。

① 「国内において」とは

その取引が国内において行われたかどうかを判定します。以下の①⑳の場所が国内であれば、国内において行われた取引です。

① 資産の譲渡又は貸付

その譲渡又は貸付が行われているときにその資産の所在場所が国内であるかどうか。

⑳ 役務の提供

その役務の提供が行われた場所が国内であるかどうか。

② 「事業者が事業として」とは

事業者とは、事業を行う法人や個人をいいます。個人の場合、店舗や事務所を経営する人の他、医師や弁護士、税理士なども事業者に該当します。法人は株式会社などの会社のことです。意外に思うかもしれませんが、国や都道府県、市町村、宗教法人や医療法人、代表者の定めのある人格のない社団等も法人に該当します。

「事業」とは、同じ行為を反復、継続、独立して行うことをいいます。法人が行う取引はすべて「事業として」行ったものとなります。

一方、個人事業者の場合は、仕事以外の普段の生活における消費行為については、「事業として」行ったもので

はないため、除いて考える必要があります。なお、会社員がたまたま受け取った出演料や原稿料のような報酬は、「反復」「継続して」行ったとはいえないため、事業とはいえません。

③ 「対価を得て」とは

資産の譲渡、貸付、役務の提供を行った見返りとして代金を受け取ることをいいます。

対価を得ず、無償で資産を譲渡した場合も、その譲渡した相手と利害関係があれば、対価を得ているとみなされる場合があります。たとえば法人がその役員に自社製品を贈与した場合、実際は対価を得ていなくても、対価を得て製品を販売したことになり、課税取引として申告しなければなりません。これをみなし譲渡といいます。

また、定価よりも著しく低い値段で譲渡した場合、相手が法人の役員や個人事業主であれば、実際の低い値段ではなく、定価で販売したものとして申告しなければなりません。このような取引を低額譲渡といいます。

④ 「資産の譲渡等」とは

「資産の譲渡等」とは、資産の譲渡、貸付、役務の提供をいいます。つまり、物品や不動産などを渡す行為、貸し付ける行為、サービスを提供する行為です。

サービスの提供とは、たとえば土木工事、修繕、運送、保管、印刷、広告、仲介、興業、宿泊、飲食、技術援助、情報の提供、便益、出演、著述等をいいます。弁護士、公認会計士、税理士、作家、スポーツ選手、映画監督、棋士等による専門知識、技能などに基づく行為もこれに含まれます。

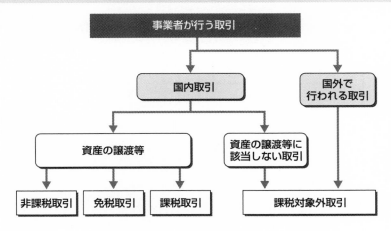

課税対象取引と課税対象外取引

6 非課税取引・不課税取引

課税が適切でない取引や要件に当てはまらない取引のこと

●非課税取引とは

　消費税の課税対象となる取引のうち、その性格上課税することが適当でない、もしくは医療や福祉、教育など社会政策的な観点から課税すべきではない、という大きく分けて2つの理由により消費税が課されない取引があります。本来は課税取引に分類されるべきですが、特別に限定列挙して課税しないという取引です。これらの取引を非課税取引といいます。非課税取引の具体的な内容は下図の通りです。

●不課税取引とは

　消費税の課税対象は、①「国内にお

いて」、②「事業者が事業として」、③「対価を得て行う」、④「資産の譲渡等」又は特定仕入です。これらの要件に1つでもあてはまらない取引は、課税の対象から外れます。このような取引を不課税取引（課税対象外取引）といいます。

　たとえば、国外で行った取引、賃金給与の支払い、試供品の配布、寄附などはこの不課税取引に該当します。

　ちなみに、課税取引の要件を満たしているにもかかわらず課税されないのが前述の「非課税取引」です。両者を混同しないように注意しましょう。

非課税取引

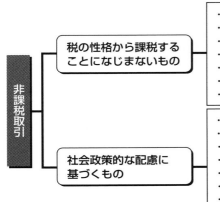

非課税取引	税の性格から課税することになじまないもの	・土地の譲渡及び貸付 ・有価証券、支払手段の譲渡 ・金融取引、保険料など ・郵便切手類、印紙、証紙の譲渡 ・物品切手等の譲渡 ・行政手数料 ・国際郵便為替
	社会政策的な配慮に基づくもの	・社会保険医療に関する診療報酬など ・社会福祉事業に関する資産の譲渡等 ・助産に関する資産の譲渡等 ・埋葬料、火葬料 ・身体障害者用物品の譲渡 ・教育に関する役務の提供 ・教科用図書の譲渡 ・住宅の貸付

7 消費税取引の認識のタイミング

原則として「引渡日」で認識する

● 消費税取引の基準となるのはいつか

消費税法では、「課税資産の譲渡等をした時」又は「外国貨物を保税地域から引き取る時」に納税義務が成立します。前者は国内取引の場合、後者は輸入取引の場合です。「課税資産の譲渡等をした時」とは、原則的に「資産等を引き渡した日」です。「引き渡した日」といっても、出荷日、検収日など、考え方が複数存在します。消費税の場合、合理的であると認められる日であればよいので、所得税や法人税における収益の計上時期の考え方に即して取り扱います。

物品販売にたとえると、出荷日を基準に売上計上している会社は、消費税法上も出荷日で納税義務が成立するということです。ただし一度計上方法を選択した後は、継続して同じ方法を採用する必要があります。

● 特例がある

取引には様々な形態があります。にもかかわらず、消費税を一律に「引渡日」で認識してしまうと、収入と納税の時期が乖離（かいり）してしまい、事業者側に資金面で負担がかかってしまう場合もあります。

そこで、一定の取引に関しては、資産の譲渡等の認識時期に関する次のような特例が設けられています。

① 工事の請負に関する資産の譲渡等の時期の特例

長期大規模工事の請負契約で、工事進行基準の方法を採用している場合、売上を計上する年度に資産の譲渡等を行ったものとすることができます。なお、工事進行基準とは、未完成の工事について、完成した割合に応じて部分的に収益計上する方法をいいます。

② 小規模事業者に関する資産の譲渡等の時期の特例

所得税において、現金主義の適用を受ける小規模個人事業者は、資産の譲渡等及び課税仕入時期を、対価を収受した日及び支払った日とすることができます。

なお、従来は「長期割賦販売等に関する資産の譲渡等の時期の特例」として、延払基準を採用して長期割賦販売等を行った場合において、支払期日が到来する都度、消費税を計上することができましたが、平成30年度税制改正により廃止され、現在では通常の販売と同じように、販売した時点で一括的に消費税を計上する必要があります。

8 輸出や輸入取引の場合の取扱い

国際取引の取扱いを理解する

● 輸出や輸入取引した場合

ここでは輸出や輸入取引をした場合の消費税の取扱いについて見て行きましょう。

・輸出取引をした場合

国内から物品を輸出したときのように、消費者が外国に存在する場合でも、「課税取引」としての要件を満たすのであれば、原則として「課税取引」です。しかし、消費税は日本国内における消費者が負担するものであって、外国の消費者には課すべきではありません。

そこで、外国の消費者への取引を課税対象から除外するため、「課税取引」のうち輸出取引等に該当するものについては、免税取引として消費税が課されないことになっています。これらの取引は一般的に「0％課税」と言われます。税率0％の消費税を課税する取引という意味です。

免税となる輸出取引等に該当するための要件は、以下の4つです。

① 国内からの輸出として行われるもの
② 国内と国外との間の通信や、郵便、信書便
③ 非居住者に対する鉱業権、工業所有権、著作権、営業権等の無形財産権の譲渡又は貸付
④ 非居住者に対する役務の提供で、

国内で直接便益を受けないもの

非居住者とは、簡単にいうと外国人のことです。なお、消費税は直接輸出を行う段階で免除されるため、輸出物品の下請加工や、輸出業者に商品を国内で引き渡した場合などについては、免税の対象にはなりません。つまり輸出業者の立場から見れば、輸出にかかった費用は消費税が課税されるということになります。この輸出業者が負担した消費税分については、申告により還付されることになります。

輸出取引の範囲について、もう少し詳しく取り上げてみると、以下のような取引となります。

㋑ 日本からの輸出として行われる資産の譲渡又は貸付
㋺ 外国貨物の譲渡又は貸付
㋩ 国際旅客、国際運輸、国際通信、国際郵便及び国際間の信書
㋥ 船舶運航事業者等に対して行われる外航船舶等の譲渡若しくは貸付等
㋭ 専ら国際運輸の用に供されるコンテナーの譲渡若しくは貸付等
㋬ 外航船舶等の水先、誘導等の役務の提供
㋣ 外国貨物の荷役、運送、保管等の役務の提供

㋠ 非居住者（外国人）に対する鉱業権、産業財産権（工業所有権）、著作権などの譲渡又は貸付

㋡ ㋑～㋠の他非居住者に対する役務の提供で次に掲げるもの以外のもの

ⓐ 国内に所在する資産に関する運送又は保管

ⓑ 国内における飲食又は宿泊

ⓒ ⓐ及びⓑに掲げるものと同様の取引で、国内において直接便益を受けるもの

・輸入取引をした場合

輸入取引をした場合、外国から輸送された外国貨物の輸入許可が下りるまで保管される場所のことを「保税地域」といいます。外国から輸入された外国貨物は、保税地域から通関業務を経て国内へ引き取られます。

保税地域から外国貨物を引き取った者については、事業者であるかどうかは関係なく、納税義務者となります。たとえば一般の人が、自分用に個人輸入を行った場合であっても、消費税を納める義務が生じるということです。

また、「保税地域から引き取られる外国貨物」は、国内で消費されるものとして消費税が課されます。

ただし、以下の㋑～㋣については、その性格上課税することが適当でない、又は福祉や教育など社会政策的な観点により課税すべきではないという理由から、非課税の輸入取引となります。

㋑ 有価証券等

㋺ 郵便切手類

㋩ 印紙

㊁ 証紙

㋭ 物品切手等

㋬ 身体障害者用物品

㋣ 教科用図書

輸出と消費税

┌─────────────────┐　　　┌─────────────────┐
│ 輸出取引には消費税は │ ➡ │ 国際機関における二重課税 │
│ かからない │　　　│ を排除するため │
└─────────────────┘　　　└─────────────────┘

ポイント

┌───────────────────────────┐
│ 免税取引は、税率0％の消費税の課税取引。 │
│ 0％のため、実質的に消費税はかからないが、 │
│ 課税売上高を計算するときは、課税売上高に │
│ 含めて計算する │
└───────────────────────────┘

9 消費税額の算定①

計算方法には原則課税と簡易課税がある

納付税額の計算方法について

消費税の課税事業者となった場合、課税期間を一単位として納付税額を計算しなければなりません。納付税額の計算方法には、「原則課税」と「簡易課税」という、大きく分けて2つの方法があります。

消費税の基本的な考え方は、消費者から徴収した税額から事業者自身が負担した税額を控除するというものです。この考え方に即した計算方法が、「原則課税」です。原則課税では、一課税期間中の売上に含まれる消費税額から、仕入に含まれる消費税額を控除した残額が納付税額となります。課税取引に分類される売上と仕入をそれぞれ集計し、それぞれに含まれる消費税額を計算により割り出すというイメージです。

なお、この場合の売上、仕入とは、帳簿上に記載された勘定科目名に関係なく、消費税の計算の対象となるような収入、支出をいいます。つまり営業外の収入や、資産の購入なども該当するということです。

次に「簡易課税」ですが、これは文字通り簡易に省略した計算方法です。基準期間における課税売上高が5,000万円以下である事業者に対し、選択により適用される方法です。

一般的に、仕入に対する消費税額を計算するのは、非常に煩雑です。なぜなら、仕入や経費など1つひとつの取引を、課税、非課税などと分類することは、非常に地道で手間がかかる作業が必要となるからです。そこで、卸売業、小売業、製造業、サービス業など業種別に大まかな「みなし仕入率」をあらかじめ定めておきます。

みなし仕入率とは、売上の内に仕入が占める割合のことです。売上にこの「みなし仕入率」を掛けて、納付税額を計算するという方法が、簡易課税となります。実際の課税仕入の金額を計算する必要がないため、計算が簡単に済みます。中小企業や個人経営者のような小規模事業者の事務負担を減らす配慮からできた制度といえます。

原則課税方式とは

事業者が納付する消費税額は、課税期間中に消費者から徴収した消費税から、事業者自身が負担した消費税額を差し引いて計算します。これは、各取引段階における「税の累積を排除する」という考え方に基づいた計算方法です。要するに、消費税を計算するためには、「徴収した消費税額」と「負担した消費税額」の2つの要素が必要

ということです。これは、原則課税方式、簡易課税方式などの計算方法にかかわらず、共通した考え方だといえます。徴収した消費税額を計算するために、まずは税率を掛ける基礎となる金額を算出します。簡単にいえば税抜の課税売上高のことですが、これを「課税標準額」といいます。

一方、負担した消費税額を計算するためには、課税仕入に含まれる消費税額を計算します。この消費税額を「課税仕入等に係る消費税額」といいます。

要するに、消費税額の計算方法とは、課税標準額に税率を掛けたものから、課税仕入等に対する税額を控除するという方法です。

●課税標準額を求める

税額計算の基礎となる金額を「課税標準額」といいます。課税標準額は、課税売上の税抜にした金額となります。要するに、課税期間中の収入のうち課税取引に該当するものを集計し、最後に税抜に換算したものが課税標準額です。

課税標準額に、7.8%の税率を掛けて、消費税額が算出されます。この金額を、「課税標準額に対する消費税額」とい

います。

課税標準額を計算するときに注意しなければならないのは、課税売上に該当するのかどうかの判定です。本業による売上以外にも課税収入があれば、もれなく課税標準に含めなければなりません。

課税売上に該当する収入の例を挙げてみましょう。たとえば会社の保有資産を売却した場合、その資産が課税資産であれば、譲渡対価が課税標準額に含まれます。個人事業者が自分で使用した棚卸資産や、会社の役員が会社からもらった資産は、実は「みなし譲渡」といって、一定金額が課税標準に含まれます。土地付建物を売却した場合など、非課税資産と課税資産を一括で譲渡した場合は、合理的な計算で課税部分を区別する必要があります。

決算の段階で過去に遡って処理をすると、手間もかかり、ミスもしがちになります。本業以外の取引による収入件数は、そう多くないはずです。取引の都度契約書を確認するなどして、課税、非課税の分類は早めに済ませておくとよいでしょう。

原則課税の計算方法

●原則課税方式

事業者の支払う消費税の納付税額	=	売上に含まれる消費税額	－	仕入に含まれる消費税額

10 消費税額の算定②

計算方法には、個別対応方式と一括比例配分方式がある

● 仕入控除税額を計算する

課税標準額に対する消費税額から控除する課税仕入等に対する消費税額には、国内における仕入による消費税と税関から輸入貨物を引き取った時に対する輸入消費税があります。国内における仕入による消費税のことを、「仕入控除税額」といいます。

原則課税での仕入控除税額を算出するためには、まず課税期間中に行った「課税」仕入の合計金額を把握する必要があります。課税仕入には、仕入、経費以外に、固定資産の譲渡や貸付を行った場合も該当します。

このような課税期間中のすべての支出に対する取引を、課税、非課税、消費税対象外のいずれかに分類した上で、課税に分類された取引の税込金額を集計します。税率が国税7.8％、地方税が2.2％の場合、課税仕入の合計金額に110分の7.8を掛けた金額が「仕入控除税額」の基礎になります。ここからケースに応じて一定の調整計算を加え、計算していくことになります。

ところで、事業者が「非課税売上」を獲得するために行った仕入で負担した消費税はどうなるのでしょうか。非課税売上の場合、最終消費者は消費税を負担しません。そのため、非課税売上のための仕入に対する消費税については、実は仕入を行った事業者が負担することになります。つまり「非課税売上」のための「課税仕入」は、仕入控除税額から除外する必要があるということです。この除外する金額は、「課税売上割合」という割合を用いて計算します。

非課税売上・課税売上・免税売上の合計金額のうち課税売上及び免税売上の占める割合を、「課税売上割合」といいます。単純に非課税売上のための課税仕入だけを抽出することは、現実的には困難であるため、便宜上割合を使って計算するというわけです。

なお、計算する側の事務処理の煩雑さを考慮して、課税売上割合が95％以上である場合、課税売上高5億円超の大規模事業者を除き、非課税売上はないものとみなされ、課税仕入に対する消費税額は、全額控除することができます。

課税売上割合が95％未満の事業者については、非課税売上のための課税仕入に対する税額は、仕入控除税額から除外します。その計算方法は、①個別対応方式、②一括比例配分方式の2つがあります。それぞれの計算方法について見ていきましょう。

① 個別対応方式

　まず、課税仕入を④課税売上に対応する課税仕入、⑩非課税売上に対応する課税仕入、⑪課税売上・非課税売上共通の課税仕入、の３つに分類します。④に含まれる消費税額は全額仕入控除税額となります。⑩に含まれる消費税額については全額仕入控除税額の対象外となります。⑪に含まれる消費税額は、課税売上割合に応じた金額が仕入控除税額となります（下図参照）。

② 一括比例配分方式

　課税仕入に対する消費税額全額に課税売上割合を掛けて仕入控除税額を計算する方法です（下図参照）。課税仕入を分類する必要がないため、①より簡便ですが、一度選択すると２年間継続して選択しなければなりません。

原則課税の消費税額の２つの計算方法

◆個別対応方式

課税期間中の課税仕入に対する消費税額のすべてを次のように区分する

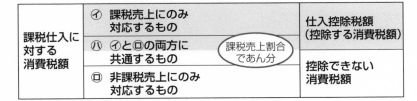

次の算式により計算した仕入控除税額を、課税期間中の課税売上に対する消費税額から控除する

◆一括比例配分方式

次の算式により計算した仕入控除税額を、課税期間中の課税売上に対する消費税額から控除する

| 仕入控除税額 | ＝ | 課税仕入に対する消費税額 | × | 課税売上割合 |

199

消費税額の調整や端数処理

課税標準額は、千円未満の端数を切り捨てて計算する

● 調整対象固定資産の調整計算

高額の固定資産を購入した場合、以下のような特例があります。

たまたま課税売上割合が大きく変動した年度に高額の固定資産を購入した場合、仕入控除税額にも大きく影響します。割合が通常よりも高ければ得をするし、低ければ損をするというわけです。この課税の不公平感を解消するため、税抜100万円以上の一定の資産（調整対象固定資産）を購入し、以後3年間に課税売上割合が大きく変動した場合は、一定の調整計算を行います。購入年度の課税売上割合が低かった場合は加算、高かった場合は減算の調整を行います。なお、免税事業者が、課税事業者の選択をしてこの特例を受ける場合、3年間は課税事業者として扱われるため、注意が必要です。

● 返品や値引き、貸倒れの取扱い

売上の返品や値引きを行った場合、課税売上であれば消費者への代金の返還も、消費税込で行います。この返還した部分の消費税は、仕入控除税額と同様、事業者が納付すべき消費税から控除することができます。値引き、返品のことを消費税法上「売上対価の返還等」といいます。得意先の倒産等の理由で、売掛金等が回収できなくなることを貸倒れといいます。貸倒れ部分に含まれる消費税分も、売上対価の返還等と同じく、控除することができます。

● 消費税額の調整や端数処理

一般的に使用する勘定科目ごとの消費税の取扱いは図（次ページ）の通りです。

消費税の計算を行う場合、課税標準額、課税仕入に対する消費税額、差引税額の各段階で端数処理を行います。この端数計算の方法について見ていきます。課税標準額は、課税売上高の税抜価格を求めた後に千円未満の端数を切り捨てて計算します。

課税仕入に対する消費税額、売上対価の返還等に対する消費税額、貸倒れに対する消費税額の計算を行う場合、それぞれで発生した1円未満の端数については、切り捨てて計算します。

差引税額の計算を行う場合、課税標準額に対する消費税額から課税仕入等に対する消費税額を控除した後、その残額に100円未満の端数があるときは、端数を切り捨てて計算します。中間納付税額も、100円未満の端数を切り捨てて計算します。

なお、たとえば小売業など、少額の

200

商品を大量に販売する場合、価格設定時に1円未満の端数処理が生じることがあります。この1円未満の端数については、事業主の判断で、切り捨て、切り上げ、四捨五入のいずれを採用してもよいとされています。また、価格の表示方法が税抜き価格であるか税込み価格であるかによっても、金額に若干のズレが生じる場合もあります。

しかし、消費税における課税標準額は、あくまで設定された価格の税込金額を基に計算することになるため、価格の設定方法については、事業主の判断によることになります。

勘定科目ごとの消費税の取扱い

	勘定科目	取扱い
①	商品や原材料仕入	課税。
②	給料・賃金	不課税。ただし通勤手当や国内の出張手当は課税。
③	福利厚生費	慶弔費・会社内の部活などの助成金は不課税。 物品の購入代は課税。
④	消耗品	課税。
⑤	旅費交通費	旅費、宿泊費、日当は課税。海外出張は輸出免税。
⑥	通信費	国内通信は課税。国際通信は輸出免税。
⑦	水道光熱費	課税。
⑧	交際費	課税。慶弔費は不課税。商品券は非課税。
⑨	広告宣伝費	課税。広告宣伝用プリペイドカードなどは非課税。
⑩	租税公課	不課税。印紙、証紙は非課税。
⑪	支払保険料	非課税。
⑫	賃借料	課税。土地、居住用家屋の賃借は非課税。
⑬	修繕費	課税。
⑭	謝金・外注費	課税。
⑮	寄付金・会費	不課税。懇親会など対価性のあるものは課税。
⑯	車両燃料費	課税。軽油代に含まれる軽油引取税は不課税。
⑰	支払手数料	課税。行政手数料は非課税。
⑱	支払利息	非課税。
⑲	機械や建物等、車両や器具備品の購入、賃借	課税。
⑳	減価償却費	不課税。
㉑	荷造運賃	課税。
㉒	固定資産等の滅失による損失	不課税。

簡易課税制度①

みなし仕入率を利用した簡便な計算方法である

◉簡易課税制度とは

簡易課税制度とは、消費税の計算をより簡便な方法で行うことのできる制度です。課税仕入に対する仕入控除税額を、「みなし仕入率」を利用して売上から概算で計算するというのが、原則課税方式と異なる点です。簡易課税制度を採用した場合、課税仕入、非課税仕入の分類、課税売上割合の計算、課税仕入の売上と対応させた分類をする必要がありません。

この制度は、「基準期間における課税売上高」が5,000万円以下である事業者にのみ適用されます。ただし、事業者の届出による選択適用であるため、「簡易課税制度選択届出書」を税務署へ提出しておく必要があります。届出を提出すると、翌事業年度から簡易課税制度が適用されます。一度選択すると原則2年間継続適用されるので、原則課税方式と比較検討する必要があります。

◉みなし仕入率

簡易課税制度では、売上に対する消費税のうち何割かは仕入控除税額として控除すべき金額が占めているという考え方をします。仕入控除税額が占めている割合は、売上のうちに仕入が占める割合と一致しているとみなして、業種ごとに「みなし仕入率」が定められています。

業種ごとのみなし仕入率

第1種事業	卸売業（みなし仕入率90％）
第2種事業	小売業（みなし仕入率80％）
第3種事業	農業・林業・漁業・鉱業・建設業・製造業・電気業・ガス業・熱供給業・水道業（みなし仕入率70％）（※）
第4種事業	第1種〜第3種、第5種及び第6種事業以外の事業。たとえば飲食店業等（みなし仕入率60％）
第5種事業	第1種〜第3種以外の事業のうち、運輸通信業・金融業・保険業・サービス業（飲食店業に該当するものを除く）（みなし仕入率50％）
第6種事業	不動産業（みなし仕入率40％）

※食用の農林水産物を生産する事業は、消費税の軽減税率（8％）が適用される場合において、第2種事業としてみなし仕入率が80％となる。

13 簡易課税制度②

実際の仕入率よりみなし仕入率の方が大きい場合は効果的な制度

● 具体的な計算例

簡易課税制度は、みなし仕入率を課税標準額に対する消費税額に掛けることにより仕入控除税額を算出するという方法です。つまり、制度を適用する場合、仕入控除税額の計算は、課税売上がどの業種に属するかを分類するだけでよいということになります。

たとえば卸売業を営む場合、みなし仕入率は90％です（前ページ図）。課税売上高が税抜2,000万円の場合で税率を10％として計算すると、課税売上に対する消費税額は、2,000万円×10％＝200万円となります。

次に、仕入控除税額ですが、これを課税売上の90％とみなして計算します。控除仕入税額は、2,000万円×10％×90％＝180万円となります。したがって、差引納付税額は、200万円－180万円＝20万円となります。

● 課税取引はどのように選択するのか

簡易課税制度を選択した事業者が複数の事業を営んでいる場合、以下のように、原則として、それぞれの事業について算出した金額を合計することになります（ただし、1種類又は2種類の業種で75％を占めるような場合は、簡便な方法で計算することも認められ

ています）。

（第1種事業に対する消費税額×90％＋第2種事業に対する消費税額×80％＋ 第3 種事業に対する消費税額×70％＋第4種事業に対する消費税額×60％＋第5種事業に対する消費税額×50％＋第6種事業に対する消費税額×40％）／売上に対する消費税額の合計

● 簡易課税制度適用される取引

仕入控除税額が多くなると、当然納める税額が少なくなります。つまり納税者に有利な結果ということです。

簡易課税制度を選択した方が有利になる場合とは、実際の仕入率よりみなし仕入率の方が大きい場合です。仕入率の比較的低い業種や、人件費など課税対象外の経費が多い業種であれば、簡易課税制度を適用した方が有利ということになります。

また、簡易課税制度は申告の事務手数がかなり簡略化されるため、事業者によっては、原則課税方式と比較して多少不利な結果になったとしても、選択するメリットがあるという考え方をする事業者もあるようです。

第5章 消費税のしくみ

14 消費税法上の特例

国、地方公共団体等に対する特例もある

● どんな特例があるのか

国、地方公共団体、公共・公益法人などの活動は公共性が強く、たとえば法令上の制約がある場合や、助成金などの資金を得て活動している場合もあります。このように国等の事業活動には特殊な面が多いことから、消費税法上もいくつかの特例が設けられています。

国等の特例には、①資産の譲渡等の会計単位の特例、②納税義務の成立時期の特例、③申告期限の特例、④特定収入に対する仕入控除税額、と大きく分けて4つあります（④は205〜207ページを参照）。

① 資産の譲渡等の会計単位の特例

一般企業では、複数の業種を営む場合も会計はひとつです。つまり1つの決算書に、本業も副業も併せて表示するというわけです。一方、国や地方公共団体の会計は、その財源や事業ごとに分かれている場合があります。このような、特別に独立した会計のことを特別会計といいます。これに対して、その他の運営全般を受け持つ会計も存在し、これを一般会計といいます。

国又は地方公共団体は、前述の特別会計、一般会計ごとに一法人が行う事業とみなされるというのが、会計単位の特例です。

② 納税義務の成立時期の特例

納税義務の成立時期は、原則的には「課税資産の譲渡」等を行った日です（193ページ参照）。ところが国又は地方公共団体が行った資産の譲渡等又は課税仕入等の時期については、その対価を収納すべき又は支払いをすべき「会計年度の末日」に行われたものとすることができます。

なお、税務署の承認を受けた一定の公益、公共法人等の場合も、上記の特例と同様の取扱いとなります。

③ 申告期限の特例

国又は地方公共団体の特別会計の申告書の提出期限は、課税期間終了後3か月から6か月までの範囲で定められています。国については課税期間終了後5か月以内、地方公共団体については課税期間終了後6か月以内、地方公共団体が経営する企業については課税期間終了後3か月内です。なお、国又は地方公共団体の一般会計については、課税標準額に対する消費税額と仕入控除税額が同額であるとみなされるため、申告、納税義務はありません。

税務署から承認を受けた一定の公益、公共法人等の申告書の提出期限は、6か月以内でその承認を受けた期限内となります。

15 特定収入に対する仕入税額控除の特例①

特定収入に対する調整金額についても課税売上割合を対応させる必要がある

● 個別対応方式と一括比例配分方式

課税売上割合が95%未満で簡易課税制度を選択していない事業者の場合、仕入税額控除の計算方法は個別対応方式又は一括比例配分方式となります。①個別対応方式又は②一括比例配分方式が採用された場合、特定収入に対する調整金額についても課税売上割合を対応させる必要があり、計算方法は以下のようになります。なお、消費税率は10%とします。

① 個別対応方式

使途が特定されている特定収入を、㋑「課税売上のためにのみ要する課税仕入に対する特定収入」、㋺「課税売上と非課税売上に共通して要する課税仕入に対する特定収入」とに分類します。

調整金額は、㋑×7.8/110＋㋺×7.8/110×「課税売上割合」＋（「調整前の課税仕入に対する消費税額」－㋑の消費税額－㋺の消費税額）×「調整割合」となります。なお、調整前の課税仕入にする消費税額とは、個別対応方式により通常通り課税仕入を分類して計算された金額です。

② 一括比例配分方式

特定収入に対する課税仕入についても一括で課税売上割合を乗じて計算します。調整金額は、㋑課税仕入に対する特定収入×7.8/110×課税売上割合と㋺（調整前の課税仕入に対する消費税額－㋑の消費税額）×調整割合との合計額となります。

なお、調整前の課税仕入に対する消費税額とは、通常の一括比例配分方式により課税売上割合を乗じて計算した金額です。

（第5章 消費税のしくみ）

消費税法上の特例

特例	国・地方公共団体		公共法人・公益法人等	人格のない社団等
	一般会計	特別会計		
会計単位の特例	適用	適用	ー	ー
納税義務の成立時期の特例	適用	適用	承認必要	ー
申告期限の特例	申告義務なし	適用	承認必要	ー
特定収入に対する仕入税額控除の特例	課税標準額に対する消費税額と同額とみなす	適用	適用	適用

16 特定収入に対する仕入税額控除の特例②

不課税取引に対応した部分について控除の対象から除外する特例

●特定収入に対する仕入税額控除の特例

項目14の①～③（204ページ）は、少し特別な事情のある法人に関する特例といえます。これに対して④（204ページ、205～207ページ）は、国又は地方公共団体や公益、公共法人等に加えて、NPO法人のような「人格のない社団等」に関しても適用される特例です。

特定収入に対する仕入税額控除の特例とは、仕入控除税額のうち、寄附金や助成金など一定の「不課税取引」に対応した部分については控除の対象から除外するという特例です。

なぜこのような特例が必要なのか、ボランティア活動を行うNPO法人を例に挙げて、考えてみましょう。ある団体が寄附金を集めて食品を購入し、災害地へ配布したとします。受け取った寄附金は「不課税取引」ですから消費税の課税対象外です。一方、購入した食品代は課税仕入であるため仕入税額控除の対象となります。寄附金以外に収入がなかったとすると、通常の計算方法の場合、食品代に対する消費税相当分は還付されます。寄附を受け取って購入した分の税金が還付されるというのでは、課税に不公平が生じてしまいます。また、ボランティアの

ような事業活動では次段階の取引である販売先は存在しないため、食品代に含まれる消費税は、最終消費者である当団体が負担すべきものだといえます。このような制度上の不都合を解消するために設けられたのが、特定収入に対する仕入税額控除の特例です。

特例の内容とは、仕入控除税額の調整計算を行うことになります。一定の「不課税取引」による収入を「特定収入」といいます。簡単にいえば寄附金や助成金のような収入です。収入全体のうち、この特定収入が占める割合が多いと判定された場合、調整計算により仕入控除税額が減額されます。ただし、免税事業者と簡易課税制度を選択している事業者には、この特例は適用されません。

●特定収入とは

特定収入とは、わかりやすく言うと「課税売上」「免税売上」「非課税売上」以外の収入、つまり不課税取引による収入のことです。具体例を挙げてみると、租税・補助金・交付金・寄附金・出資に対する配当金・保険金・損害賠償金・経常会費・入会金などが特定収入に該当します。ただし、借入金（補助金等で返済される規定があるもの以

外）や出資金、預り金、あるいは非課税仕入、人件費などに使用されることが明らかな収入など、政令で定める一定の収入は、特定収入に該当しません。

●特定収入がない場合の消費税

まず、特例が適用されるかどうか判定を行います。「税抜課税売上」「免税売上」「非課税売上」「特定収入」の合計金額のうち「特定収入」の占める割合（「特定収入割合」）を計算します。

特定収入割合が5％以下である場合、あるいは特定収入がない場合には、通常の原則課税方式で計算します。

●特定収入がある場合の消費税

「特定収入割合」が5％超であった場合、仕入控除税額は、特定収入を原資とする課税仕入等の税額を取り除いて調整します。

特定収入に対する課税仕入等の税額については、特定収入はすべて課税仕入を行う目的で使用したものとして、「特定収入」×7.8/110に相当する金額とします。

この特定収入についてですが、法令や交付要綱などで交付目的が明らかにされているものもありますが、中には用途が明らかにされていないものもあります。用途が明らかにされていないということは、事業者側は必ずしも課税仕入を行うために使用するとは限りませんので、収入すべてを調整対象にしてしまうと実態とは合わなくなってきます。

このような使途不特定の特定収入がある場合は、課税仕入のうち収入に応じた一定の割合（調整割合）分だけ、調整計算を行います。

調整割合は、「使途不特定の特定収入」／（税抜課税売上高＋非課税売上高＋免税売上高＋使途不特定の特定収入）となります。

特定収入とは

17 税込経理方式と税抜経理方式①

消費税額を売上額に含めるかどうかという違いがある

◉消費税の会計処理方式

「税込経理方式」「税抜経理方式」があります。税込経理方式とは、帳簿上本体価格と消費税額を含めた額で表示する方法です。税抜経理方式とは、帳簿上消費税額を「仮受消費税等」「仮払消費税等」として本体価格とその都度分けて表示する方法です。消費税「等」には地方消費税が含まれています。

いずれを選択するかは会社の任意ですが、会計監査を受けている一定の会社のような「収益認識に関する会計基準」を適用している場合には実務上税抜経理が強制されます。

なお、経理方式の違いにより、納付税額が変わるということはありません。

ただし、法人税や所得税法上の規定の適用上、税抜経理の方が有利な場合があります。たとえば法人税では、10万円未満の固定資産、また中小企業における30万円未満の少額減価償却資産は損金(経費)に算入できます。これらの金額の判定で、税抜経理の場合は消費税分を除外して認識されるため、税込経理の場合よりも損金算入できる資産が多くなります。つまり課税所得および税額がその分少なくなるということになります。

なお、免税事業者の場合は、消費税の申告により納付したり還付を受けたりすることはないため、税込経理方式のみということになります。

会計処理の方法

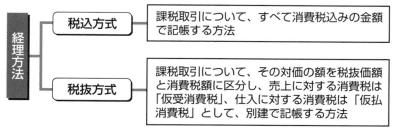

経理方法	税込方式	課税取引について、すべて消費税込みの金額で記帳する方法
	税抜方式	課税取引について、その対価の額を税抜価額と消費税額に区分し、売上に対する消費税は「仮受消費税」、仕入に対する消費税は「仮払消費税」として、別建で記帳する方法

例:1,000円の文房具と消費税100円を支払った場合
税込方式　(借方)消耗品費 1,100　(貸方)現金 1,100
税抜方式　(借方)消耗品費 1,000　(貸方)現金 1,100
　　　　　　　　仮払消費税 100

18 税込経理方式と税抜経理方式②

翌期首の「仮受消費税等」「仮払消費税等」の残額がゼロになるようにする

● 具体的な会計処理

税込経理方式による会計処理は以下の通りです。

（借方）売掛金220,000 ／
　　　　　　（貸方）売上220,000

（借方）仕入110,000 ／
　　　　　　（貸方）買掛金110,000

税抜経理方式による会計処理は以下の通りです。

（借方）売掛金220,000 ／
　　　　（貸方）売上　　　200,000
　　　　　　仮受消費税等　20,000

（借方）仕入100,000 ／
　　　　仮払消費税等10,000
　　　　　　（貸方）買掛金110,000

期末に納付すべき消費税額の会計処理について、税込経理方式の場合は、納付すべき消費税額として計算された金額をそのまま「租税公課」として計上します。納付すべき消費税額が30万円であった場合、その課税期間の経費として以下の仕訳を行います。

（借方）租税公課300,000 ／
　　　　（貸方）未払消費税等300,000

また、実際に納付した事業年度の経費とすることもできます。その場合、以下の仕訳となります。

（借方）租税公課300,000 ／
　　　　（貸方）現金預金300,000

一方、税抜経理方式の場合、期末における「仮受消費税等」と「仮払消費税等」については、反対仕訳を行い、すべて精算します。差額を納付すべき消費税額として、「未払消費税等」に振り替えます。

● 端数処理はどうするのか

税抜経理方式を採用した場合、期中の取引における「仮受消費税等」「仮払消費税等」には端数が出ます。しかし、実際に納付すべき消費税は百円未満切捨であるため、「仮受消費税等」と「仮払消費税等」の差額とは合致しません。この差額は雑収入又は雑損失として精算してしまい、翌期首の「仮受消費税等」「仮払消費税等」の残額はゼロになるようにします。

消費税額を計算したときの税抜経理方式による会計処理について、精算処理前の「仮受消費税等」残高612,345円、「仮払消費税等」残高312,000円、納付すべき消費税額が30万円であった場合、仕訳は以下のようになります。

（借方）仮受消費税等612,345 ／
　　　（貸方）仮払消費税等　312,000
　　　　　　未払消費税等　300,000
　　　　　　雑収入　　　　　　345

消費税の申告・納付①

直前の確定申告で中間申告の回数が決まる

● どのように申告・納税するのか

　消費税の申告や納税方法については、確定申告と中間申告があります。

①　確定申告

　消費税の課税事業者になった場合は、税務署に消費税の確定申告書を提出し、申告期限までに消費税を納付しなければなりません。法人の申告期限は、課税期間終了後2か月以内です。ただし、法人税の申告期限延長の申請をしている場合には、事業年度終了の日までに申請書を提出すれば、原則として、1か月間申告期限を延長できます。個人の場合は原則として翌年の3月31日ですが、課税期間を短縮する特例を受けた場合には、申告期限は課税期間終了後2か月以内となる場合があります。

　消費税額は、課税期間中に得意先からの売上などと一緒に預かった消費税の合計から、課税期間中に仕入や経費と一緒に支払った消費税の合計を差し引いて計算します。これを確定消費税額といいます。逆に預かった税金より支払った税金の方が多い場合には、申告により差額の税金の還付を受けます。

②　中間申告

　直前の課税期間分の消費税額が一定金額を超えた場合、次の課税期間では中間申告をしなければなりません。中間申告とは、進行中の課税期間の確定消費税額を概算で見積もり、前もってその一部を申告・納付する事です。

　中間申告を行う時期と回数については、前課税期間の確定消費税額（地方消費税を除く）が48万円以下であれば、中間申告は不要です。前課税期間の確定消費税額が48万円超400万円以下であれば年1回6か月後に、400万円超4,800万円以下であれば年3回3か月ごとに、4,800万円超であれば年11回毎月、中間申告を行います。申告期限はそれぞれ6か月、3か月、1か月の「中間申告対象期間」終了後2か月以内です。

　たとえば3月決算の会社で、年1回中間申告を行う場合、中間申告対象期間は4月〜9月、申告期限は11月ということになります。

　なお、法人の場合も個人の場合も、中間申告義務のない事業者でも、任意で中間申告を行うことができます（6か月中間申告）。

　中間申告により納付した税額は、確定申告を行う際に「既に納付した金額」として確定消費税額から差し引きます。確定消費税額の方が少ない結果となった場合には、中間申告により払い過ぎた消費税が還付されます。

20 消費税の申告・納付②

中間申告の場合、予定申告方式と仮決算方式がある

● 中間申告における納付税額の計算

中間申告の計算方法については、①予定申告方式と②仮決算方式の2つの方法があります。これらの方法については、特に届出などの手続きを行わずに自由に選択することができます。

① 予定申告方式

中間申告の納付税額を、前年度の確定消費税額を月数按分して計算する方法です。中間申告が年1回であれば「確定消費税額×1/2」、3回であれば「確定消費税額×1/4」、11回であれば「確定消費税額×1/12」が、それぞれ納付税額ということになります。実際には税務署から送付される申告用紙と納付書にあらかじめ金額が印字されているので、計算の必要はありません。

② 仮決算方式

中間申告対象期間ごとに決算処理を行い、中間申告の納付税額を計算する方法です。中間申告が年1回であれば6か月、3回であれば3か月、11回であれば1か月の期間をそれぞれ1つの課税期間とみなして、確定申告と同様の手順で納付税額の計算を行います。この方法は申告の回数が増えるので事務負担がかかりますが、予定申告による納付税額の方が多く資金繰りが厳しい場合には、検討するメリットがあります。ただし、仮決算方式を選択した場合、確定申告を行うまでは消費税の還付を受けることはできません。また、提出期限を過ぎてから提出をすることは認められません。

第5章 消費税のしくみ

消費税の確定申告・納付

個人事業者 ------- 翌年の3月末日

法　　　人 ------- 課税期間の末日の翌日から2か月以内

消費税の中間申告・納付（国税）

直前の確定消費税	中間申告の回数	中間納付税額
48万円以下	中間申告不要	———
48万円超400万円以下	年1回	直前の確定消費税額 × $\frac{1}{2}$
400万円超4,800万円以下	年3回	直前の確定消費税額 × $\frac{1}{4}$
4,800万円超	年11回	直前の確定消費税額 × $\frac{1}{12}$

Column

消費税取引の基準

　消費税法では、国内取引であれば「課税資産の譲渡等をした時」に、また、輸入取引であれば「外国貨物を保税地域から引き取る時」に、納税義務が成立します。輸入取引の場合は税関から引き取った日が明らかであるのに対し、国内取引の場合は判断が難しい部分がありますが、「課税資産の譲渡等をした時」とは、原則的に「資産等を引き渡した日」のことを指します。「引き渡した日」といっても、厳密にいえば、出荷日、検収日など、考え方が複数存在します。消費税の場合、合理的であると認められる日であればよいので、所得税や法人税における収益の計上時期の考え方に即して取り扱います。たとえば物品販売の場合、出荷日を計上基準としている会社は、消費税法上でも出荷日で納税義務が成立するということです。ただし、一度計上方法を選択した後は、継続して同じ方法を採用する必要があります。

　取引形態ごとの消費税取引の成立時期は下図の通りです。ただし、事業者の負担を軽減するため、一定の取引については特例も用意されています。

■ 取引形態と成立時期 ……………………………………………………

取引の形態			成立時期
資産の譲渡	棚卸資産・固定資産の譲渡		引渡日
	無形固定資産の譲渡		譲渡等に関する契約の効力発生日
資産の貸付	使用料等の支払日が定められている		支払いを受けるべき日
	使用料等の支払日が定められていない		支払いを受けた日（請求日）
役務提供	請負	目的物の引渡し有り	目的物の全てを完成し引き渡した日
		目的物の引渡し無し	役務の提供を完了した日
	人的役務の提供		役務の提供を完了した日

第6章

その他の税金のしくみ

個人住民税

道府県民税と市町村民税を合わせたもの

● 住民税とは

住民税には個人住民税と法人住民税の2つがあります。

個人の住民税は道府県民税（東京都は都民税）と市町村民税（東京都23区は特別区民税）からなります。一般に住民税と呼んでいるものは、道府県民税と市町村民税を合わせたものです。

個人住民税は、その年の1月1日現在の住所地で、前年の1月から12月までの1年間の所得に対して課税されます。

個人住民税の主なものには所得割と均等割があります。

所得割は所得に対して課税され、税率は一律10％（道府県民税4％、市町村民税6％）ですが、条例などで変更することは可能となっています。

最終的な所得割は、所得に税率を掛けた金額から税額控除を差し引くことで算定されます。税額控除には、一定の配当所得がある場合に適用できる配当控除、外国で所得が生じており、かつ、その国で所得税等の税金が課されている場合に適用できる外国税額控除、地方自治体等に2,000円を超える寄附金を支払った場合に適用できる寄附金控除などがあります。なお、所得税の計算で住宅ローン控除を受けている場合において、所得税から控除しきれな

かった金額がある場合は、住民税の所得割から控除することができます。

均等割は、所得に関係なく、1月1日現在で住所がある個人に対して、その住所を有する都道府県及び市町村が均一に課すものです。標準税率は、道府県民税が1,000円、市町村民税は3,000円とされていますが、平成26年から令和5年までは東日本大震災の復興目的等によりそれぞれ500円（合計1,000円）引き上げられています。

また、令和6年より「森林環境税」が国税という位置付けで均等割と伏せて毎年1,000円が課されます。これは、地球温暖化防止や、災害防止等のために平成31年（令和元年）度税制改正で導入されたものです。国税であるため一旦国で集計され、私有林人工林面積、林業就業者数及び人口の基準で按分して「森林環境贈与税」として各市区町村に還元されるしくみです。

その他にも、支払を受ける預貯金の利子に課される「利子割」（道府県民税のみ）、支払を受ける上場株式の配当などに課される「配当割」（道府県民税のみ）と証券会社などに設けた特定口座（源泉徴収を選択したものに限ります）内の上場株式等の譲渡益に課される「株式等譲渡所得割」（道府県

民税のみ）があります。「利子割」は、金融機関が利子を支払う際に5％分を特別徴収し、都道府県に納めます。また、「配当割」の場合は、上場会社が配当等を支払う際に5％分（所得税、復興特別所得税と合わせて20.315％）を特別徴収し、「株式等譲渡所得割」の場合は、株式の譲渡による所得の支払いをする証券会社等が譲渡による所得等の額の5％分（所得税、復興特別所得税と合わせて20.315％）を特別徴収することで、それぞれ都道府県に納付します。

前年に所得があった人は市区町村に住民税の申告をしますが、税務署に所得税の確定申告書を提出した人は市区町村への申告は必要ありません。また、会社員などについては、会社から市区町村へ「給与支払報告書」が提出されますので、一般的には住民税の申告をする必要はありません。

●普通徴収と特別徴収の違い

自営業の人や住民税を給与から差し引かれていない人には、「住民税の納税通知書と納付書」が毎年6月初旬頃市町村から自宅へ郵送されるので、その通知された税額を6月、8月、10月、翌年1月の年4回に分けて納めます。このように個人で納める方法を「普通徴収」といいます。

これに対して、会社員については、一般的に「住民税の税額通知書」が毎年5月初旬頃、市区町村から会社宛に郵送されるので、会社は、その通知された税額を6月から翌年5月までの12回、毎月の給与から天引きして市区町村へ納付します。このように給与から天引きして会社が納める方法を「特別徴収」といいます。

なお、退職所得は退職金等の収入金額から、所得税法で定められた控除額を差し引いた残りの2分の1（短期勤務役員等の一定の者は2分の1は行わず残りの全額）に対して、10％が個人住民税として特別徴収されます。

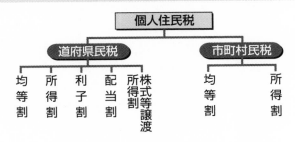

個人住民税のしくみ

個人住民税
- 道府県民税
  - 均等割
  - 所得割
  - 利子割
  - 配当割
  - 所得割
  - 株式等譲渡
- 市町村民税
  - 均等割
  - 所得割

ふるさと納税

2,000円を超える寄附をする必要がある

● ふるさと納税とはどんなしくみなのか

　ふるさと納税とは、自治体に対して行う寄附のことをいいます。労働力や産業は特定の地域に集中する傾向があるため、地方間に税収の格差があることが問題とされていました。そのような地方間での格差や労働力流出による税収減少に悩む自治体に対して、経済的な問題を是正するために設けられたのがふるさと納税です。

　ふるさと納税の大きな特徴は、寄附金控除ができるという点です。自治体に対して2,000円を超える寄附を行った場合は、一定の上限まではその全額を所得税および個人住民税から控除することができます。ふるさと納税による寄附金控除は、①所得税、②個人住民税（基本分）、③個人住民税（特例分）の3つに区分されます。

　①所得税は、2,000円を超えた寄付金額×所得税率が減額されます（総所得金額等の40％を限度）。②個人住民税（基本分）は、2,000円を超えた寄付金額×10％が減額されます（総所得金額等の30％を限度）。③個人住民税（特例分）は①、②で控除できなかった寄附金額を限度額まで全額控除できるというものです。現在、③個人住民税（特例分）の控除限度額は住民税の所得割額の2割となっています。

　ふるさと納税は、「ふるさと」と名前がつきますが、生まれ故郷以外に寄附をすることもできます。さらに、寄附先として複数の自治体を選ぶこともできます。寄附先からその土地の特産品等が送られてくるというメリットがあることも注目を集める1つの要因となっています。

　ふるさと納税が盛り上がりを見せる中、高額な特産品を返す自治体が多いことが問題となっています。貴金属や家電製品といった高額な特産品を返す自治体、つまり寄附者にとって割のよい寄附先は人気を集めやすく、より多くの寄附金を獲得しやすいのです。このことが返礼品競争に拍車をかけ、ますます返礼品に充てられる寄附額が増えるという悪循環に陥っていました。

　しかし、寄附金の多くを返礼品の資金源に充ててしまっては、自治体の税収を補うというふるさと納税の本来の趣旨から逸脱してしまうことにもなりかねません。ふるさと納税の本来の趣旨に沿って寄附額を住民サービスに充ててもらうべく、令和元年より各自治体にはふるさと納税の返礼品の価格を寄附額の3割までに抑えることが義務付けられています。

どんな手続きをしなければならないのか

ふるさと納税をする際は、まず寄附先となる自治体を選択し、寄附の申込みをする必要があります。そして、ふるさと納税による所得税や個人住民税の控除を受けるためには、原則として寄附をした翌年に確定申告をしなければなりません。

ただし、確定申告が不要である給与所得者等が簡易な手続きにより控除を受けられる「ふるさと納税ワンストップ特例制度」があります。この制度は、寄附の都度、「寄附金税額控除に係る申告特例申請書」を寄附先に提出すれば、確定申告をしなくても、寄附先である自治体の方で控除の手続をしてもらえる制度です。この制度は寄附先が5自治体以下の場合に適用されますが、6自治体以上に寄附をしてしまうと、すべての寄附について特例が適用されなくなることに注意が必要です。

また、この制度を利用する場合は、所得税の還付と住民税からの控除に分けられることなく、すべて住民税からの控除になる点にも注意しましょう。

知っておかないといけない制限などもある

2,000円を超える寄附を行わなければ、個人住民税や所得税からの控除を受けることはできません。一方で、所得税および個人住民税から全額を（2,000円を除く）控除できる寄附金の金額については上限が設定されています。この上限金額は、収入や家族構成などによって異なります。目安としては、独身で年収400万円の方の場合、42,000円までの寄附（ふるさと納税額）であれば、2,000円を除き、全額控除されます。また、妻が専業主婦で、高校生の子供が1人いる年収700万円の方の場合、78,000円までの寄附であれば、2,000円を除き、全額控除されます。

ふるさと納税による控除

自治体に対する寄附金のうち2,000円を超える部分については、一定の上限まで、その全額を所得税と個人住民税から控除できる。

ふるさと納税の控除の種類
① 所得税
② 個人住民税（基本分）
③ 個人住民税（特例分）

→ 控除を受けるためには原則として、確定申告が必要（※）

※ 確定申告が不要な給与所得者等については、寄附先が住所地の自治体に住民税控除のための通知を行う「ふるさと納税ワンストップ特例制度」が利用できる。

3 法人住民税
法人住民税にも道府県民税と市町村民税がある

● 法人住民税とは

　会社が納める住民税を法人住民税といいます。法人税が国税であるのに対して、住民税は地方税という位置付けになります。

　個人住民税と同じく、法人住民税にも道府県民税と市町村民税があります。ただし、東京特別区だけに所在する法人には区の分と合わせて法人都民税だけがかかります。法人住民税には、次の2つがあります。

① **均等割**

　法人所得の黒字、赤字を問わず資本金や従業員数等に応じて課税されるものです。道府県民税が最低2万円から5段階、市町村民税が最低5万円から9段階に分かれています。

② **法人税割**

　個人住民税における所得割に相当するもので、原則として国に納付する法人税額を基礎として課税されます。税率は、地方公共団体ごとに、「標準税率」（税率を定める場合に通常基準となる税率）と「制限税率」（最高税率のこと）の範囲内で定められています。国に納付する法人税額にこの税率を掛けて、税額が決まります。標準税率は、道府県民税が1.0%、市町村民税が6.0%となっています。

　法人住民税は、原則としてその都道府県・市区町村に事務所・事業所・寮等を有している会社が納める税金です。都道府県・市区町村に事務所・事業所を有する会社は、均等割額・法人税割額の両方が課税されます。赤字で確定法人税額がない場合や、都道府県・市区町村内に寮などを有する会社でその都道府県・市区町村内に事務所・事業所等を有していない場合は、均等割額のみが課税されます。

　預貯金の利子などを基礎として課税される利子割は、現在個人住民税のみに課され、法人住民税には課されません。

　なお、法人住民税は、法人税と同様に損金算入することはできません。一方、同じ地方税である法人事業税（220ページ）については損金算入することができます。

● 市区町村への届出が必要な場合

　次のような場合は、市区町村への届出が必要です。

・市区町村内に法人を設立又は事業所を設置した場合は、設立等届出書
・市区町村内に事業所等がある法人で、事業年度、名称、所在地、代表者、資本等の変更又は法人の解散、清算結了、事業所の閉鎖等があった場合

は、異動届出書

なお、設立等届出書、異動届出書を提出する際は、登記事項証明書などの添付が必要です。

●法人住民税の申告納付期限

法人住民税も法人税と同様に「申告納税制度」によりますので、確定申告書を作成し、提出しなければなりません。

申告納付期限は、法人税と同様、各事業年度終了の日の翌日から2か月以内です。ただし、会計監査人の監査を受けるなどの理由で2か月以内に決算が確定しない場合には、事業年度終了の日までに申請書を提出すれば、原則として、1か月間申告期限を延長できます。

また、会計監査人を置いている場合で、かつ、定款で事業年度終了日の翌日から3か月以内に決算にかかる定時総会が開催されない定めになっている場合には、決算日後最長6か月まで申告期限が延長可能になっています。

なお、納税については、通常の申告納付期限である2か月を超えて納税をした場合、別途利子税がかかります。

●中間申告が必要な法人のケース

法人住民税の場合は個人住民税と異なり「中間申告制度」が設けられています。事業年度が6か月を超える法人については、事業年度開始の日以後6か月を経過した日から2か月以内に中間申告書を提出し、住民税を納付する必要があります。

中間申告方法も、法人税と同様に「仮決算」と「予定申告」の2種類の方法があります。

●複数の地域に営業所がある場合

複数の都道府県や市町村に営業所などがある場合には、次のように法人税割を計算します。

まず、当期の法人税額を各営業所の従業員の数で按分します。そして、各地方公共団体で定める税率をそれぞれ按分した法人税額に掛けて法人税割を求めます。

均等割については、営業所が所在するそれぞれの都道府県や市区町村の定める均等割を納めます。

法人住民税の概要

法人住民税	道府県民税	均等割額	資本金・従業員数等に応じて課税
		法人税割額	法人税額を基礎として課税
	市町村民税	均等割額	資本金・従業員数等に応じて課税
		法人税割額	法人税額を基礎として課税

4 法人事業税

行政サービスの経費の一部を負担する性格の税金である

●法人事業税とは

　法人事業税は、都道府県に事務所・事業所又は国内に恒久的な施設を有し、事業を行う法人に課税されます。法人が都道府県から受けるサービスの経費の一部を負担する性格の税金です。

　法人事業税が課税される根拠としては、法人がその事業活動を行うために、都道府県の各種行政サービスを受けていることから、これらに必要な経費を分担すべきであるという考え方に基づいています。一方、事業税を負担する法人側の処理としては、法人税などの課税所得計算において、一般の経費と同様に損金処理が認められています。

　法人事業税は、国内で事業を行う法人に課税されますが、国・都道府県・市区町村・公共法人には課税されません。また、公益法人等の公益事業に関する所得については、法人事業税が課税されませんが、公益法人等の収益事業については、普通法人と同じように法人事業税が課税されます。

　法人事業税の課税標準は、電気供給業・ガス供給業・生命保険事業・損害保険事業を行う法人については、その法人の各事業年度の収入金額が、それ以外の事業を行う一般の法人については、各事業年度の所得金額が課税標準となります。資本金・床面積等の外形を使う方法もありますが、通常は所得金額を課税標準とする方法をとっています。

●法人事業税の計算方法

　法人事業税の課税標準である各事業年度の所得金額は、法人税申告書「別表四」の「総計」の所得金額に一定の金額を加減算して求め、その所得金額に次の標準税率を乗じて法人事業税を計算します。

　一般法人（資本金が1億円以下の法人）の標準税率は、所得のうち年400万円以下の金額については3.5％、所得のうち年400万円超800万円以下の金額については5.3％、所得のうち年800万円超の金額及び清算所得の金額については7.0％となります。さらに、標準税率で計算された法人事業税（基準法人所得割額）に37％を掛けた額を特別法人事業税（国税）として合わせて納める必要があります。

　事業税は地方税なので、各都道府県が政令で定めた規定によって課されるため、資本金の額や所得金額などに応じて税率が異なります。ただし、標準税率に1.2を乗じた税率の範囲内でしか適用することができません。

●いつ申告・納付するのか

　法人事業税も確定申告書を作成して申告納付しなければなりません。申告納付期限は、各事業年度終了の日の翌日から2か月以内です。

　中間申告納付についても、その事業年度開始の日から6か月を経過した日から2か月以内に申告納付しなければなりません。法人税と同様に「予定申告」「仮決算」方法の2つがあります。

●外形標準課税とは

　外形標準課税とは、所得に対して課税するのではなく、事業所の賃借料や人件費、資本金の額など客観的な判断基準を基に課税する制度です。

　外形標準課税では、法人の所得、付加価値額、資本金等の額の3つの金額を課税標準として、それぞれの課税標準に一定税率を掛けたものを合算して法人事業税を計算します。所得に税率を掛けたものを所得割、付加価値額に税率を掛けたものを付加価値割、そして資本金等の額に税率を掛けたものを資本割といいます。

　外形標準課税は、赤字企業にも税負担を求める代わりに、所得に対する税率は一般法人に比べて低くなっています。そのため、利益獲得力の高い企業にとっては、税金負担を減少させる効果があります。外形標準課税は、資本金が1億円を超える法人に対して適用されます。ただし、収入金額を事業税の課税標準とする一定の法人（電気・ガス事業者など）及び一般社団・一般財団法人、投資法人、特定目的会社には適用されません。

　所得割に対する標準税率（資本金が1億円超の法人）は、所得のうち400万円以下が0.4％、400万円超800万円以下が0.7％、800万円超が1.0％となっています。この他に基準法人所得割額（標準税率により計算した法人事業税の所得割額）に260％を掛けた特別法人事業税が課されます。

　また、付加価値割に対する標準税率は1.2％、資本割に対する標準税率は0.5％が適用されます。

法人事業税の外形標準課税

対象となるのは資本金1億円を超える法人	
付加価値割 税率1.2％	**資　本　割** 税率0.5％
所　得　割 税率0.4〜1.0％	

5 固定資産税・都市計画税

土地、家屋、償却資産に対して課税される

● 固定資産税とは

　毎年1月1日現在、土地、家屋などの不動産、事業用の償却資産を所有している人が、その固定資産の価格をもとに算定される税額を、その固定資産の所在する市町村に納める税金です。

　固定資産税は、固定資産の価格である固定資産税評価額に一定の税率1.4%（標準税率）を掛けて求めます。

　固定資産税は土地や家屋に対して課税される他、事業用の償却資産に対しても課税されます。固定資産税の課税対象となる償却資産とは、土地・家屋以外の事業目的に利用することができる資産をいいます。なお、自動車は別途自動車税が課税されるため、対象となりません。市町村内に事業用資産を所有している者は、毎年1月1日現在の所有状況を1月末日までに申告する必要があります。土地は土地登記簿、家屋は建物登記簿によって課税対象の把握ができますが、償却資産についてはこれに相当するものがないため所有者の申告が義務付けられています。

　固定資産税は不動産を所有していることによって課せられる税金ですので、納税義務者は不動産の所有者です。毎年1月1日にその不動産の所有者に対して納税通知書が送付されます。1月

1日の翌日である1月2日に不動産を手放したとしても、1月1日に不動産を所有している限りその年1年間の固定資産税の全額を支払う義務があります。土地や建物を複数人で所有している場合、所有者全員が共同で固定資産税を納付する義務があります。したがって所有者の中に固定資産税を支払わない人がいた場合には、他の所有者に支払われていない分の固定資産税を納税する義務が生じます。

　分譲マンションなど、区分所有建物の敷地は、建物の区分所有者が専有面積に応じて共有する形がとられています。このような場合でも区分所有者全員で連帯して納税する義務を負っているのが原則です。しかし、以下の2つの要件を満たす場合には連帯して納税する義務は負わず、それぞれが自分の持ち分に応じた税金を支払えばよいことになっています。

・区分所有者全員が敷地を共有していること

・敷地と建物の専用部分の持分割合が一致していること

　固定資産税は市町村に対して納付し、税額は以下のように計算されます。

土地の場合：課税標準額×1.4%

建物の場合：建物課税台帳に登録され

ている金額×1.4%

ただし、固定資産税にはいくつかの特例が設けられています（下図参照）。

●都市計画税とは

都市の整備に充てるための財源として徴収する地方税です。

都市計画法という法律に基づく市街化区域内の土地や家屋に課税されるも

のです。都市計画税の税額は、固定資産税評価額に一定税率を掛けて算出し、固定資産税と同時に市区町村に対して納税します。都市計画区域内でなければ、課税されないのですが、都市計画区域は、ほとんどすべての自治体で導入されています。税率と都市計画税についての特例措置は下図のようになります。

固定資産税の計算式と主な特例

〈 固定資産税額の計算式 〉
　固定資産税額＝固定資産税課税標準額×1.4%
・一般住宅用地（200㎡を超える部分）に関する特例
　固定資産税評価額×$\frac{1}{3}$
・小規模住宅用地（200㎡以下の部分）に関する特例
　固定資産税評価額×$\frac{1}{6}$
・新築住宅の税額軽減
　新築住宅で50㎡以上280㎡以下のものは、3年間（3階建て以上の耐火建築住宅は5年間）一定面積（120㎡）に対応する税額を2分の1に減額
・耐震改修の税額軽減
　昭和57年1月1日以前から所在する住宅について一定の耐震改修工事をした場合、2分の1減額
　減額期間
　㋑ 当該住宅が通行障害既存耐震不適格建築物であった場合→2年間
　㋺ 上記イ以外の場合→1年間
・省エネ改修をした場合の税額軽減
　平成26年4月1日以前から所在する住宅について一定の省エネ改修工事をした場合、翌年分の税額を3分の1減額（3分の2に減額）

都市計画税の税率と特例

税率	土地	課税標準額×0.3%
	建物	建物課税台帳に登録されている金額×0.3%
特例措置		住宅用地については、課税標準額を以下のように軽減 ・住宅1戸あたり200㎡までの住宅用地については価格の3分の1を課税標準額とする ・200㎡を超える部分についても価格の3分の2を課税標準額とする

※上図の税率「0.3%」は東京23区を基準とした税率。市区町村によって軽減されているケースはある（たとえば、新潟県三条市では都市計画税の税率は0.2%とされている）

自動車にかかる税金

自動車の取得や保有にはいろいろな税金がかかる

● 自動車税とは

　自動車税は、自動車を保有していることに対してかかる財産税という位置付けの都道府県税です。

　自動車税（種別割）は、毎年4月1日時点の自動車の所有者に課される税金で、納税義務者に5月31日に納付期限となる納付書が送られてきます。自動車税は、現在ではクレジットカードでも納付が可能ですが、納付をしないと車検が受けられないしくみになっています。自動車税の対象となる自動車は、乗用者・トラック・バスで、税額は自家用、営業用の区分と総排気量で決まります。

● 種別割と環境性能割

　軽自動車税と自動車税は、「種別割」と「環境性能割」で構成されています。

　種別割は、自動車や軽自動車の所有者に対して課税されます。

　環境性能割とは、特殊自動車を除く自動車を取得したときに課税される都道府県税で、取得価額が50万円以下であれば免税となっています。燃費性能の良い車は税負担が軽くなり、燃費性能の悪い車は税負担が重くなる性質をもつ税金です。

● 自動車重量税について

　自動車重量税とは、自動車の重量に対して課せられる国税です。新しく車を登録する新規登録や継続検査（車検）のときなどに納めます。

　自動車重量税は、自動車検査証の交付等又は車両番号の指定を受ける時までに、原則として、その税額に相当する金額の自動車重量税印紙を自動車重量税納付書に貼って納付します。税率は車の重さによって異なり、税額は年額で定められていて、乗用車は車の重量（車両重量）に対して課税されますが、トラック・ライトバンなどの貨物車は車両総重量（車両重量+最大積載量+乗車定員の重さ）に対して課税されます。小型二輪車及び軽自動車は1台ごとに定額で定められています。

　低公害車は、新車新規検査の際に納付すべき税額について減免又は免除される他、中古取得の場合も、期間内に受ける車検の際の重量税が免除、または税率を50％もしくは25％減税となります（エコカー減税）。

　また、自動車検査証の有効期間内に使用済みとなり、使用済自動車の再資源化等に関する法律（自動車リサイクル法）に基づいて適正に解体された自動車について自動車重量税の還付措置

が設けられています。車検残存期間が1か月以上の場合は、申請により残存期間に相当する金額が還付されます。

⬤ 優遇措置について

　環境負担の少ない電気自動車やハイブリッド車などを対象に優遇措置がとられています。優遇措置には、自動車重量税を対象とした「エコカー減税」と、自動車税種別割を対象とした「グリーン化税制」の大きく2種類があります。

　エコカー減税については、令和5年度税制改正により、令和8年4月30日までに受ける新車検査や車検の際に減税あるいは免税の適用となっています。乗用車、バス、トラックなどの区分に応じて、燃費性能やガス排出量などの要件が数値化されており、その定めによって適用できるかどうかが決まることになります。

　グリーン化税制は、自動車所有者に対し毎年課される自動車税種別割について、その車の環境負荷の度合いに応じて優遇と重課を設けた措置です。排出ガス性能及び燃費性能の優れた環境負荷の少ない自動車に対しては、登録した翌年度の自動車税が、おおむね50％から75％軽減されます。

　反対に、新車新規登録（初度登録）から一定年数を経過した環境負荷の大きい自動車は税率を重くしています。地球温暖化防止及び大気汚染防止の観点から、環境にやさしい自動車の開発・普及の促進を図るための措置です。

　このグリーン化税制は、令和5年度税制改正により、令和8年3月31日まで適用されます。

自動車にかかる税金

	課税対象	納付時期
自動車税 環境性能割	特殊自動車を除く自動車を取得した人	自動車の新規登録又は移転登録をするときに納付
自動車重量税	自動車の重量	自動車の新規登録や車検のときなどに納付
自動車税 種別割	毎年4月1日時点の自動車の所有者	送付された納税通知書により、毎年5月31日までに納付
消費税	自動車を取得した人	取得時（売手が預かって納付）

7 登録免許税

登録免許税は不動産登記などを行うときに課される国税である

●登録免許税とは

　登録免許税は、不動産、船舶、会社、人の資格などについて、公にその証明をするために必要な登記、登録、特許、免許、許可、認可、指定及び技能証明を行うときに課税される国税です。不動産を購入して登記をする場合には、登録免許税がかかります。また、融資を受ける場合には、不動産を担保に提供して抵当権の設定登記を行いますが、そのときにも登録免許税が課税されます。

　登録免許税を納めなければならないのは、登記や登録等を受ける人です。納付は、原則として銀行などの金融機関に現金納付して、その領収証書（領収証）を登記等の申請書に貼り付けて提出します。ただし、税額が3万円以下の場合には、申請書に収入印紙を貼付して納めることができます。実務上は3万円を超えるものについても収入印紙を貼付する運用がなされています。

　不動産の登録免許税の金額は、課税標準額（税額を算定する上で基準とする金額）に、税率を掛けて算出します。課税標準額は、新築による建物の所有権の保存登記や、売買や贈与等による土地・建物の所有権の移転登記では、登記される土地・建物の固定資産税評価額になります。抵当権の設定登記の課税標準額は債権金額の総額です。

　適用される税率は、以下の通りです。
① 　新築した建物の所有権の保存登記は0.4%
② 　売買、贈与、交換、収用、競売等による土地・建物の所有権の移転登記は2.0%
③ 　相続や、法人の合併による土地・建物の所有権の移転登記は0.4%
④ 　共有物の分割による土地の所有権の移転登記は2.0%。ただし一定の要件を満たす場合は0.4%
⑤ 　抵当権の設定登記は0.4%

　なお、売買による土地の所有権移転登記にかかる登録免許税の税率は、令和5年度税制改正により令和8年3月31日までの間に登記を受ける場合、1.5%に据え置かれます。

　また、自分の居住用の床面積50㎡以上の家屋についても、所有権の保存登記、所有権の移転登記、抵当権の設定登記にかかる登録免許税の税率は、令和6年3月31日までの間に登記を受ける場合、所有権保存登記が0.15%、所有権の移転登記（売買と競売のみ）が0.3%、抵当権設定登記が0.1%と軽減されています。

8 不動産取得税

取得時期や不動産の種類によって、受けられる優遇措置が異なる

● 不動産取得税

　不動産取得税は、土地や建物を買ったり建物を建築した場合に、その取得した者に対して課税される都道府県税です。納税義務者は、不動産を売買・建築などで取得した者で、不動産取得税の額は、取得した不動産の価格（課税標準額）に税率（本則の標準税率4％）を掛けて求めます。課税標準となる不動産の価格は、固定資産課税台帳に登録されている固定資産税評価額に基づいて計算します。

　令和6年3月31日までに宅地を取得した場合は、取得した不動産の価格×2分の1を課税標準額とします。令和6年3月31日までに住宅及び土地を取得した場合、税率は3％です。さらに、一定要件を満たす住宅用土地を取得した場合には、床面積の2倍相当額が減

額される特例があります。なお、取得した不動産の課税標準額が、土地の場合は10万円未満、新築や増築した家屋の場合は23万円未満、売買等により取得した家屋の場合は12万円未満のときは課税されません。また、一定の床面積要件を満たす住宅については、取得した不動産の価格から控除額を差し引いて計算します。控除額は、新築住宅の場合1,200万円（令和6年3月31日までに取得した新築の認定長期優良住宅については1,300万円）、中古住宅の場合、建築年次により100万円～1,200万円となっています。

　高さ60m超のタワーマンションの固定資産税と不動産取得税は、階層により差が出るように按分されます。高層階の税額を多くし、時価による不公平感を緩和します。

不動産取得税の内容と税額の算出方法

内　　容	不動産を購入した場合や建物を建てた場合に、その土地や建物を取得した人に課される税金。毎年納税するのではなく、取得時の1回だけ納税する。
算出方法	固定資産税評価額 × 税率（ただし、軽減措置あり）
税　　率	平成20年4月1日から令和6年3月31日までに取得した場合の税率は以下の通り 土地、住宅用家屋 ➡ 3%　　　住宅以外の家屋 ➡ 4%

9 印紙税

課税文書の種類や記載金額により税額が異なる

印紙税とは

契約書を作成すると印紙税が課せられることがあります。印紙税とは文書にかかる税金です。収入印紙を貼付して消印することで、印紙税を納めていることになります。印紙税が発生する事例は、印紙税法で具体的に規定されています。たとえば、以下のケースです。

① 1万円以上の不動産の売買契約書等

② 10万円以上の約束手形または為替手形

③ 5万円以上の売上代金の領収書や有価証券の受取書

有価証券の受取書など印紙税の課税対象となる文書を「課税文書」といいます。所定の収入印紙を貼らなかった場合には、罰則があります。その課税文書の作成者に対し、その貼るべき印紙税額とその2倍相当額の合計額が、過怠税として課されます。

どのような基準で判断するのか

作成された文書が印紙税の課税文書かどうかを判断するにあたって、まず確認しなければならないのは次の3つの要件です。この3つをすべて満たした文書が、課税文書として扱われます。

① 「印紙税法別表第一」（課税物件表）に掲げられている20種類の文書に該当する内容の文書であること

② 当事者間において課税事項を証明する目的で作成された文書であること

③ 印紙税法5条（非課税文書）の規定により印紙税を課税しないとされている非課税文書でないこと

印紙税の税率

印紙税には、一律に同じ金額が賦課される「定額税率」と、記載された金額によって税額が変わる「階級定額税率」という2つの税率が採用されています。印紙税法に規定された課税文書のうち、定額税率が適用されるのは定款、合併契約書、預貯金証書、保険証券などといった文書です。たとえば、定款であれば1通につき一律4万円、保険証券であれば1通につき一律200円の印紙税がかかります。階級定額税率が適用される文書の場合、課税される印紙税の額は文書に記載されている金額（記載金額）によって決まります。

見積書や注文書について

印紙税の課税対象となる文書には、名称として「契約書」と記載されているものが多いのですが、名称は「注文請書」「覚書」「念書」などと記載されていても、契約内容を示しているもの

もあります。そのような場合、印紙税の取扱いはどのようになるのでしょうか。

印紙税法において「契約書」とは、契約証書、協定書、約定書その他名称のいかんを問わず、契約（その予約を含む）の成立等を証すべき文書をいうと規定されています。つまり、名目が何であれ、その文書が契約の成立や内容を示すものであれば、印紙税法にいう「課税文書」に該当し、印紙税を課せられるのです。

たとえば、コンピュータシステムの「開発請負書」に、「開発期間は○年○月○日から○年○月○日、開発請負金額は○年○月○日付見積書の通り」と記載していたとします。名目は「開発請負書」であり、具体的な金額も明示されていませんから、一見すると非課税文書に該当するようですが、開発期間が記載され、開発請負金額も見積書を見れば確認できますから、契約の内容が記載されているのと同じです。したがってこの「開発請負書」は、印紙税法上の請負契約書に該当するということになります。この場合、見積書に記載された金額が、契約書の記載金額として扱われます。

なお、手形や小切手の受領事実を証明するために作成された「受取書」も、印紙税の課税対象文書に該当する可能性があります（印紙税法別表第17号）。

●消費税が区分記載されている場合

消費税の記載方法によっても、印紙税の額が異なります。消費税や地方消費税（消費税額等）の金額を契約書や受取書に記載するにあたって、本体金額と区分して記載するなどして消費税額等が明確に示されている場合、消費税額等を記載金額から除外することになっています。つまり、消費税額等には、印紙税がかからないということです。ただし本体金額と消費税額等を合算して記載し、消費税額が明確になっていない場合は、合算された金額が記載金額となります。

なお、小切手等の受取書で、消費税額等のみを記載したものについては、消費税額等が記載金額となります。

課税文書と非課税文書

課税物件表に記載されていない文書

課税物件表記載の文書

文　書　　課税文書　　非課税文書

※課税物件表に記載されていない文書のことを「不課税文書」と呼ぶこともある

10 その他の税金
いろいろな種類の税金がある

● 酒税・たばこ税とは

酒税は「酒類」に課税される国税です。酒税は出荷時に課税され、その分が価格に上乗せされ、消費者が購入時に酒税を負担していることになります。酒類とは、アルコール分1度以上の飲料、または溶かすことによりアルコール分1度以上の飲料になる粉末状のものと定義されています。

また、酒類はその製法や性状などにより4種類に分類され、原則としてその分類ごとに適用される税率が決まります。令和2年10月1日以降では、ビール350mlあたり70円、発泡酒（麦芽比率25％未満）350mlあたり47円、清酒720mlあたり79.2円、果実酒720mlあたり64.8円などです。なお、令和5年度税制改正により、資本金3億円以下または常勤従業員300人以下で、税務署の承認を受けた一定の酒類製造者（承認酒類製造者）が、前年度の酒類の総課税移出数量（酒税対象となる酒類を他へ送り出す量）が3,000kℓ以下の場合には、令和6年4月1日から令和11年3月31日までの間に移出した酒類に対する酒税額について、一定の割合（5％～20％）を軽減することが予定されています。

たばこ税は「たばこ」に課税される

国税、地方税（道府県たばこ税と市町村たばこ税）とたばこ特別税です。国税の部分は、たばこの製造業者や輸入業者が納税していて、道府県たばこ税や市町村たばこ税の部分は、卸売業者から小売業者に引き渡された時点で課税されます。

● その他の都道府県税・市町村税

前述した以外にもいろいろな種類の税金があります。

・ゴルフ場利用税

ゴルフ場の利用という行為に対して課されます。

ゴルフ場利用税は、ゴルフ場を利用した者からゴルフ場の経営者が税金を預かり納めることになります。納める額は、ゴルフ場の規模や整備状況などにより等級が定められており、利用日数に応じて課税されます。18歳未満または70歳以上のゴルフ場利用者に対しては、ゴルフ場利用税は課されません。

・狩猟税

狩猟者の登録を受け、狩猟ができる資格を得ることに対して課される税金です。狩猟者の登録を行うときに納税し、納められた税金は、鳥獣の保護等のための財源となります。納める額は、狩猟免許の種類に応じて定められてい

ます。平成16年度の税制改正により、狩猟者登録税と入猟税が、狩猟税に一本化されました。

・鉱区税

鉱区に対し面積を課税標準として、その鉱業権者に課される税金です。

鉱物を掘採する権利が与えられていることから課税されるものです。納める額は、砂鉱を目的とするかどうかといった鉱区の種類ごとに異なります。鉱区税は、送付された納税通知書によって、5月1日から31日までの間に納付します。

・事業所税

一定規模以上の事業を行う事業主に対して課税される税金で、事業所等の床面積を対象とする資産割と従業者の給与総額を対象とする従業者割とに分かれます。都市環境の整備及び改善のための財源にあてる目的税であり、地方税法で定められた都市だけに課税されます。東京都の場合は、23区や武蔵野市、三鷹市といった都市において事業所税が課されます。個人の場合は翌年の3月15日までに、法人の場合は事業年度が終了してから2か月以内に税額を申告し、納付します。

・鉱産税

鉱物の採掘の事業に対して、採掘した鉱物の価格を課税標準として課税されます。税額は、鉱物の価格に税率1%を掛けて算出します。納付は1か月単位で行い、月初から月末までに採掘した鉱物について、翌月末日までに申告、納付します。

都道府県税・市町村税の納税義務者・担税者と納付方法

税　目	納税義務者・担税者	納付方法
個人住民税	個人	特別徴収・普通徴収
法人住民税	法人	申告納付
固定資産税	固定資産を所有している人	普通徴収
都市計画税	固定資産を所有している人	普通徴収
自動車税(種別割)	毎年4月1日に自動車を所有している人	普通徴収・証紙徴収
軽自動車税	毎年4月1日に軽自動車を所有している人	普通徴収・証紙徴収
自動車税(環境性能割)	自動車を取得した人	申告納付・証紙徴収
不動産取得税	土地・建物を取得した人	普通徴収
ゴルフ場利用税	ゴルフ場の利用者	申告納付
狩猟税	狩猟者の登録を受ける人	証紙徴収
鉱区税	鉱区を持っている鉱業権者	普通徴収
事業所税	一定規模以上の事業を行う事業主	申告納付
鉱産税	掘採事業を行う鉱業者	申告納付

関税
一般に「輸入品に課される税」と考えられている

● 関税収入は重要な財源のひとつ

関税とは、モノが国境を超えるときに課される税金です。目的は、国の収入の確保、国内の産業保護などです。

国の収入確保に関税が役立つというのは、中央集権体制がまだ十分に整っていない国においては、関税こそ国家が税金を徴収するためのもっとも有効な方法であったという歴史的な事実によります。輸入品は港で陸揚げされますので、数量を把握しやすいという面がありました。また、高額なものが多いという特性から、購入する人には税金を負担できる経済力があるとも考えられます。この2つの側面を利用して、もれなく確実に税金を徴収する手段として、関税が利用されたのです。

また、産業保護という目的もあります。たとえば、海外から非常に安い製品が輸入された場合、国内で作られる製品を買わなくなってしまう恐れが出て来ます。価格の安い輸入品に関税をかければ、国内製品との価格差を解消できるわけです。

国家の財政規模が巨大になり、国内の徴税体制が整備されるのに伴い、財源調達手段としての関税の役割は相対的に小さくなっています。

令和5年度の関税収入予算（一般会計）は約1兆1,220億円が見込まれています。

● 輸入取引と関税

輸入品に関税が課されると、その分だけコストが増加し、国産品に対して競争力が低下します。ここから、関税の国内産業保護という機能が生まれます。現在では、関税の機能として国内産業保護が中心となっており、これを保護関税といいます。

たとえば、ある商品の国産品価格を11万円、輸入品価格を10万円とします。このままでは、国内需要者は安価な輸入品だけを購入することになります。そこで輸入品に10%の関税を課したとすると、輸入品の国内価格は11万円となり、国産品は輸入品と対等に競争できるようになります。

● 輸入数量制限と関税

個々の品目の輸入を調整する手段としては、関税の他にも、輸入禁止や輸入数量制限といったものがあり、輸入禁止はそれらの中で最も強力な手段です。

輸入数量制限とは、ある商品について一定期間の輸入量を決め、それ以上の輸入を認めない方式です。

第 7 章

税務調査のしくみ

1 税務調査の目的

国民が納税義務を果たしているかどうかを国がチェックする

● どのようなものなのか

税務調査とは、納税者（法人・個人など）が適正に納税しているかどうかを国が調査する制度です。

税務調査では、自己申告された所得額に漏れや隠ぺいがないか、税額に計算ミスがないかといったことがチェックされます。調査を担当するのは、法律で権限を与えられた税務署の調査官です。調査官は対象の個人宅や法人の事務所などに事前に連絡をした上で出向き、帳簿のチェックや関係者への聞き取りなどの形で調査を行います。

税務署の調査官が行う税務調査は、任意に行われる調査ですが、原則として拒否できないのが実情です。調査対象となった納税者には、調査官の求めに応じて書類を準備したり、質問に正確に答えるなど、真摯に協力することが求められます。

● どのような目的で行われるのか

日本では、納税義務者が自ら税務署に所得や税額を申告することにより、所得税や法人税、贈与税、相続税といった税金を支払う申告納税制度がとられています。所得額などの課税標準や税額をどのような形で算出するかということは、所得税法や法人税法など

の法律によって定められていますから、納税義務者はこれに沿って税額を正確に計算し、期日までに納付しなければなりません。

しかし、税額の計算式は複雑なので、計算ミスをすることも少なくありません。また、中にはわざと所得を過少申告するなどして脱税をはかる悪質な納税者もいます。そこで、租税負担の公正をはかり、社会秩序の安定を保つことを目的として、適正な納税手続きが行われているかを調べる税務調査が実施されているわけです。

● 調査は受けなければならないのか

税務調査は、正しく納税している法人や、収入額が少なく納税額がゼロになる個人などに対しても行われる可能性があります。「わざわざ税理士に頼んで計算してもらい、間違いなく納税しているのに調査を受けなければならないのか」「収入がないし、帳簿もつけてないから、調査する必要はないのでは」と思う事業者の人もいるかもしれませんが、調査の必要性や手続きが妥当かどうかについての判断は税務調査を行う権限（質問調査権）を与えられた税務署が行うことであり、納税者が調査を拒否する理由にはなりません。

税務署から調査を行うと連絡があれば、誰でもこれを受け入れなければなりません。これは国民全員に憲法に定められた納税の義務と、税務調査を受ける義務（受忍義務）があるからです。

国税通則法という法律には、税務調査において調査官の質問に答えなかったり、ウソの返答をするなどした場合には、罰金などの処罰が科せられるという規定も置かれています。

税務調査は、手間も時間もかかりますし、精神的にも大きな負担を伴いますが、正しい手続きをしていれば恐れる必要はありません。構えることなくきちんと対応するようにしましょう。

●家族や従業員には受忍義務

税務調査に対する受忍義務は、調査対象となった納税者本人にのみ生じるものです。個人であれば当然その人が義務を負いますし、法人であればその代表者が義務を負うことになります。

しかし、税務調査の事情聴取や書類提示の要請などは、調査対象者だけでなく、個人であれば配偶者やその他の家族、法人であれば経理担当者や他の従業員などにも及ぶ場合があります。

では、調査対象者以外の人には、税務調査に応じる義務があるのでしょうか。実は、調査対象者以外の人には受忍義務は生じません。つまり、調査官からの質問などに応じるかどうかは、その人しだいなのです。「答えるほどの情報を持っていない」「自分の判断で勝手に書類などの提示をすることはできない」などという場合には、調査を拒否してもかまわないわけです。

ただ、家族や従業員が調査官からの質問をむやみに拒否すれば、「調査対象者から隠ぺいの指示をされているのではないか」などとあらぬ疑いをかけられることにもなりかねません。むしろ家族や従業員にはあらかじめ「税務調査がある」ということを伝え、可能な範囲で質問に応じてもらえるよう、頼んでおいた方がよいでしょう。

税務調査の目的

税務調査の目的	＝	申告内容や税額が正しいか確認

税務調査官	→	帳簿書類を検査する権限である「質問検査権」が与えられている
納税義務者	→	税務調査官の質問に対して、誠実に答える義務である「受忍義務」を負う

2 税務調査の手法

税務調査には任意調査と強制調査がある

○税務調査は任意調査が通常である

　税務調査には、大別して「任意調査」と「強制調査」があります。通常、税務調査といえば任意調査を意味します。任意調査には、強制力はありませんが、納税義務者は質問に答える義務があります。一方、強制調査とは悪質な脱税犯に対して行われる一種の犯罪調査です。告発（第三者が捜査機関に対して犯罪事実を申告し、その捜査と訴追を求めること）を目的として捜索、差押などをすることができ、一般に査察と呼ばれています。調査官の具体的な狙いどころは以下の①～⑤のようになっています。

① 収益計上上の除外

　一部の得意先の売上を隠したり、売上品目の一部を隠したりしていないか。

② 費用の過大計上

　経費の水増しなどをしていないか。

③ 資産の計上除外

　現金や銀行預金などの資産の一部を簿外としていないか。

④ 架空取引の計上

　取引事実が存在しないのに、これをでっち上げて、あたかも取引事実があったように会計処理をしていないか。

⑤ 期間損益の操作

　当期（計算期間における対象事業年度のこと）にまだ消費してない部分を当期の費用に計上していないか。

　調査の結果、これらの行為が悪意をもって意図的に所得減らしの目的で行われたと税務当局に判断されたときは、重加算税（249ページ）というペナルティの性質をもつ税金が課されます。

　また、悪意がなくても、納税者が考える所得計算と税務当局が判断する所得計算に相違があった場合も、過少申告加算税という税金が課されます。こうした見解の相違を生じさせることのないよう、全国の国税局や税務署で、事前に確認ができるようになっています。一方、税務署の処分に不服がある場合には、不服申立ての制度もあります（250ページ）。

○準備調査と実地調査

　調査目的と調査場所などから準備調査と実地調査に区分されます。

① 準備調査

　主に税務署内で行う調査をいいます。

② 実地調査

　実際に調査先に出向いて帳簿書類その他の物件を検査することで、一般に税務調査といえば、この実地調査を意味します。具体的には、次のようなことが行われます。

・一般調査

　対象者が提出した申告書の内容が正しいかどうかを、帳簿や伝票などの資料をもとに確認していく手法です。

・現況調査

　通常、税務調査の際には事前に実施日時などの連絡が入りますが、現金取引が主であるなど税務署が必要と判断した場合には抜き打ちで調査が行われることがあります。

・反面調査

　調査対象者の取引先や取引銀行などに対し、取引の実態調査を行う手法です。

　この他、特別調査、特殊調査などの調査があります。

⦿強制調査は一種の犯罪調査である

　不正の手段を使って故意に税を免れた者には、正当な税を支払わせることはもちろん、社会的責任を追及するため、刑罰を科すことが税法に定められています。こうした悪質な納税者の多くは、申告書の改ざんや資産隠しなど、任意調査だけではその実態が把握できないように細工をしているため、強制的権限をもって犯罪捜査に準ずる方法で調査する必要があります。

　このように、強制調査とは、悪質な脱税犯を検察に告発することを目的として行われる一種の犯罪調査です。対象者の許可なく家屋に立ち入ったり、所有物を捜索する、証拠物を押収するといったことを行いますので、事前に裁判所の許可を得ることになっています。その執行には、各国税局に配置された国税査察官があたります。

税務調査のしくみ

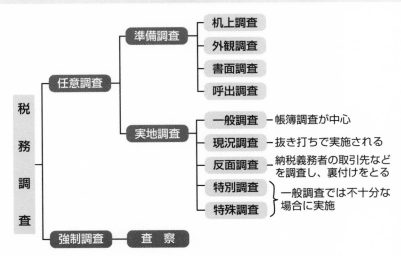

税務調査の時期・調査内容

細かい証憑もおろそかにしてはいけない

●スケジュールについて

　企業に対する税務調査は、1年の中でも9月から11月頃の時期が最も多くなっています。これには、税務署の事務年度が7月から翌6月末であることや、人事異動の時期が7月であること、3月決算期の企業が多いことなどが関係していると言われています。調査対象になると、税務署などから事前に調査日時や場所などについての連絡が入ります。このとき、特別の事情があって受け入れが難しい場合は、日程調整について相談することもできます。

　税務調査にかかる日数は、会社の規模や担当調査官の人数などによってまちまちですが、おおむね2日から1週間程度ということが多いようです。

●事前連絡なく調査に来るケース

　場合によっては連絡なしに突然調査官がやってくることもあります。これを現況調査といいます。現況調査は、飲食店など現金商売をしている企業や、情報提供によって脱税の疑いが濃いと見られる企業などを対象に行われるもので、事前に連絡をすると証拠を隠される可能性があることなどからこのような手法がとられています。現況調査は、建前上は任意とされています

が、事前通知をせずに税務調査をしても法律的な問題はないという最高裁判例があることや、調査を拒否することによって脱税の疑いが深くなるということを考えると、調査を受け入れざるを得ないというのが現実でしょう。

●何を調べるのか

　税金には、法人税、消費税、所得税、相続税、贈与税などがあります。複数の税目にわたって調査ができる総合調査を担当する調査官もいますが、今では一般的な調査官も複数税目にわたって調査を行います。調査対象になる書類には図（次ページ）のものがあります。

　申告された税金は、正しく納付されなければなりません。そのために税務調査があるわけですが、とはいえ、何年たっても調査ができ、更正（申告された所得額や税額を税務署が変更すること）や決定（税務申告していなかった者に対し、税額などを決めること）ができるとなると、企業側はいつまでも関係資料を保存しなければなりませんし、「いつ追徴されるかわからない」という不安定な立場に置かれてしまうなど、不都合な点も生じます。このため、更正や決定ができる期間に上限（除斥期間）を設け、税務調査につい

ても除斥期間を超えて遡ることはしないことになっています。

更正・決定の除斥期間は、原則として5年です。ただし、不正等が認められる場合は7年まで遡ることができるとされています。

● 法人税以外の調査の可能性

儲かっていない会社・商店だからといって一概に納める税金がないとは言い切れません。

消費税の課税標準は「課税売上高（課税資産の譲渡額）」と言い、厳密には法人の毎期決算における売上高とも違います。ですから仮にここ数年業績の低迷が続き、近年決算上の売上高が所定の金額（たとえば基準期間の免税売上高の1,000万円）に満たないことをもって「法人税はおろか消費税の納税もない」と思っていた会社が、動産や不動産の譲渡などの課税売上（商品や製品の販売だけでなく、車両や建物

といった償却資産の譲渡など）が別にあったことが判明すれば、調査対象期に消費税の納税義務があったことになるかもしれません。また、悪意があったか否かとは無関係に、たとえば、単なる国内取引を輸出と混同して本来課税取引であるものを免税取引として集計したような場合や、課税資産の譲渡そのものを見落としていたような場合は、納めるべき消費税が過少に計算申告されている可能性があります。このような場合があるので、調査が必要になってきます。

この他、たとえばNPO法人や宗教法人などの場合には、そもそも法人税がかからない場合が多いといえますが、もし、同法人の職員が公私混同して法人から不正な利益供与を受けている事が疑われるようなケースでは、法人税を納めるべきか否かに関係なく法人のその者に対する源泉徴収義務に対する調査が必要になってきます。

調査の対象になる書類

帳簿関係	総勘定元帳や現金出納帳、売上帳、仕入帳、売掛帳、買掛帳、賃金台帳、小切手帳、手形帳、出退勤記録簿、決算書など
証憑関係	請求書や領収書※、見積書、注文書、納品書、タイムカードなど
文書関係	議事録や契約書、同族関係取引の契約書、稟議書など
その他	預金通帳やパソコンなど

※正式な領収書を発行することができない場合、もしくは支払われた金額が全額の一部であった場合などに、仮に領収したことを証明するものを仮領収書という。しかし、後のトラブルの可能性や税務調査対策を考慮すると、仮領収書の多用は好ましくない。

調査対象の選定

選ばれやすい企業もある

どのくらいの会社が対象になるのか

税務調査は事業の規模や税額などに関係なく、どこの企業でも行われる可能性はあります。ただ、数年の間に何度も調査対象にされる企業もあれば、創立以来10数年調査を受けたことがないという企業があるのも事実です。この違いはどこから来るのでしょうか。

税務署は、限られた人員で効率よく調査をするため、選定基準を設けて特に不備や不正が見つかる可能性の高い企業を中心に調査しています。

選定にあたっては、まず好況の業種や、過去脱税の多かった問題業種など重点が絞られます。調査対象になりやすいのは、次のような業種です。

① 現金取引の業種……飲食業、酒屋・理髪、理容業などの小売業など

② 過去に比較的不正が多い業種……パチンコ業、風俗業、貸金業、廃棄物処理業、土木工事業、不動産業など

③ 好況の業種……IT関連企業や家電業、自動車販売業など（地域や調査の時期などによっても異なる）

重点業種が決まると、次にその業種の中から調査対象とする企業を選定していくわけですが、このときに選定のための材料とされるのが、確定申告時に提出される申告書や決算書、事業概況説明書などです。これらの書類から得られる情報によって税歴表を作成したり、コンピュータ処理をして、一定の条件に該当する企業を抽出します。

この段階で抽出された企業には、調査官が現地に出向いて外観や隣近所への聞き込みなどをする外観調査、新聞記事やインターネットなどによる情報収集、申告書以外に税務署に提出される法定調書への調査といったことが行われ、最終的な選定がなされることになります。このような選定段階を経て、調査の対象となるのは全体の5％程度と言われています。

ただ、選定条件から外れているからといって、調査が行われないわけではありませんので、普段から正しい税務処理をしておくことが重要です。

法人だけでなく個人も対象になる

税務調査の対象は法人だけではなく、個人も調査対象になります。この場合の「個人」は、事業をしているかどうかは問われません。パートタイマーや内職をしている主婦なども対象になる可能性はあります。また、仕事をしていなくても、贈与や相続を受けたり、不動産を売買によって利益を得たという事実がある場合には、調査対象になる可

能性があります。調査される税目としては、下図のようなものが挙げられます。

　所得税の調査の際には法人の場合と同様、確定申告時に提出される申告書や帳簿類などがチェックされるわけですが、個人の場合、帳簿を正確につけていなかったり、申告の必要があるのにしていないといったことも多いのが実情です。特に事業主の場合、ある程度経理をやっていても、会社の経費で私物を購入したり、私用電話と事業用電話の線引きがあいまいになっていて経費として認められないなど、不備を指摘されることも多いようです。修正が多くなれば、追徴される税金も増えるわけですから、日頃から事業経費と私生活の経費を明確に分けるなど、正確な処理をするようにしましょう。

●タレコミなども考慮されるのか

　税務署やマスコミなどに脱税などの情報が持ち込まれることがあります。いわゆる「タレコミ」の情報です。税務署ではタレコミ情報についても公益通報、第三者通報などとして重視しており、国税庁及び各国税局に公益通報の受付・相談窓口を設けて対応しています。特に最近増えているのが、リストラされた退職者や派遣社員、社内での競争に敗れた役員など、過去内部にいた者が不正について通報する内部告発です。税務署は第三者通報による情報をただうのみにするようなことはせず、内容を裏付ける証拠を押さえるための調査を行います。これには、タレコミ情報をそのまま信用するのは危険だということもありますが、内部告発者の安全を守るという意味もあります。

　企業側としては、不正な税務処理を行わないことはもちろんですが、でっちあげの内部告発を行うような人が出ないよう注意すべきでしょう。

個人が調査される税目

所得税	個人事業主、パートタイマー、アルバイトなどの所得や贈与などにかかる税金。譲渡した際の所得税は、不動産や貴金属、著作権や特許権などの資産を譲渡（有償・無償を問わず資産を移転すること。売買はもちろん、交換や財産分与なども含まれる）されたときにかかる税金
相続税	遺産の相続時にかかる税金
贈与税	個人から預金や不動産などを譲り受けた場合や、保険料を支払っていない人が満期や解約によって保険金を受け取った場合など、個人から資産をもらったときにかかる税金
消費税	基準期間における課税売上が 1,000 万円を超える個人事業主が納付すべき税金

5 調査方法

あくまで任意の調査だが金融機関や取引先に及ぶこともある

● どんな調査方法があるのか

　法人税も消費税も会社で継続記帳される会計帳簿が大元の算定資料ですから、正しい税務申告を担保するために行われる税務調査も会計帳簿の正しさ（適正性）の検討が企業の税務調査の中心になります。主な検討手続には、突合、実査、立会（棚卸立会）、分析（勘定分析）、質問そして反面調査があります。これらは、決算書の主な勘定科目について適用実施されます。

① 突合……「付き合わせること」をいいます。具体的には、以下のものを挙げることができます。

・会社自身が作成した内部資料間の突合

・内部資料と会社外部の取引相手が作成した外部資料との突合

・会社内部資料と調査官自身が作成した調書との突合

② 実査……調査官自身が資産の一定時点の実在数を数え、これを会社作成の在庫明細などと照合することです。突合の動作も含まれますが、調査官自身が事実を確認の上、記録をとって決算結果と改めて照合する点、事実と記録を照合するという点が特徴です。現金実査、有価証券実査などがあります。

③ 立会……資産の一定時点の実在数を把握する作業の信頼度を評価するため、会社自らが行う検数、検量作業を、調査官がその場に赴いて監視することです。商品や原材料などの在庫の棚卸立会などがあります。

④ 分析……得られる財務数値を駆使して財政状態、経営成績を把握することです。売上高や仕入高、経費、売掛債権、買掛債務等、主な勘定科目の月次年次残高推移分析や回転期間分析、キャッシュフロー分析などがあります。

⑤ 質問……調査対象の企業の全社員に対して個別に疑問点、不明点を問い、事実を確認をすることです。調査上の証拠とするため、質問に答える形で文書に署名を求められることがあります。

⑥ 反面調査……調査対象の企業と取引先に実地調査をかけるなり、問い合わせをして取引事実の詳細を確認、把握することです。預金や借入金、得意先や仕入先に対する貸借関係、これらとの取引関係の実態を前もって調べ上げておいて、調査対象側との違いを探し出す手続きです。

● 調査はあくまで任意

　税務調査は任意の調査ですから、調

査される事業者の同意がなければ無断で机の中を調べたり、事務所内で資料を探すことはできません。

調査官が当然の権利のように机の引き出しや金庫の中を調べようとするなら拒否することも可能です。ただし、何かを隠していると疑われないようにするために、調査には協力する姿勢であること、ただ、その場所には調査に必要な書類や資料がないこと、私物が入っていることなどをはっきり告げるようにしましょう。

● 金融機関や取引先への調査

税務調査の際に、調査されている事業者の帳簿や資料がそろっておらず十分な調査ができない場合や、明らかに不審な点がある場合には、取引先や金融機関などで取引の実態などを調査する反面調査が行われます。反面調査は取引先において詳しい調査をするために、相手に対する信用を失ったり迷惑をかけることによって取引に悪影響を及ぼすこともあります。そのため、通常の調査ではどうしても確認ができないなどの合理的な理由がある場合を除いては、反面調査は行われないものとされています。調査官は「金融機関の預貯金等の調査証」を提示することによって金融機関での調査を行いますが、その場合も必要性が明確でなければ調査はできません。

しかし、税務調査の前に反面調査を行ったり、調査対象の事業者を十分調査する前に得意先を調べるケースも少なからずあります。

● 事務所内はいろいろチェックされる

税務調査で調査されることがわかっている帳簿や資料は必要なときにはすぐに提示できるよう、調査をする場所に用意しておきましょう。

提示を求められてから別の部屋に資料を取りに行くようなことがないようにします。調査官について来られてしまうと見せる必要のないところまで見られてしまうことになるからです。

税務調査は任意調査ですので、調査官が勝手に机の引き出しやロッカーを開けて調べるようなことはありませんが、事務所内では何を見られてもいいように事前に整理をしておきましょう。「ここを見せてもらえますか」「ここには何が入っていますか」と質問する調査官を断ることは実際には大変難しいことです。また、あまりに頑なに拒否すれば何かを隠しているものと思われて怪しまれてしまいます。

個人的なお金の扱いにも注意しましょう。金庫の中に個人のお金を保管していれば、そのお金は帳簿にないお金として脱税の証拠と捉えられかねません。金庫の中は必ず確認されるポイントなので整理しておくことです。

6 修正申告①

調査結果の対応方法には修正申告と更正処分がある

● 調査官の目的

　表向きの目的は、申告内容が正しいかどうかを確認することであり、追徴課税をとるためではありません。

　ただ、調査官も時間と労力を使ってわざわざ出向く以上、何らかの成果がほしいというのが本音です。国税庁や税務署は「ノルマのようなものはない」と言っていますが、それは建前とも言われています。申告の不備を指摘して、より多くの税金を集めてきた調査官が部署内での評価を高め、出世しているのも事実のようです。このような点を考えると、調査官が「少しでも多くの税金を集めたい」という気持ちを持つのは当然のことだといえるでしょう。もちろん、申告内容に問題がなければ申告是認という判断を受けることができます。しかし、税務署側は調査を行う前に、ある程度申告に問題がありそうな企業を選定した上で出向いてきています。つまり、最初から疑いの目を持って調査するわけですから、調査官が会社側の主張や事情を汲んで不備を見逃してくれるようなことはまずないと思っておいた方がよいでしょう。むしろ重箱のすみをつつくような厳しい追及になるということを覚悟して迎える方が無難です。

● 指摘事項を認めるか

　このような姿勢で行われる税務調査ですから、様々な点について指摘を受けるのは仕方がないかもしれません。

　しかし、調査官から指摘された事項について、「税務のプロである調査官が指摘するのだから、すべて言う通りに認めなければならない」と思う必要もありません。指摘された事項の中には、単純に判断することができない、グレーゾーンと言われる事項もたくさんあるからです。たとえば交際費や福利厚生費、役員賞与などの科目については、何のために支出したのか、どういう形で支出されたのかといった点で判断が分かれることが多く、問題ありと指摘されることが多いようです。

　しかし、調査官が問題ありとして指摘したとしても、見方によっては問題なしとなる可能性があるわけですから、納得がいかないときにはきちんと説明を受けるようにしましょう。特に企業側が、「これが正しい解釈だ」と判断して申告した場合や、そのような申告をしたことについて、証明書類などを提示してきちんと説明ができるといった場合には、調査官にその旨を伝えるべきです。調査官がその説明に納得できれば、その場で指摘を引っ込めるこ

244

ともあるのです。

　ただ、だからといってどの指摘もすべて拒否するというわけにはいきません。記載ミスや解釈の誤りなど、明らかに企業側が間違っているとわかる事項を指摘された場合は、むしろ速やかに認めた方がよいでしょう。

● 修正申告とは

　税務調査の結果、税法に違反していたとなれば追徴税を支払うことになりますが、その際でも修正申告を行う場合と更正処分を受ける場合があります。

　修正申告とは、すでに行った申告について、税額が少なかった場合などに行うもので、納税者が自ら手続きを行います。税務調査によって誤りを指摘されて提出する他、自分で誤りを見つけて提出することもあります。修正申告は税務署等から更正処分を受けるまではいつでも行うことができますが、国税庁などでは誤りに気づいた時点でできるだけ早く手続きをするように求めています。税務調査によって修正申告する場合、過少申告加算税という付帯税が課せられる可能性がありますが、自ら修正申告した場合はこれが免除されることになっています。

● 修正申告はどのようにするのか

　修正申告は、管轄の税務署に修正申告書を提出することによって行います。申告に必要な書類は、税務署の窓口で受け取るか、国税庁のホームページからダウンロードすれば入手できます。また、e-Taxでの作成・提出も可能です。

　修正申告書には、申告誤りのあった箇所についてのみ記載すればよいのですが、年度を遡って修正する場合、所得額や税額に変更が生じますので、各年度ごとに書類を作成することになります。

　修正申告をした場合、申告書を提出した日が納期限となります。未納税額に対しては、その日までの延滞税が発生することになりますので、修正申告すると決めた場合にはできるだけ早く申告書を提出し、納税するのがよいでしょう。

● 修正申告を拒否するとどうなる

　税務調査の結果、誤りがあった場合、調査官から修正申告をするよう指示されます。企業側としては、その指示に沿って修正申告書を作成し、提出することになるわけですが、調査官の言い分に納得がいかない部分があるという場合、修正申告を拒否することもできます。また、「Aの指摘部分は修正申告するが、Bの指摘部分については納得がいかないのでしない」と一部だけを拒否することも可能です。

　ただ、修正申告を拒否したからといって、追徴課税から免れられるわけではありません。この場合、税務署から更正処分を受ける可能性があります。

7 修正申告②

修正申告をするべきか、拒否して更正処分を受けるべきかを決める

● 修正と更正はどう違う

　更正とは、提出された納税申告書に記載された課税標準又は税額等の計算が税法の規定に従っていなかったときや、調査したものと異なるときに、税務署長がその調査に基づき、申告書に関わる課税標準又は税額等を修正することをいいます。つまり、税務当局側が行う処分です。

　税額等を修正するという点では修正申告と同じですが、後で修正内容や税額について不満が生じたときに、修正申告は不服申立て（再調査の請求、審査請求）ができませんが、更正処分は不服申立てができるという違いがあります。これは、修正申告が納税者自ら行う手続きであるのに対し、更正処分は税務署が強制的に行う処分だからです。

　ここで問題になるのが、税務調査によって指摘事項が示されたときに、修正申告をするべきか、拒否して更正処分を受けるべきかということです。どちらを選ぶかは納税者が決めることができるわけですが、調査官の多くは修正申告をするよう強く勧めます。修正申告を拒否すると、いろいろと譲歩して、納税額を減らしてでも修正申告させようとするほどです。

　このように、税務当局が修正申告に

こだわる理由としては次のようなことが挙げられます。

① 修正申告を提出すると、その後は税務当局に「再調査の請求」や国税不服審判所に「審査請求」をすることができなくなる

② 修正申告でなく更正とすると、青色申告者の場合には、更正した理由を附記して納税者に通知しなければならないなど手間がかかる

③ 更正処分後、再調査の請求などをされると、担当調査官の説明不足などが指摘され、担当官の評価に関わる

　このような事情から、税務当局が更正処分をする年間件数は修正申告に比べて数多くありません。

　なお、修正申告を拒否して更正処分を受け、さらに再調査の請求をする場合、訴訟に発展することもあり得ます。時間も経費もかかりますが、どうしても指摘事項等に納得がいかない場合はとことん争うのも1つの手段でしょう。ただしこの場合は、更正処分による追徴税額をいったん支払っておきましょう。追徴税額を支払うことで、延滞税がむやみに発生するのをストップでき、仮に敗訴した場合によけいな税負担を回避できるからです。もちろん追徴税額を支払っても再調査の請求はできます。

8 更正手続き
更正の請求の手続きにより税金の還付を受ける

● 更正の請求とは

　更正の請求とは、法人が申告書に記載した課税標準等又は税額等の計算が、ⓐ国税に関する法律の規定に従っていなかったこと、ⓑその計算に誤りがあったことにより納付すべき税額等が過大であるなどの場合に、税務署長に対して税金を減額するように請求することをいいます。

　更正の請求を行うことができるのは、原則として法定申告期限から5年間です。ただし、納税者が偽りや不正などにより税金を少なく申告したり、還付を受けた場合には、税務署長は法定申告期限から7年間、更正又は決定の処分を行うことができます。

　更正の請求ができるのは、上記ⓐ又はⓑの理由に基づく場合に限られます。一般的に更正の請求の対象となる事項及び対象とならない事項は次の通りです。

① **更正の対象となる事項**
ⓐ　確定したはずの前期の決算内容に売上の過大計上があった場合
ⓑ　確定したはずの前期の決算内容に費用の計上不足があった場合
ⓒ　税額の計算を誤ったことなど

② **更正の請求の対象とならない事項**
ⓐ　減価償却資産の償却を償却限度額まで行わなかったことなど

ⓑ　損金算入の経理処理をすることを要件として損金算入が認められる事項について、損金算入の処理を行わなかったこと（例　貸倒引当金繰入額、有価証券評価損）

　たとえば、売上の二重計上により前期の売上が過大となっていた場合には、存在しない売上を計上したのですから（①ⓐに該当）、更正の請求の対象になりますが、季節商品の売れ残り品について評価損を計上しなかった場合は、評価損の計上は損金経理（確定した決算について費用又は損失として経理処理すること）が要件とされています（②ⓑに該当）ので、更正の請求対象にはなりません。

● 更正の請求はどんな手続きなのか

　更正の請求をする場合、税務署にある更正の請求書にその更正に関する更正前・更正後の課税標準等及び税額等、その更正の請求をする理由などを記載して、税務署長に提出します。税務署長は、更正の請求を受けると、その請求に関する課税標準等及び税額等について調査し、更正又は更正をすべき理由がない旨を請求者に通知します。

9 追徴や加算税制度

加算税はペナルティとして課される税金である

●一度に払えないときはどうする

　追徴とは、確定申告の際に届け出た税額と、修正申告や更正処分によって算出された税額の差額分を徴収することです。場合によってはこの追徴税額に加え、過少申告加算税や無申告加算税、延滞税など附帯税（法人税や所得税などの国税本税に付帯して課せられる税）が課せられることもあります。

　追徴される税金は、本来すでに支払っていなければならないはずの税金です。このため、通常の法人税などのように数か月先に納付期限があるわけではなく、すぐに納付しなければなりません。しかも、原則として現金で一括納付するよう請求されますので、納税義務者の負担はかなり重いということになります。場合によっては分割での納付の相談に応じてもらえることもありますが、分割での納付が認められるのはあくまでも特例です。たとえ認められたとしても、長くても1年以内に納付することになります。しかもその間、延滞税の加算は続きますから、かえって負担が重くなる場合もあります。分割による納付を利用するかどうか、期間や額をいくらにするかといったことについては、シミュレーションを行うなどして慎重に検討しましょう。

●追徴課税と金融機関への連絡

　追徴課税を受け、納税した結果、一時的に資金繰りが厳しくなることもあります。このような場合、金融機関には正直にそのことを伝えておくべきです。たとえこちらから知らせなくても、税務調査の準備段階で取引銀行にはすでに調査が行っている可能性があるのです。下手に隠すとかえって信頼関係が保てなくなることもありますので、できれば税務調査の日程について連絡があった段階で早目に知らせておいた方がよいでしょう。

●ペナルティとしての加算税制度

　加算税は税務処理に何らかの不備があった場合にペナルティとして課せられる税金で、次の4種類があります。

① 過少申告加算税

　申告期限内に提出された申告書に記載された金額が少なかった場合に、その納付すべき税金に対し10％又は15％（期限内に提出された申告書に対する税額と50万円とのどちらか多い金額を超える部分）の税率で課される税金です。ただし、正当な理由がある場合、及び自主的な修正申告である（税務調査により更正を予知してなされたものでない）場合には、過少申告加算税は

課されません。

② 無申告加算税

正当な理由なく申告期限内に申告しなかった場合に、その納付すべき税額に対し15％又は20％の税率で課される税金です（令和5年度税制改正では、令和6年1月1日以後に法定申告期限が到来する国税で、300万円を超える税額部分については30％とされる）。ただし、税務調査があったことにより更正又は決定があることを予知してなされたものでない期限後申告又は修正申告の場合には5％に軽減されます。

③ 重加算税

過少申告加算税が課される場合、又は無申告加算税が課される場合において納税者がその税金に対する課税標準又は税額等の計算の基礎となる事実の全部又は一部を隠ぺい又は仮装したときに課される税金です。その税率は高く、過少申告加算税の場合、その計算の基礎となる税額に対して35％、無申告加算税の場合、その計算の基礎となる税額に対し40％となります。

④ 不納付加算税

源泉徴収し、納付すべき税額を、正当な理由なく法定納期限までに納付しない場合に、その計算の基礎となる税額に対し、本税に対し10％の税率で課される税金です。ただし、納税の告知を予知せず、告知を受ける前に納付した場合には、10％の税率が5％に軽減されます。

● 支払った税金の経理上の処理

修正申告等によって加算税を支払った場合、経理上は過少申告加算税、無申告加算税などをそのまま科目として計上し、処理することができます。ただ、毎期発生する経費でもありませんから、法人税等の勘定に含めて処理する場合もあります。個人事業主の場合は、事業主貸勘定に借記します。加算税や延滞税などについては、税務上の損金として扱うことはできません。

● 調査は大きく変わってきている

税務調査を受けるとき、たいていの企業担当者はなれない調査で緊張しています。以前は調査官に理詰めで説明されると、つい調査官の言う通りに指摘事項の不備を認めてしまったり、言われるままに始末書を書く、修正申告をするなどの行為をすることもあったようです。しかし現在では、そういった納税者の不利をなくすため、修正事項を担当官やその部署と納税者や税理士との間のみで決めてしまうことはなくなりました。調査官は、更正や修正しようとする事項のすべての資料をそろえ、各署にある審理課へ提出しなければなりません。審理課はその資料を精査し、更正や修正をすべきかどうかを判断します。そのため、納税者は主張すべきことを主張することによって調査官を通じ、審理課の判断を仰ぐことになります。

10 税金に不満があるとき
不服申立て手続には再調査の請求と審査請求がある

● 不服申立てとは

　不服申立て制度は、納税者の権利や利益が不当に損なわれることのないように設けられているもので、手続きとしては税務署長に対して行う再調査の請求と国税不服審判所長に対して行う審査請求があります。

　再調査の請求は、税務署長が行った更正、決定、財産差押などの処分に不服がある場合、処分の通知を受けた日の翌日から3か月以内に、その税務署長に対して書面で行うことになっています。再調査の請求を受けた税務署では、担当者を替えた上で改めて調査を行います。この調査の結果は、納税者に通知されます。この通知を再調査通知といいます。

　税務署長から出された再調査通知の内容に不服がある場合には、再調査決定書の謄本の送達があった日の翌日から1か月以内に、国税不服審判所長に対して審査請求をすることになっています。なお、処分の通知を受けた日の翌日から3か月以内に、再調査の請求を経ることなく直ちに審査請求をすることも可能です。国税不服審判所とは、国税局や税務署から独立した第三者的な立場で納税者の正当な権利や利益を救済する機関です。国税不服審判所で

は、専門的な知識と豊富な経験を持った国税審判官が、公正な立場で調査、審理を行っています。

　また、税務署長に再調査の請求をした日の翌日から3か月を経過しても再調査通知が出されない場合には、通知を受けるのを待たずに審査請求をすることができます。審査請求に用いる用紙は、国税不服審判所や税務署に用意されています。さらに、国税不服審判所長による調査、審理の結果（裁決）に不服がある場合には、裁判所に訴訟を起こすことができます。

● 税務訴訟はいきなり起こせない

　審査請求を経てもまだ不服がある場合には、税務訴訟を提起することができます。税務訴訟とは、税務署の処分に不服があるときに、国（税務署長）を相手に起こす訴訟のことです。

　税務訴訟の提起は、具体的には、国税不服審判所長の裁決に不服がある場合や、審査請求をした日の翌日から3か月を経過しても裁決がないときに行うことができます。つまり、国税不服審判所に審査請求をした上で、なお不服があるときにはじめて地方裁判所に訴訟を提起することができるのです。

　ただし、税務訴訟の場合、たとえ勝

訴しても、敗訴した相手方に対して弁護士費用の補償を請求することができません。このため、「費用の面から考えて得策ではない」と考えて訴訟を提起することをあきらめる納税者も多いのが実情です。

一方、自社の税務処理に落ち度がないことを世間に知らせることが信用を保つために必要である、といった事情がある場合には、訴訟を提起する意味もあります。

● どんな手続きなのか

税務訴訟の手続きは裁判所で対立する当事者が口頭弁論に基づいて手続きを進めていくことになります。各種の尋問、証拠調べなども行われます。納税者は訴訟の当事者となりますから、口頭弁論に出席し、証拠を提出しなければなりません。通常の訴訟と同様に訴訟代理人をつけることもできますが、訴訟代理人となった弁護士への報酬も

支払わなければなりません。

弁護士を代理人として税務訴訟を起こしても、納税者が勝訴するのは困難です。税務訴訟では、処分を行った税務署長に対して訴訟を起こしますが、そもそも相手は税金のプロです。実際に裁判の場で争うことになった場合には、知識・経験の面でもかなり不利な状況となるのが現実です。

ただし、税務訴訟の場合には、代理人に弁護士を立てるだけでなく、税理士に補佐人として出廷してもらうこともできます。これを税理士補佐人制度といいます。補佐人となった税理士は、弁護士と共に裁判の場で陳述することができます。納税者側も知識・経験面で互角な状況となり、自身の権利を守るために闘いやすくなるのです。

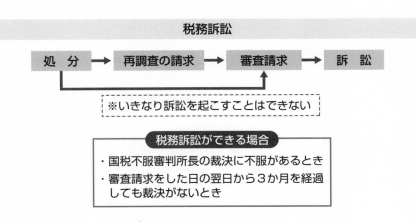

税務訴訟

処 分 → 再調査の請求 → 審査請求 → 訴 訟

※いきなり訴訟を起こすことはできない

税務訴訟ができる場合
・国税不服審判所長の裁決に不服があるとき
・審査請求をした日の翌日から3か月を経過しても裁決がないとき

令和5年度の税制改正

◉令和5年度の税制改正について

令和5年度税制改正では、多方面にわたり多くの改正が行われています。このような令和5年度の税制改正の中で、各章では取り上げていない特に注目すべきと思われる改正を説明していきます。

◉インボイス制度開始後の消費税負担・事務負担の軽減措置（消費税）

182ページで説明した通り、令和5年10月1日よりインボイス制度が開始されますが、一定の事業者に対して主に次のような負担軽減措置が追加されました。

・小規模事業者に対する税額控除の経過措置（2割特例）

免税事業者が適格請求書等の発行業者になった場合には、消費税の納税額について、一定期間、売上に対して預かった消費税額の2割にすることができるという軽減措置がとられました。

具体的には、免税事業者である個人事業者が令和5年10月1日からインボイスの登録を受ける場合は、令和5年分（令和5年10月から12月分のみ）、令和6年分、令和7年分及び令和8年分の消費税申告までは、売上に対する消費税の2割のみを納税額とすること

ができます。その他、3月決算会社の法人が令和5年10月1日からインボイスの登録を受ける場合は、令和6年3月期分（令和5年10月から令和6年3月分のみ）、令和7年3月期分、令和8年3月期分及び令和9年3月期分の消費税申告までは、売上に対する消費税の2割のみを納税額とすることができます。

・一定規模以下の事業者に対する事務負担の軽減措置（少額特例）

基準期間（186ページ）の課税売上高が1億円以下、または特定期間（188ページ）の課税売上高が5,000万円以下の事業者が、令和5年10月1日から令和11年9月30日までに行われる税込1万円未満の課税仕入については、適格請求書等の入手・保存がなくても帳簿記帳のみで仕入税額控除を行うことができます。

◉より公平で中立な税制の実現のため極めて高水準の所得者に対する増税（所得税）

株式や不動産（土地建物）の譲渡所得、給与・事業所得、その他の各種所得の合計所得金額（NISAなどの非課税所得は除く）が3億3,000万円を超える高額所得者に対して、その超過額

に22.5％を掛けた金額が、従来どおり算定した所得税額を超えた場合には、その超えた額につき所得税に上乗せされるにようになりました。

所得税は、24ページ図の通り、最高で45％の税率が課されます。しかし、26ページで説明したような株式や土地建物の譲渡所得などは、総合課税ではなく分離課税として他の所得から切り分けられ、状況によりそれよりも低い税率が適用されるなどによって、結果として高額所得者優遇となり公正・中立な税制が実現できなくなるというような事態が生じていました。

そこで、このような総合課税や分離課税の垣根を越えた、合計の所得額に対して課税されるようになりました。

この改正は、令和7年分以降の所得税から適用されます。

●企業間の公平な競争環境の整備のためのグローバル・ミニマム課税（法人税）

公共法人を除く内国公人のうち、上場会社などで子会社も含めた連結決算書を作成している会社や一定の多国籍企業（特定多国籍企業グループ等）に対して、直前の4事業年度のうち連結総収入金額が7億5,000万ユーロ以上を獲得した期が2回以上ある場合には、従来の法人税の課税所得の他に課税標準として国際最低課税額が設けられ、それに907/1000を掛けた額を法人税に上乗せされるようになりました（グローバル・ミニマム課税）。また、地方法人税も特定基準法人税額（国際最低課税額に対する法人税）に93/907を掛けた額が上乗せされます。

国際最低課税額は、海外に属する子会社等（他の構成会社等）や、持分比率が50％以上の一定のグループ（共同支配会社等）の会社別の国際最低課税額に基づき、これに親会社が保有する持分（帰属割合）を掛けて算定します。

具体的な課税額は、「国別グループの純所得金額」から「給与その他の一定の費用や有形固定資産などに5％〜9.8％を掛けた額」を控除した額に、基準税率（15％）からその所在地国の国別実効税率を控除した割合を掛けた額などにより算定します。要するに、税率15％に満たないような低税率の海外のグループ会社が存在する場合には、所得相当分に15％に達するまでの差分の税率を掛けた額を親会社が追加して課税されるということになります。

グローバル・ミニマム課税の申告及び納付期限は、事業年度終了後1年3か月以内（一定の場合は1年6か月以内）となっています。

この改正は、令和6年4月1日以後開始する事業年度より適用されます。

索　引

あ

青色申告	48、175、176、177
圧縮記帳	158
一時所得	78
医療費控除	30
印紙税	228
インボイス制度	182
益金	136
延納	120

か

会計	132
外形標準課税	221
外国税額控除	36、152
確定申告	48、62、173、210
加算税制度	248
貸倒損失	162
貸倒引当金	166
課税取引	190
課税標準額	197
寡婦控除	34
簡易課税	202、203
環境性能割	224
関税	14、232
間接税	14、16、18
還付申告	50
基礎控除	35
寄附	122
寄附金	144
寄附金控除	33
給与所得	62
教育資金の非課税措置	100
均等割	125、214、219
勤労学生控除	34
グリーン化税制	225
繰延資産	160
グローバル・ミニマム課税	253
結婚・子育て資金の贈与	100
欠損金の繰越控除	170

限界利益	141
減価償却	154
源泉徴収	40、46
源泉分離課税	54
原則課税方式	196
交際費	142
更正の請求	51、247
国税	14、16
個人住民税	214
固定資産税	222
固定費	141

さ

雑所得	78、80
雑損控除	30
山林所得	78
仕入税額控除	198
事業承継	110
事業所得	60、80
地震保険料控除	32
自動車重量税	224
自動車税	224
社会保険料控除	31
修正申告	244、246
住宅取得等資金贈与	100
収入	20
住民税	41
酒税	230
住宅ローン控除	37、38
種別割	224
準確定申告	119
準備金	164
障害者控除	34
少額投資非課税制度	56
小規模企業共済等掛金控除	32
譲渡所得	66
譲渡費用	68
消費税	14、47、149、180
所得	20、22、124

所得税	21、24、40、127、252
所得税額控除	152
所得割	214、221
森林環境税	214
税額控除	30、36、105、106、152
税込経理方式	208、209
生前贈与	109、112
税抜経理方式	208、209
税務訴訟	250
税務調査	234
税務調整	134
生命保険	85
生命保険料控除	32
セルフメディケーション税制	31
総合課税	26
相続時精算課税制度	94、96、108
相続税	88
相続税の税額控除	105、106
贈与税	89、97
租税特別措置法	13、153
租税法律主義	12
損益通算	28、77
損金	138
損金算入	144、168

た

退職所得	64
たばこ税	230、252
地方税	14、17
中間申告	210、211
中小企業経営強化税制	157
直接税	14、18
追徴課税	248
適格請求書	183
同族会社	172
特定期間	188
特定支出控除の特例	63
特定収入に係る仕入税額控除の特例	205、206
特別控除	156
特別償却	156
特別徴収	215
都市計画税	223

な

NISA	56、74、76
年末調整	42、44
納税事業者	186、188
納税猶予特例	114、116

は

配偶者控除	34、52
配偶者控除の特例	98
配偶者特別控除	34
配当控除	36、57
配当所得	56
非課税所得	21、22
非課税取引	192
引当金	164
ひとり親控除	34
不課税取引	192
普通徴収	215
復興税	47
物納	121
不動産取得税	227
不動産所得	58
不服申立て	250
扶養控除	35
ふるさと納税	216
分離課税	26
変動費	141
法人事業税	220
法人住民税	218
法人税	124、126、252
法人税割	125、219

ま・や・ら

みなし相続財産	83
みなし贈与財産	90
免税事業者	189
免税所得	22
利益	128、130
利子所得	54
リベート	142
留保金課税	151、172
累進課税	13

索引

【監修者紹介】

武田　守（たけだ　まもる）

1974年生まれ。東京都出身。公認会計士・税理士。慶應義塾大学卒業後、中央青山監査法人、太陽有限責任監査法人、東証１部上場会社勤務等を経て、現在は武田公認会計士・税理士事務所代表。監査法人では金融商品取引法監査、会社法監査の他、株式上場準備会社向けのIPOコンサルティング業務、上場会社等では税金計算・申告実務に従事。会社の決算業務の流れを、監査などの会社外部の視点と、会社組織としての会社内部の視点という２つの側面から経験しているため、財務会計や税務に関する専門的なアドバイスだけでなく、これらを取り巻く決算体制の構築や経営管理のための実務に有用なサービスを提供している。
著作として『株式上場準備の実務』（中央経済社、共著）、『不動産税金【売買・賃貸・相続】の知識』『入門図解 消費税のしくみと申告書の書き方』『入門図解 会社の終わらせ方・譲り方【解散清算・事業承継・M＆A】の法律と手続き実践マニュアル』『図解で早わかり 会計の基本と実務』『個人開業・青色申告の基本と手続き 実践マニュアル』『図解で早わかり 会社の税金』『事業再編・M＆A【合併・会社分割・事業譲渡】の法律と手続き』『すぐに役立つ 相続登記・相続税・事業承継の法律と書式』『身内が亡くなったときの届出と法律手続き』『すぐに役立つ 空き家をめぐる法律と税金』『図解で早わかり 税金の基本と実務』『入門図解 電子帳簿保存法対応 経理の基本と実務マニュアル』『入門図解 法人税のしくみと法人税申告書の書き方』（小社刊）がある。

改訂新版
図解で早わかり
税金のしくみと手続きがわかる事典

2023年５月30日　第１刷発行

監修者	武田守
発行者	前田俊秀
発行所	株式会社三修社
	〒150-0001　東京都渋谷区神宮前2-2-22
	TEL　03-3405-4511　FAX　03-3405-4522
	振替　00190-9-72758
	https://www.sanshusha.co.jp
	編集担当　北村英治
印刷所	萩原印刷株式会社
製本所	牧製本印刷株式会社

©2023 M. Takeda Printed in Japan
ISBN978-4-384-04915-2 C2032